JN137011

不貞行為裁判例集77

慰謝料請求の根拠となる
事象を正確に捉え、
納得できる解決へ導く

[著] 中里和伸

第一法規

はしがき

本書は不貞行為に関する判例集である。

俗に「社会あるところに法あり」と言われるが、その「法」の源泉(「法源」)を制定法に求めるか(大陸法系の制定法主義)、判例法に求めるか(英米法系の判例法主義)については、歴史的あるいは諸国・諸地域においても様々である。

この点に関連して、日本は一応制定法主義の法圏に属すると言われているところ、憲法学者の橋本公亘先生[1]が「自由と正義」2巻12号(1951年)40頁において、「ハンス・ケルゼン教授に会う」と題して、次のように述べられている。

「この春[2]アメリカ各地を旅したとき、私は、ハンス・ケルゼン教授に会つて、親しく話をきく機会を得た。……教授は私の質問に答えてアメリカ法学についても、仮借ない批判を加えて、自己の信念を吐露された。……ヨーロツパでは理論を実際より重んじている。理論ではヨーロツパが遙かにすぐれ、アメリカには理論がない。……アメリカの法律体系、法学教育を輸入する要ありや、日本は、戦前すでにすぐれた法典をもつている。これに対しアメリカでは他国に示すべき法典さえない。例えば憲法にしてもワイマール憲法に遠く及ぶところではない。しかもアメリカでは憲法は成文よりも判例が

---

1)橋本先生のご本名は公亘(きみのぶ)であるが、当時の司法試験受験生からは親しみを込めて「こうたん先生」と呼ばれていたし、筆者よりも1つ前の世代の司法試験受験生にとっての憲法の教科書(基本書)と言えば、「人権の橋本」(同著『日本国憲法〈改訂版〉』有斐閣(1988年))、「統治の清宮」(清宮四郎『憲法I〈第3版〉』有斐閣(1979年))と標語のように言われ、圧倒的な支持を受け信頼されていた。

2)「この春」というのは昭和26年のことと考えられ、日本がサンフランシスコ平和条約を締結する前のことであるから、まだ独立を認められていない時期である。したがって、既に施行されていた現行の日本国憲法が98条1項で憲法の「最高法規性」を定めていても、それはあくまでも名目(虚構)にすぎず、実際には「……最高法規ではなかった。つまり、占領軍の権力が最高であり、GHQは直接日本政府に指令を発して、それを国会の審議を経ることなしに政令として公布、施行させることができた」のである(五百旗頭真(いおきべまこと)=北岡伸一編『開戦と終戦―太平洋戦争の国際関係』情報文化研究所(1998年)174頁)。

3)戦後日本国憲法が明文で定めた違憲(立法)審査権(81条)でさえ、母法のアメリカ憲法には明文の規定はなく判例法で認められていたにすぎない。

問題である。憲法の成文は価値がなくて、判例が価値があるではないか[3)]。何の要があつてこの法律体系をとり入れようというのか。アメリカの憲法学も行政学も何等理論はない。何を日本に与えることができるか（教授の鋭い反問にあつて、私は占領治下の日本の現状を説明し、重要な法律がすべて与えられたものであること、そしてこれに基いて国内の改革が進行していること等を説いたところ、深くうなずいて諒解と同情の意を示された）。」

このように、日本は、その善悪はともかく、現実として戦後アメリカ法の影響を強く受け、法典よりも判例の持つ意味の方が大きいと言えるだろう。

不貞慰謝料請求訴訟についてもこのことがよく当てはまる。

すなわち、不貞慰謝料請求の根拠となる条文は民法709条であり、同条は「故意又は過失によって他人の権利又は法律上保護される利益を侵害した者は、これによって生じた損害を賠償する責任を負う」と定めている。

しかしながら、この条文をいくら読んだとしても、不貞行為における「故意」・「過失」とは具体的には何なのか、不法行為と評価されるべき不貞行為とはどのような行為なのか、その例外はないのか等ということはわからないし、ましてやその慰謝料の額が具体的にいくらになるのかということもわからない[4)]。

逆に、これらがわかるためには過去の先例（判例）を参考にするのが効果的である。

この意味において、我が国の不貞慰謝料請求訴訟の実態を知るためには、民法の条文よりも判例を学ぶことの方が遙かに重要だということが容易にわかる[5)]。

そして、このような裁判例を集めた書籍（「判例集」）の中で、法律を学んだことのある方々にとって最も知られているのは「判例百選」（有斐閣）で

4）このように、法律の条文というのは「読書百遍意自ずから通ず」という考え方は基本的には当てはまらない。

5）これに対して、制定法主義が徹底されている国であれば、不貞訴訟の裁判例がある程度集積した時点でそれらの考え方を立法化し（例えば「不貞行為責任法」等の制定）、国民に周知させるだろう。

あろう。

筆者の好きな法諺に「物事の起源は、探求してみるべきである。」（The origin of a thing ought to be inquired into.）というのがある。

上記「判例百選」について言えば、今でこそ憲法・民法・刑法などの科目別に細分化されて出版されているが、最初は「ジュリスト200号（昭和35年4月15日号）」の「特集」として「判例百選」が企画されたのがそもそもの始まりである。要するに、当時の「判例百選」は文字通りの「判例」・「百選」であり、その冒頭の説明には「……この二百号記念特集は、大審院と最高裁の判決の中から、攻学上及び理論上最も重要な百件を選んで、その解説を行うことをそのテーマとした」とある6)。

このように、「判例百選」は、元をたどれば、法律科目の種類とは関係なしに、およそ法律を学ぶ者にとって重要と考えられる判例を百個選び編纂したものだったのである。

そして、この企画が好評を博し、その半年後に「ジュリスト（昭和35年10月臨時増刊号）」として「続判例百選」が出され、さらにその後各法律科目に分けられて、現代では同一の法律科目内部でも細分化されて（例えば「総論」・「各論」など）出版されている。

このことからしても、我が国の法学においては、法律よりも裁判例を知ることが重視されていることがわかるだろう。

筆者がこのたび本書の執筆を思いついたのは上記の理由による。すなわち、昨今不貞慰謝料請求訴訟は数多く提起され、裁判所で審理されているにもかかわらず、それについての適当な判例集が存在しない。

そこで、そのような判例集を作り、読者の方々がそれを読むことによって、我が国における現実の不貞慰謝料請求訴訟がどのようなものであるか、

6）なお、この最初の「判例百選」の栄えある憲法の「１番」の判例解説を担当されたのは、筆者が憲法学者の中で最も尊敬してやまない小嶋和司先生で、その判例は最判昭和23・9・29刑集2巻10号1235頁〔27680015〕であった（「憲法第25条の法意」）。

民法709条等が不貞訴訟において具体的にどのように適用され司法的解決が図られているかということを伝えることができるのではないかと考えた次第である。

本書に掲載した裁判例の数について言うと、「判例百選」のように百個の裁判例を選ぶことも考えたが、紙幅の関係でそれはできなかった。他方で50個では少なすぎると思い、結果的にはそのほぼ中間の77個となった。

「77」という数字は幸運を表す、縁起の良い数字とされているらしいが、筆者が「77」という数字から想起するのは、崇徳院（崇徳天皇）の次の和歌である。

瀬をはやみ　岩にせかるる　滝川の　われても末に　逢はむとぞ思ふ

これは鎌倉時代に藤原定家が編纂したいわゆる「小倉百人一首」（これは当時のいわば「和歌百選」であり、上記「判例百選」と共通点がある）にも収録されているが、上記和歌はその77番である。

古典落語の演目にもこの和歌を題材にした「崇徳院」というのがある[7)]。

崇徳天皇ご自身は、保元の乱（1156年）に敗れ讃岐に流されるという悲運の生涯だったと言えるだろう。そして、この和歌の意味や、恋煩いを題材にした「崇徳院」という落語の演目は、世知辛い現代人にはなかなか伝わりにくいとは思うが、筆者としては今後も残りつづけてほしい、日本人固有の伝統的な感覚だと思う。

最後は話がそれてしまったが、本書を執筆するに当たって、資料の収集・整理、及び原稿の入力、レイアウトの工夫、校正作業など一連の工程について、筆者が所属する法律事務所の有能な事務員（宮代明日香さん、山口友香

7）「病の数は四百四病あると言われておりまして……」で始まる五代目古今亭志ん朝師匠が演じる「崇徳院」が筆者にとっては秀逸である。

さん、亀井藤正さん）に今回も大変お世話になった。また、思いつくままに筆者が一気に書き上げた雑な原稿について、微細にわたるチェックのうえ、出版の機会を与えていただいた第一法規の藤本優里氏、三ツ矢沙織氏、太田真尋氏にも、この場を借りて深く厚く御礼を申し上げる。

なお、各裁判例については、筆者の能力不足に伴う誤読・誤解などがあり得るため、読者におかれては可能な限り原典にあたっていただきたい。

また、上記に関連して、本書についての大方のご批判を賜ったうえで必要に応じて改善していきたいと思っているし、また、機会があれば別の裁判例を集めて第二弾を出版できたならば望外の喜びである。

令和６年12月

弁護士　中里　和伸

凡　　例

1．内容現在

本書は、2024年12月１日内容現在にて執筆・編集をしています。

2．裁判例の書誌情報事項の表示

判例には、原則として第一法規株式会社の判例情報データベース「D1-Law.com判例体系」の検索項目となる判例IDを〔　〕で記載した。

例：最判平成８・３・26民集50巻４号993頁〔28010413〕

判例出典略語

民録	大審院民事判決録
民集	最高裁判所民事判例集
刑録	大審院刑事判決録
刑集	最高裁判所刑事判例集
下級民集	下級裁判所民事裁判例集
家月	家庭裁判所月報
判タ	判例タイムズ
判時	判例時報

商標について

下記の各社登録商標、商標をはじめ、本書に記載されている製品名及びサービス名は、各社の登録商標、商標又は商品名です。なお、本文中ではこれらについて®、TM などのマークを省略しています。

・FacebookはMeta Platforms, Inc.の商標又は登録商標です。

・LINEはLINE株式会社の商標又は登録商標です。

目次　不貞行為裁判例集77　慰謝料請求の根拠となる事象を正確に捉え、納得できる解決へ導く

第4章　相姦者の過失の有無

第5章　不貞行為と結果との因果関係

第6章　不貞行為の強要と不法行為の成否

第7章 権利の濫用

第8章 婚姻関係破綻の抗弁

第9章 保護されるべき婚姻関係

第10章 免除の抗弁

第11章　弁済の抗弁

第12章　消滅時効等の抗弁

第13章　不貞行為と損害賠償の範囲

第14章　不貞慰謝料の算定要素と方法

第16章　不貞訴訟における立証（証拠）

第17章　違法収集証拠

第18章 不貞行為と示談

第19章 不貞当事者以外の者の責任

第20章 不貞行為に起因する別の紛争

第21章　不貞相手の貞操権侵害訴訟

第１章　不貞訴訟の歴史

1. 夫貞操義務判決

大決大正15・７・20刑集５巻318頁〔27550145〕

事案の概要

①　ＸとＡは婚姻関係にあり、Ａはいわゆる婿養子であったところ、Ａが家出をし、Ｙ女方に下男として雇われていた。

②　ＡとＹは不貞関係となり、Ａが自宅を顧みず、そのためＸは３人の子の養育費に窮するようになった。

③　Ｃ（Ｘの母）は、Ａに対し相当の金銭を支払うよう求めるための交渉をＤ（弁護士事務所の事務員）に依頼した。

④　ＤはＣを伴いＹ方に赴き、Ｙに対し「Ａと情交関係を結び同棲することは姦通罪を構成するため告訴する。ただし、相当の金銭を支払うのであれば、告訴を見合わせる」と告げた。

⑤　Ｄは、ＸとＡの手切金名義でＹから現金100円[1)]と子の養育費として、Ｙ宅に赴いた月から毎月９円を５年間支払う旨のＡとＹ両名連帯の契約書をＣに交付させた。

⑥　これらの行為によりＤは恐喝罪に問われた。

以上の事実関係の下において、Ａ（夫）が貞操義務を負うのなら恐喝罪は不成立（無罪）となる一方、同義務を負わないのなら恐喝罪が成立する（有罪）という意味において、夫の貞操義務の有無が問題となった。

1）現在の貨幣価値としては７～８万円程度ではないかと思われる。

争　点

本件は刑事事件（恐喝事件）であるが、当時の旧刑事訴訟法（大正11年法律75号）の567条は「犯罪ニ因リ身體、自由、名譽又ハ財産ヲ害セラレタル者ハ其ノ損害ヲ原因トスル請求ニ付公訴ニ附帯シ公訴ノ被告人ニ對シテ私訴ヲ提起スルコトヲ得」と規定し、いわゆる附帯私訴（刑事事件において検察官が公訴を提起した場合に、当該犯罪の被害者が、被告人に対する民事上の損害賠償を求める訴えを、公訴を審理する刑事裁判所に附帯して提起する制度）を採用していたため、本件の妻であるXから夫の不貞相手Yに対する損害賠償請求の可否という問題点もこの裁判で審理されることになったのである。

他方、当時の姦通罪（旧刑法183条）は妻のみが処罰され、民事上でも妻の不貞行為（姦通）のみが法定の離婚事由となっていた（旧民法813条2号）。

このことからすると、配偶者間の貞操義務は妻が一方的に負うべきもので、夫は妻に対して貞操義務を負わないと考えることが一応可能である。

そして、この考え方に従うと、本件のA（夫）は貞操義務を負わない以上、AY間の不貞行為はXとの関係で不法行為を構成せず、YもまたXに対して損害賠償義務を負わないことになる（共同不法行為）ため、Dの行った行為はまさに恐喝罪に該当することになる。

逆に、夫もまた妻に対して貞操義務を負うとすれば、その違反に加担したYもまたXに対して不法行為責任を負うことになるから、Dの行った行為は権利の行使と言え、恐喝罪を構成しないという結論に至る。

要するに、本件において、Dを恐喝罪で処罰することは夫の妻に対する貞操義務を否定することを意味し、無罪とすることは夫の妻に対する貞操義務を肯定することを意味する。

裁判所の判断

原審（大分地裁大正14年12月20日（なお、第一審は竹田区裁判所であった））は、Dに対して以下のとおり判示して、有罪判決を下した。なお、読みやすさを重視して適宜現代語に改めた。

> Ｙが Ｘの夫Ａと情交関係ありたりとするも、我国現行法の下に於ては男子の姦通罪を認めず、従て男子に貞操義務を認めざる法の精神、並に我国現時の社会状態より論究するときは、我民法の解釈上妻は夫に対し貞操を強要する権利ありと認むるを得ざるを以て、ＹはＸの権利を侵害したりと云ふを得ず、又重大なる侮辱を加へたりとして慰藉料其他損害賠償請求権ありと解するを得ず。

このように、大分地裁は、夫の貞操義務を否定し、Ｄの行為は権利の行使とは言えないから恐喝罪が成立するとの結論をとった。

これに対してＤが上告したところ、大審院は中間決定（大決大正15・7・20刑集5巻318頁〔27550145〕）において次のとおり判示した。

> 婚姻は夫婦の共同生活を目的とするものなれば、配偶者は互いに協力して其の共同生活の平和安全及幸福を保持せざるべからず。然り而して夫婦が相互に誠実を守ることは、其の共同生活の平和安全及幸福を保つの必要条件なるを以て、配偶者は婚姻契約に因り互いに誠実を守る義務を負ふものと云ふ可く、配偶者の一方が不誠実なる行動を為し共同生活の平和安全及幸福を害するは、即ち婚姻契約に因りて負担したる義務に違背するものにして、他方の権利を侵害するものと謂はざるべからず。換言すれば、婦は夫に対し貞操を守る義務あるは勿論、夫も亦婦に対し其の義務を有せざるべからず。民法第813条第3号は夫の姦通を以て婦に対する離婚の原因と為さず刑法第183条も亦男子の姦通を処罰せずと雖も是主として古来の因襲に胚胎する特殊の立法政策に属する規定にして之れあるが為めに婦が民法上夫に対し貞操義務を要求するの妨げとならざるなり。

この中間決定の後、大判昭和2・5・17法律新聞2692号6頁〔27918935〕は、大分地裁の判断を覆しＤを無罪とした。その判示内容は以下のとおりである。

Ａが其妻たるＸに対する貞操義務に違背し、Ｙと情交を通じて妻子を遺棄し之に対する扶養義務を等閑に付して顧みざるのみならず、Ｙとの関係を絶ちて其家庭に復帰し、夫として又父として其妻子に対する義務を果すの意思なく、遂にＸは夫たるＡの不法行為に因り夫婦の関係を断絶するの止むを得ざるに立至りたるものなれば、Ａは其結果に対して責に任ずべく之れが為に生じたる損害をＸに賠償するの義務あるは当然にして、ＤがＸの委託を受けＡに対しＸの為に其子女の養育料を請求するは、社会の通念に於て正当とする所にして、其請求額も亦過当にあらざるを以て、之を目して不法行為なりとすることを得ざるものとす。蓋し此種の費用は結局Ａの不法行為を原因とする離婚の結果将来其子女扶養の責に任ずべきＸの被りたる損害なりと謂はざるべからざるを以てなり。又ＹがＡに妻子あることを知りてＡと情交を通じ之と同棲したるＸの権利を侵害したるものに外ならずしてＸは其権利を侵害せられたるの救済として民法第709条同第710条に依り相当の慰藉料を請求し得るのみならずＹはＡとの共同の不法行為に因りＸをして離婚の已むなきに至らしめ之をして損害を被らしめたる本件の場合に於ては共同行為者たるＡと共に之が賠償を為す義務ある……。（下線筆者）

解　説

いわゆる「夫貞操義務判決」と呼ばれる有名な判決である。

本判決の意義は、両性の平等[2)]が法律上認められていなかった明治民法の当時でさえも、夫婦の貞操義務に関する限りはいずれもその義務を負うと裁判所が判断したことにある。

ＡＹ間の不貞行為によりＹはＸに対して不法行為責任を負うかという問題

2）世界で初めて女性参政権が認められた国はニュージーランド（1893年）である。日本では新憲法制定前の第89回帝国議会において（昭和20年12月）であり、これは世界的に見ても決して遅くはない。

点に関しては、本判決以前にも大判明治36・10・1刑録9輯1425頁〔27531537〕、大判明治40・5・28刑録13輯500頁〔27532598〕、大判明治41・3・30刑録14輯331頁〔27532801〕等があり、いずれも不法行為の成立を認めていた。

しかしながら、これらの裁判例は妻の不貞相手に対する夫の損害賠償請求事件であった。

これに対して、本件は夫が不貞行為を働いたという事案であり、その場合も妻は夫の不貞相手に対して不法行為責任を追及できるという立場を大審院は明示したのである。

また、本判決の下線部分によれば、ＡＹ間の不貞行為によってＸとＡが離婚した場合には、ＸはＹに対して、いわゆる離婚自体慰謝料の請求もできるかのような判示内容になっているが、この考え方は最判平成31・2・19民集73巻2号187頁〔28270649〕によって実質的に否定されていることに留意すべきであろう。

さらに付言すると、戦前に存在していた我が国の姦通罪（妻のみが可罰的）は戦後召集された国会において廃止された。この経緯については拙著『判例による不貞慰謝料請求の実務―最新判例編Vol.2』LABO（2023年）1頁以下において比較的詳しく解説しているので興味のある方はそちらも参考にしていただきたいが、この点に関連して弁護士の石川時之助先生の下記の指摘も参考になる。

「姦通罪の存廃については、活発な議論が交わされたやうだが、残念なことには姦通罪の被害者と名乗る人の意見を聴くことができなかつた。体験なき者の議論は兎角戯論に陥り勝であるからである。大体からいえば、廃止論者は婚姻を夫婦間の契約関係と見て、姦通は契約義務不履行であるから、離婚や賠償の原因にはなるが、刑罰の対象にはならぬとし、存置論者は之を道徳関係と見て、姦通罪は国民道徳の破壊であるから、刑を以て臨むべしというにあるやうだが、どちらも婚姻の根本性格に付ては、未だ明確不動の肚ができていないやうだ。なお此の問題については、序に楽屋を一瞥する要がある。といふのは、所謂名士や名流婦人の中には、姦通罪の存置に因つて、相当脅威を受ける者が少なくないのではないか。若し廃止論が一部此等の人々から主張せられ利用せられたとすれば、国会は大いに眉に唾をつけてかかる要があろう」（「正義」全日本弁護士会誌23巻１号（1947年）33頁）。

第２章　不貞訴訟の保護法益

2. 不貞訴訟における保護法益

最判平成８・３・26民集50巻４号993頁〔28010413〕

事案の概要

① Ｘとａとは昭和42年５月１日に婚姻の届出をした夫婦であり、同43年５月及び同46年４月に子が出生した。

② ＸとＡとの夫婦関係は、性格や金銭に対する考え方の相違等が原因になって次第に悪くなっていったが、Ａが同55年に転職したところ、残業による深夜の帰宅が増え、Ｘは不満を募らせるようになった。

③ Ａは、Ｘの上記の不満をも考慮して、独立して事業を始めることを考えたが、Ｘが独立することに反対したため、同57年11月に株式会社ａ（以下「ａ」という）に転職して取締役に就任した。

④ Ａは、同58年以降、自宅の土地建物をａの債務の担保に提供してその資金繰りに協力するなどし、同59年４月にはａの経営を引き継ぐこととなり、その代表取締役に就任した。しかし、Ｘは、Ａが代表取締役になると個人として債務を負う危険があることを理由にこれに強く反対し、Ａとけんかになった。Ｘは、Ａが自宅土地建物に抵当権を設定したことを知ると、これを非難して、まず財産分与をせよと要求するようになった。こうしたことから、ＡはＸを避けるようになったが、ＸがＡの帰宅時に包丁をちらつかせることもあり、夫婦関係は非常に悪化した。

⑤ Ａは、同61年７月頃、Ｘと別居する目的で家庭裁判所に夫婦関係調整の調停を申し立てたが、Ｘは、Ａには交際中の女性がいるものと考え、また離婚の意思もなかったため、調停期日に出頭せず、Ａは、申立てを取り下

げた。その後も、Xがａに関係する女性に電話をしてＡとの間柄を問いただしたりしたため、Ａは、Xを疎ましく感じていた。

⑥　Ａは、大腸癌の治療のために入院中であった同62年３月12日に、ａ名義で本件マンションを購入した。そして、Xと別居する意思を固めていたＡは、同年５月６日、自宅を出て本件マンションに転居し、Xと別居するに至った。

⑦　Ｙは、同61年12月頃からスナックでアルバイトをしていたが、同62年４月頃に客として来店したＡと知り合った。Ｙは、Ａから、妻とは離婚することになっていると聞き、また、ＡがXと別居して本件マンションで１人で生活するようになったため、Ａの言を信じて、次第に親しい交際をするようになり、同年夏頃までに肉体関係を持つようになり、同年10月頃本件マンションで同棲するに至った。そして、Ｙは平成元年２月３日にＡとの間の子を出産し、Ａは同月８日にその子を認知した。

以上の事実関係の下において、XがＹに対して慰謝料1000万円の支払を求めて提訴したが、第一審（浦和地川越支判平成３・５・15平成元年（ワ）413号公刊物未登載〔28173322〕）、及び控訴審（東京高判平成４・５・28家月48巻９号41頁〔28011246〕）はいずれもXの請求を認めなかった。これに対して、Xが上告したのが本件である。

争　点

本件控訴審では、ＡとＹが肉体関係を持ったのは昭和62年５月にＡがXと別居した後であり、既にXＡ間の婚姻関係は破綻していたとしてXの請求は認められなかった。

これに対して、Xは、最判昭和54・３・30民集33巻２号303頁〔27000202〕が「夫婦の一方の配偶者と肉体関係を持つた第三者は、故意又は過失がある限り、右配偶者を誘惑するなどして肉体関係を持つに至らせたかどうか、両名の関係が自然の愛情によつて生じたかどうかにかかわらず、他方の配偶者の夫又は妻としての権利を侵害し、その行為は違法性を帯び、右他方の配偶者の被つた精神上の苦痛を慰藉すべき義務があるというべきである」と判示したことを引用し、本件でもこの規範を適用すれば、ＹはＸに対して慰謝料を支払うべきだと主張した。

裁判所の判断

本件最高裁は、まず不貞訴訟における保護法益を明らかにするとともに、不法行為の成否に関する一般論として前掲昭和54年最判〔27000202〕を引用し、次のとおり判示した。なお、甲がＸ、乙がＡ、丙がＹに相当する。

> 甲の配偶者乙と第三者丙が肉体関係を持った場合において、甲と乙との婚姻関係がその当時既に破綻していたときは、特段の事情のない限り、丙は、甲に対して不法行為責任を負わないものと解するのが相当である。けだし、丙が乙と肉体関係を持つことが甲に対する不法行為となる（後記判例参照）のは、それが甲の婚姻共同生活の平和の維持という権利又は法的保護に値する利益を侵害する行為ということができるからであって、甲と乙との婚姻関係が既に破綻していた場合には、原則として、甲にこのような権利又は法的保護に値する利益があるとはいえないからである。

そのうえで、この一般論を本件に当てはめてＸの請求は認められないとの結論をとった。

> そうすると、前記……の事実関係の下において、ＹがＡと肉体関係を持った当時、ＡとＸとの婚姻関係が既に破綻しており、ＹがＸの権利を違法に侵害したとはいえないとした原審の認定判断は、正当として是認することができ、原判決に所論の違法はない。所論引用の判例（最高裁昭和51年（オ）第328号同54年３月30日第二小法廷判決・民集33巻２号303頁）は、婚姻関係破綻前のものであって事案を異にし、本件に適切でない。論旨は採用することができない。

解　説

本裁判例は、不貞訴訟における保護法益を明示するとともに、最高裁がＹ側からの「婚姻関係破綻の抗弁」を正面から認め、Ｘの不貞慰謝料請求を認めなかった点に大きな意味があり、当時の大手新聞各紙にも大きく取り上げられた。

本件最高裁の述べていることは極めて単純明快であり、ＡＹ間に不貞行為があったとしても、その時点で既にＸＡ間の婚姻関係が破綻していた場合には、Ｘには保護すべき法的権利・利益がないために、Ｘの請求を認める必要はないということである。

本件最高裁の判断が示されたことから、それ以降の同種の訴訟において、Ｙ側から婚姻関係破綻の抗弁が出されることが多くなり、その傾向は現在も続いている。

ただし、判決で述べられている、婚姻関係の「破綻」というのは事実としての判断ではなく、評価・規範としての判断であることから一義的でないことが多い。

また、「破綻」というのは、婚姻関係が形骸化しており、回復の見込みがないという状態に至っていることが要求され、単に夫婦仲が悪いというだけでは破綻したとは到底言えない。

ただし、Ｙとしては、この「婚姻関係破綻の抗弁」は仮にそれが認められなくても、ＸＡ間の婚姻関係が良好ではなかったということが言えれば慰謝料の減額事由とはなり得るので、Ｙにとっては損のない主張とは言えるだろう。

古代ローマ法からの法諺として「法は家庭に入らず」というのがあるが、この種の主張の攻防においては、裁判所はＸＡ間の婚姻関係がどうであったかということについて関心を向けざるを得ないことになり、学者の中にはこの点を疑問視する見解もある。

いずれにせよ、訴訟代理人としては、婚姻関係の破綻と言えるための積極的な事情、及びその判断を妨げる消極的な事情を丁寧に拾い上げる作業が重要ではないかと思われる。

第３章　不貞行為の意味

3. 自然の愛情と不貞行為

最判昭和54・３・30民集 33巻２号303頁〔27000202〕

事案の概要

① Ｘと Ａとは昭和23年７月20日婚姻の届出をした夫婦であり、両名の間に同年８月に長女が、同33年９月に次女が、同39年４月に三女が出生した。

② Ａは、同32年、銀座でホステスとして勤めていたＹと知り合い、やがて両名は互いに好意を持つようになり、ＹはＡに妻子のあることを知りながら、Ａと肉体関係を結び、同35年11月、一女を出産した。

③ ＡとＹとの関係は、同39年２月頃、Ｘの知るところとなり、ＸがＡの不貞を責めたことから、既に妻に対する愛情を失いかけていたＡは、同年９月、妻子のもとを去り、一時鳥取県下で暮らしていたが、昭和42年から東京でＹと同棲するようになり、その状態が現在まで続いている。

④ Ｙは、同39年、銀座でバーを開業し、Ａとの子を養育しているが、Ａと同棲する前後を通じてＡに金員を貢がせたこともなく、生活費をもらったこともない。

以上の事実関係の下において、ＸはＹに対して慰謝料500万円、長女はＹに対して慰謝料200万円、次女、三女はＹに対して各100万円の支払を求めて提訴した。

争　点

第一審の東京地判昭和49・６・28民集33巻２号318頁〔27200397〕は、Ｙ

のXに対する慰謝料として300万円、Yの長女に対する慰謝料として30万円、Yの次女、三女に対する慰謝料として各50万円の支払義務を認めた。

これに対して、第二審（原審）の東京高判昭和50・12・22民集33巻2号324頁〔27200398〕は、「AとYとの関係は相互の対等な自然の愛情に基づいて生じたものであり、YがAとの肉体関係、同棲等を強いたものでもないのであるから、両名の関係でのYの行為はAの妻であるXに対して違法性を帯びるものではない」として、XのYに対する不法行為に基づく損害賠償の請求を棄却した。また、長女らの請求についても、「AがYと同棲して以来子供である長女らはAの愛ぶ養育を受けられなくなつたわけであるが、これは一にAの不徳に帰することであつて、Yに直接責任があるとすることはできない」として認めなかった。

このように、本件では、AY間の不貞関係が相互対等な自然の愛情に基づいて発生した場合には、YはXに対して不法行為責任を負わないのか否かという点が大きな争点となった。

裁判所の判断

上告審である本件最高裁は、次のとおり判示して、XのYに対する請求を認めなかった原審を破棄して差し戻した。

……夫婦の一方の配偶者と肉体関係を持つた第三者は、故意又は過失がある限り、右配偶者を誘惑するなどして肉体関係を持つに至らせたかどうか、両名の関係が自然の愛情によつて生じたかどうかにかかわらず、他方の配偶者の夫又は妻としての権利を侵害し、その行為は違法性を帯び、右他方の配偶者の被つた精神上の苦痛を慰藉すべき義務があるというべきである。

したがつて、前記のとおり、原審が、AとYの関係は自然の愛情に基づいて生じたものであるから、Yの行為は違法性がなく、Xに対して不法行為責任を負わないとしたのは、法律の解釈適用を誤つたものであり、その誤りは、判決に影響を及ぼすことが明らかである。論旨はこの点において理由があり、原判決中Xに関する部分は破棄を免れず、更に、審理を尽くさせるのを相当とするから、右部分につき本件を原審に差し戻すこととする。

なお、長女らの請求については、「妻及び未成年の子のある男性と肉体関係を持つた女性が妻子のもとを去つた右男性と同棲するに至つた結果、その子が日常生活において父親から愛情を注がれ、その監護、教育を受けることができなくなつたとしても、その女性が害意をもつて父親の子に対する監護等を積極的に阻止するなど特段の事情のない限り、右女性の行為は未成年の子に対して不法行為を構成するものではないと解するのが相当である。けだし、父親がその未成年の子に対し愛情を注ぎ、監護、教育を行うことは、他の女性と同棲するかどうかにかかわりなく、父親自らの意思によつて行うことができるのであるから、他の女性との同棲の結果、未成年の子が事実上父親の愛情、監護、教育を受けることができず、そのため不利益を被つたとしても、そのことと右女性の行為との間には相当因果関係がないものといわなければならないからである」と判示して、原審と同様の結論をとった。

解　説

本件では、ＡＹ間の不貞関係が相互対等な自然の愛情に基づいて始まった場合にＹはＸに対して不法行為責任を負うのかという点が問題になった。

第一審はこれを認め、第二審は逆にこれを否定した。そして、本件最高裁は、第二審の考え方を否定し、Ｙに故意又は過失がある限り、ＹがＡを誘惑したか、両名の関係が自然の愛情によって生じたかどうかとは無関係にＹは不法行為責任を負うという考え方を採用した。要するに、不貞慰謝料請求訴訟という類型において民法709条をそのまま当てはめるという考え方を採用したのである。

学説上は、この最高裁の考え方には批判が多く、不法行為が成立する場面をＹに積極的加害意図がある場合（いわゆる「泥棒猫」「略奪愛」「夫を寝取る」等）に限定した方がよいという見解や、Ｙの責任を一律に否定すべきだという見解が有力に主張されている[3)]。

しかしながら、本件最高裁の判断が示されたことにより、不貞行為には広く不法行為が認められるという裁判実務が浸透し、その訴訟の件数はその後増加傾向になったと言えるだろう。

なお、この点に関連して竜嵜喜助弁護士は次のように述べており、筆者も同感である。

「この種事件の被害を受けた場合、その被害者が大学教授や裁判官・弁護士だったら、おそらく不貞の相手方を訴えるようなことはしないだろう。それは不貞に対する社会的評価に二面性があるからである。すなわち、一方では不貞当事者を悪とする懲罰的側面がある反面、他方では軽蔑的な評価をする側面をも帯有しているが故に、自らを抑制する方向で対処するからである。そうした対処の仕方は、夫婦の関係がそもそも男女の関係であり、仮に配偶者に不貞行為があったとしても、自らもその責を負い、訴訟にでもなればさらに傷つくことをわきまえた賢明な態度であるといえる。

しかし、一般庶民からみれば、このような考え方は君子の理論のようにみえ、むしろ偽善的なものとうつるかも知れない。どうしてもっと素直に怒りを表明できないのか、という疑問さえ生ずるだろう。その点テレビのモーニングショーを見ていると、浮気をされた夫が、妻とその相手の男性を今にも殴りかかろうとして、テレビ局の人に制止されている光景に接することがあるが、そこには生きている人間の実像をみる思いがして、本音と建て前のギャップに苦笑させられるときがある」（竜嵜喜助「不貞にまつわる慰謝料請求権」判例タイムズ411号（1980年）22頁参照）。

3）その一方で、岡林信幸は「法律上の議論は（他の学問でも同様であると思うのであるが）『事実』と『論理』に従って行われなければならないものである。そしてそれを支えるのが『経験則』と『蓋然性』である。しかし、本稿の論点のことになると、論者は何故に自分の思い込みに陥り、自縄自縛になってしまうのであろうか。『不貞行為が行われれば、被害配偶者は精神的苦痛を受ける』という当たり前のことを否定説は何故理解しようとしないのであろうか。全く不可解である」と指摘する（同「不貞行為に基づく慰謝料請求権」末川民事法研究７号（2021年）18頁参照）。

4. 人工授精は不貞行為か

東京地判平成24・11・12平成23年（ワ）31422号公刊物未登載

事案の概要

① X（昭和28年生）とA（同18年生）は、昭和52年2月10日に婚姻の届出をして、2人の間には、同53年長男が生まれた。その後、平成19年に至るまで、具体的に離婚について協議したことがなかった。

② Aは、東京都八王子市内にある霊園内に墓地使用権を有していたが、同17年4月27日頃、その隣の墓地について、Xの実家のために墓地使用権を取得したことがあった。

③ Aは、同19年10月、Xや長男との口論をきっかけに家出をしたが、月に数回程度帰宅し、Xに生活費を渡したり、郵便物を受け取ったり、衣類の取替えや洗濯を依頼したりしていた。他方、Xも、自宅でAの実母の看病や介護を続けていた。もっとも、AはXに対し、居場所を伝えなかったし、Xもその居場所を知らなかった。

④ Aは、同4年頃、訪れたクラブに勤務していたYと知り合い、その後、Yが勤務するクラブで飲食したり、勤務後に一緒に飲食する等の関係を続け、上記の家出からは、事務所やホテルで寝泊まりしたほか、Yが居住していたマンション等において、Yと一緒に生活をするようになり、Yに対し住居費を援助するなどした。

⑤ Y（当時41歳）は、同21年1月16日、aクリニックを受診し、不妊治療を依頼した。Yは、Aを配偶者（夫）として不妊治療に関する同意書を作成したほか、同20年10月までの間に自然周期によるタイミング療法5回と自然周期による人工授精5回の合計10回の生殖補助医療の施行を受けたなどと申告した。もっとも、実際にこのような治療を受けたかどうかは定かでない。

⑥ Aは、同22年4月3日午後9時頃、一旦帰宅した自宅において、ガスを開栓して自殺を図ったが未遂に終わり、病院に搬送された。その後の経緯

の詳細については争いがあるが、A、X、その長男は、直ちに退院して、一緒に自宅に戻ったものの、帰宅後に口論が始まり、Aは、別居先に戻った。もっとも、Xとその長男は、Aの別居先を知らなかったし、Aも、その後も自宅に戻ることがあった。

⑦ Yは、aクリニックにおいて、Aからの精子の提供による人工授精を受け、同年12月末頃、妊娠した。

⑧ Aは、同23年2月18日、Yの胎児を認知した。

⑨ Xは、同月下旬、鎌倉市からA宛てに郵便物が届いたことから、これを開封したところ、AがYの胎児を認知した届出に対する照会であった。Xは、Yの存在も、AYの交際も知らなかったため、AがYの胎児の認知届を提出していることを知って気が動転し、長男と相談した。

⑩ Xと長男は、同年3月3日、帰宅したAに対して胎児認知届を提出したことを問いただしたところ、Yと平成3年頃から交際していること、同19年10月に別居してからYと一緒に生活していること、胎児認知をしたこと、Xとの離婚について当初考えていなかったこと等を説明した。

⑪ その後、Yは女児を出産した。

⑫ XとAの婚姻関係は現在に至るまで改善されていない。

以上の事実関係の下において、XはYに対して慰謝料として8000万円（不貞慰謝料3000万円、人工授精による出産による慰謝料5000万円）の損害賠償請求訴訟を提起するとともに、人工授精を施術した医師にも共同不法行為が成立すると主張した。

争　点

本件における主な争点は人工授精による出産がXとの関係で不法行為を構成するのかという点である。

本件では、AY間において肉体関係が既に存在しており、その後に人工授精を行っており、Xは前者と後者とに分けて損害賠償を求めている。

そして、後者のみを独立に取り出して考えれば肉体関係が存在しないことは当然である。このような行為に不法行為が成立するかという点が問題となる。

裁判所の判断

……ＹはＡからの精子の提供による人工授精を受けているが、人工授精は不貞行為とは外形的にも質的にも異なる要素があるとしても、ＡがＹとの間で自身の子をもうけるだけの関係を築き、実際にも子が生まれる可能性のある行為に及ぶことは、いわば夫婦同様の関係があるといえるのであって、婚姻共同生活の維持を求める権利を有するＸにとって、不貞行為に等しいか、これを超える大きな苦痛が生じたというべきである。そうすると、Ａが平成19年10月以降別居を始め、そのころからＡとＸとの婚姻関係が必ずしも良好でなかったことを考慮したとしても、Ｘが被った精神的苦痛は大きいのであって、その慰謝料は200万円とするのが相当である。

そして、医師に不法行為が成立するかという点については、裁判所は次のとおり判示して、医師には故意がないことを重視してＸの請求を認めなかった。

Ｙは、年齢を考え、子がほしいと思って、Ａを配偶者夫と申告して人工授精による治療を依頼するとともに、Ｄ［筆者注：医師］は、その申告を受け、産婦人科医師として、人工授精の治療を行ったというのである。そうすると、ＹとＤが共謀してＸの妻としての上記権利（法益）を侵害したといえないことはいうまでもない。また、Ｙは、Ａに配偶者がいることを知りながら、あえて精子の提供を受けて人工授精に及び、Ｘの上記権利（法益）を侵害しているのであるが、他方、Ｄは、精子を提供するＡを配偶者（夫）と認識していたのであるから、その確認を怠った過失があるかどうかを検討する余地があるとしても、そのような注意義務違反（過失）によってXの上記権利（法益）を侵害したにすぎないというべきである。そうすると、YとDの上記各行為については、共同して損害を加えたというべきでないから、共同不法行為は成立しないと認めることが相当である。

解　説

本訴において、XがYに対して支払を求めた慰謝料は8000万円であったが、裁判所が最終的に認めた金額は200万円にすぎない。

医師の責任を否定したことは結論としては妥当と解する。

不貞行為の意義に関連して「肉体関係に限るべきか」という点が問題になるが、人工授精自体には肉体関係がないことは明白であるところ、本裁判例は、「子をもうけるだけの関係を築き、実際にも子が生まれる可能性のある行為に及ぶことは、いわば夫婦同様の関係があるといえるのであって、婚姻共同生活の維持を求める権利を有するXにとって、不貞行為に等しいか、これを超える大きな苦痛が生じたというべきである」と判示した。

不貞訴訟における保護法益を婚姻共同生活の維持と考えるのであれば、人工授精はかかる法益を侵害する行為であると言えるだろう。

そうすると、この種の事案における不法行為の成否は、その行為に肉体関係があるのか否かということではなく、「婚姻共同生活の維持を求める権利」を侵害する可能性のある行為か否かにより決まるということであろう。

この人工授精については、植松正の「人工授精半姦通説」が興味深いので簡単に紹介しておく（同『刑法エッセイ〈新装版〉』勁草書房（1985年）254頁以下）。

「新聞に『東京K生』という男の人の名で身上相談を持ちかけている人がある。『子のない夫婦の危機』という題名が付けられていて、回答には投書者の指名により評論家の堀秀彦氏が当たっている（朝日新聞、一〇月二七日号[4]）。……相談者の文章だけ引用してみよう。

『結婚二年半になる三〇代の会社員ですが、子宝に恵まれず、昨年夏、病院で診察を受けましたら、無精子症と診断されました。私のショックも大きかったが、妻はそれ以上で、どうしても自分の腹を痛めた子がほしいと、人工授精を許してくれと申しました。私は感情的に釈然とせず、拒否し続けました。それに代わるものとして、幼児を養子としてもらって育てる、老後に夫婦養子を迎えるの二案を出し、妻もまだ二六歳という若さであるから、離婚し、再出発しようと説明しました。妻は私と別かれるのもいやだ、さりとて子どもは自分の腹を痛めて産みたいの一点ばりで、かなり苦しんだようでした。

そこで、親族をいれ話し合った結果、別れて再出発しようと意見が一致、妻もこれを納得しました。しかし、その後、妻は『あれは冗談で、子供はあきらめる。離婚しない。』と前言を撤回。そこで、私もそれではもう一度立ち上がろうと約束しました。ところが、妻の感情には大きな起伏がみえ、将来はどうなるのだとか、努力しても何のためかわからぬなどと口走り、からんでくる始末です。妻と私の距離はだんだん大きくなるようで、今はお互いに別れる方が幸福になるのではないかと考えるようになりました。』

これに対する堀氏の回答の結論は、『どうしても自分の子供が欲しいという願いが消えないなら、別れるよりほかないし、私だったら、別れるだろう。』というのである。……結論自体には私も全く同感である。それはともかくとして、この相談事例は具体的に人工受精の必要事情を物語っていて、興味がある。女性というものには、どうしても自分の腹を痛めた子が欲しいという一種の願望があるとみえる。……そこまでは私にもわかるのだが、相手は誰でもかまわないと考えるに至っては、私はとうてい付いていけない。……人工受精なんかして妻が宿した他人の子を自分の子として養育するくらいなら、むしろ、他人の子を養子とする方が後腐れがなくてよいと思う。人工受精の子を育てるのは妻が他の男と姦通して産んだ子を育てるのと似たことである。」

4）正確には昭和39年10月27日付けの朝日新聞である。

5. 二股行為は不貞行為（違法行為）か

東京地判平成21・8・24平成20年（ワ）26828号公刊物未登載

事案の概要

① X（当時50歳）は、平成18年1月7日に、アルバイトのコンパニオンとして派遣された先で、Aと知り合った。Xには、同7年に離婚した前夫との間に長女がおり、同18年当時のXは、長女やその友人である訴外B（以下「B」という）が行う派遣ヘアメイクの自営業を手伝いながら、ローンで購入した自己所有マンションに、長女及びBと3人で同居する生活をしていた。

② A（当時36歳）は会社員で、同7年に婚姻した前妻との間に一男一女がいるが、Xと知り合った当時、妻子とは既に1年以上別居しており、ローンで購入した自己所有のマンション（以下「A方」という）に、単身居住していた。Aは、同年5月8日には、子らの親権者を前妻と定めて前妻と協議離婚した。

③ Y（当時28歳）はロシア人女性であり、同18年夏頃に来日して、すぐに日本人男性と婚姻したが、同年10月17日頃には離婚し、同19年7月17日にAと婚姻して、現在に至っている。

④ XとAは、同18年1月7日に知り合った後、交際するようになり、少なくとも同19年5月26日頃までは、XがA方に宿泊することも含めて、男女の交際を続けていた。同日以降、XはA方に立ち入ったことはないが、その後もXが多数回にわたりAに対するメール送信を行ったのに対し、AもXに対し、少なくとも同年8月頃までは、「愛してる」等といった愛情表現を含むメールを送信したり、また同20年1月頃までは、些細な生活上の出来事等についてメールを送信するなどして、交流を持っていた。

⑤ 一方、AとYは、同18年夏頃に知り合い、同年末頃には男女の関係を結ぶようになり、同19年3月頃までにはAがYにプロポーズし、同年5月26日以降にYがA方に同居するようになって、同年7月17日には婚姻した。

以上の事実関係の下において、Ｘは、同20年９月24日、ＡＹに対して本訴を提起し、その訴状副本は、同年10月５日、ＡＹにそれぞれ送達された。

争　点

Ｘは、Ａと内縁関係又は少なくとも婚約関係にあったことを前提に、Ａの現在の妻であるＹに対し、ＡＹが不貞の関係を結んだ結果として、何ら正当な理由なくしてＡにおいてＸとの内縁又は婚約を破棄したとして、ＡＹ両名による共同不法行為を理由に、慰謝料500万円及び弁護士費用50万円相当の損害賠償金の連帯支払を求めたのに対し、Ａ及びＹが、ＡとＸとの内縁及び婚約の成立をいずれも否認してＡＹ両名の関係がＸに対する不法行為に該当することを否定し、またＹは、仮にＸとＡの内縁又は婚約関係が存在したにしてもＹはその事実を知らなかったと主張して、その不法行為責任を争った。

裁判所の判断

裁判所は、ＸのＡに対する婚約の不当破棄に基づく損害賠償請求を認め、その慰謝料を100万円と認めた。

ＸのＹに対する請求については、前提としてＸＡ間にいわゆる内縁関係があったか否かという点を問題とし、「内縁とは、婚姻届の提出に伴う法律婚こそ成立しないものの、男女が互いに婚姻の意思、すなわち夫婦としての永続的な関係を築く意思を持って、実際に夫婦としての実体を備えた生活を営んでいる場合における、当該男女の関係を指すものである」としたうえで、ＸＡ間には上記の意味での内縁関係は成立していないとした。

これに対し、Ｘは、「少なくとも平成19年３月４日に、女性ものの荷物が多数置かれていたＡ方において、同室していたＡ及びＹとＸが顔を合わせた機会に、Ｙには、ＸとＡが婚約関係にあったことを知り、少なくともそれを知り得たはずである」という趣旨の主張を行ったが、裁判所は、「およそ誰とも婚姻又は婚約の関係を有していない独身の男女が、特定の女性又は男性とのみ交際するのではなく、複数の女性又は複数の男性と、同時期に性的関係を伴う交際をするということは、それが道義上、倫理上の非難にさらされる行為であることは別として、世の中にはままあることであり、しかもそのようないわゆる『二股行為』が、直ちに法的な違法行為になるということもできないのである」と判示した。そして、これに続けて、「Yが、A方でXと顔を合わせたことがあるにせよ、またその際のXやAの様子、さらにはA方の状況などから、AがY以外の女性であるXとも、交際をしていることを推認することはできたにしても、これを契機に、AとXが、婚約の関係にあることにも当然気付いたとか、また気付くことができたとは到底いえない。ましてYは、平成19年3月ころには、Aからプロポーズを受け、現に同年7月17日には正式に婚姻しているのである。とすれば、Yにおいて、仮にAが、かつてXと交際していたことを知り得たとしても、むしろAとXとのそうした交際も、既に終わったものと理解するのが通常というべきである」としてXのYに対する請求を棄却した。

解　説

本件において、XA間にいわゆる内縁関係が成立していれば、YはAとの不貞行為によりそれを不当に侵害したということで不法行為が成立した可能性が高いと言える。

しかしながら、本件の事実関係からすると、XA間に内縁関係があったとは言えないし、XA間に交際・婚約関係があったとしても、Yの認識を基準にすれば、XA間のそのような関係は既に終わっていたとした。

さらに、本裁判例は、誰とも婚姻又は婚約の関係にない独身の男女（本件ではAがこれに当たる）が、同時に複数の女性又は複数の男性と、同時期に性的関係を伴う交際をすることの違法性の有無について触れている。

すなわち、本裁判例は、かかるAの行為を「二股行為」と評価し、このような行為は倫理上の非難にさらされる行為であることは別として、違法行為ということはできないとして、XのYに対する請求を棄却したのである。

婚姻関係はもちろんのこと、誰とも内縁関係、婚約関係を結んでいない者（そのような関係が終了した者も含む）の恋愛は自由であることは当然であり、それが「二股行為」であったとしても違法行為とは評価できない。

要するに、本件の訴訟類型において被告とされたＹ側が行うべき反論としては、ＸＡ間の関係が婚約・内縁関係になく、単なる男女の交際であることを主張しそれを立証すればよいということであろう。

本裁判例の判断は妥当であると思われるが、日常生活の中でもこのようなことは珍しくないと思われたので取り上げた次第である。

6. いわゆる「枕営業」は不貞行為か

東京地判平成26・４・14判タ1411号312頁〔28231960〕、松久和彦「不貞行為の相手方に対する慰謝料請求権」月報司法書士523号（2015年）70頁

事案の概要

① Ｘの主張によると、クラブのママであるＹが顧客であるＸの夫Ａと、平成17年８月から同24年12月までの間、月に１、２回、主として土曜日に、共に昼食をとった後にホテルに行って、午後５時頃別れることを繰り返したという。

② Ａの作成した陳述書の記載内容も、上記７年間に２、３回、Ｙにお小遣いとして１万円を渡したことがあったこと、同年の後半に入って以降は、Ａの方から積極的に誘うこともなくなり、Ｙからの連絡も来なくなって、自然消滅のような形で関係が終わったことなどが記載されている。

③ Ａは、同12年から株式会社ａの代表取締役を務めており、本件クラブには、同17年３月に行って以来、月に１、２回の頻度で通うようになり、１人で行くことが多かったが、同業者を連れて行くこともあった。Ａが本件クラブに行ったのは同25年４月26日が最後であった。

以上の事実関係の下において、Ｘは、Ｙが夫であるＡとの間で７年余りにわたる継続的な不貞行為をしたこと等によって甚大な精神的苦痛を被った等と主張して、不法行為に基づき、慰謝料及び遅延損害金の支払を求めた。不貞行為の存否（Aの不貞行為の相手方がYであったのか否か）自体については、当事者間に争いがある。

争　点

本件の争点は、ホステス（Y）と顧客（A）との間に肉体関係を伴う交際があった場合、これを不貞行為に該当するとして、妻（X）のYに対する不貞慰謝料請求が認められるのかという点であった。

Xは、おおむね次のような主張を展開した。

> 最高裁第二小法廷昭和54年3月30日判決……が、ホステスとして勤務していた女性がした不貞行為について、夫婦の一方と肉体関係を持った第三者の他方配偶者に対する不法行為が成立するための要件は、故意又は過失により他人の配偶者の夫又は妻としての権利を侵害したことをもって必要かつ十分としており、愛情の有無等は不法行為の成否に影響しないとしていること、最高裁第三小法廷平成8年3月26日判決……が、接客社交係の女性が肉体関係を結んだ事例について、昭和54年最判を引用して、夫婦の一方配偶者と肉体関係を持った者の他方配偶者に対する不法行為の成立を原則として肯定しながらも、夫婦の婚姻関係が破綻した後に肉体関係を持った場合には、特段の事情がない限り、不法行為責任を負わないとしており、これらの判例を反対解釈すれば、夫婦間の婚姻関係が破綻しているという事情のない限り、第三者が一方配偶者と肉体関係を持つことは、原則として、他方配偶者に対する婚姻共同生活の平和の維持という権利又は法的保護に値する利益に対する侵害行為として、不法行為を構成するのであり、不貞の相手の職業や目的は考慮されないことが明らかである。この判例法理を本件に当てはめれば、Yは、Aに妻子がいることを認識した上で、Aと交際を開始し、7年を超える長期間にわたって、自分の意思で、Aとの肉体関係を継続していたものであり、X夫

婦の婚姻関係が破綻していた事情はないから、Xが、Yの不貞行為によって、婚姻共同生活の平和の維持という権利又は法的保護に値する利益を害されたことは明らかであって、Yが不法行為責任を負うことは明らかである。

要するに、XA間の婚姻関係が破綻していない時点で行われたAとYとの不貞行為はXとの関係で不法行為を構成するのであり、それはYがホステスであっても何ら変わりがないというのがXの主張である。

裁判所の判断

裁判所は次のとおり判示して、Xの請求を棄却した。

……クラブのママやホステスが、自分を目当てとして定期的にクラブに通ってくれる優良顧客や、クラブが義務付けている同伴出勤に付き合ってくれる顧客を確保するために、様々な営業活動を行っており、その中には、顧客の明示的又は黙示的な要求に応じるなどして、当該顧客と性交渉をする「枕営業」と呼ばれる営業活動を行う者も少なからずいることは公知の事実である。

このような「枕営業」の場合には、ソープランドに勤務する女性の場合のように、性行為への直接的な対価が支払われるものでないことや、ソープランドに勤務する女性が顧客の選り好みをすることができないのに対して、クラブのママやホステスが「枕営業」をする顧客を自分の意思で選択することができることはX主張のとおりである。しかしながら、前者については、「枕営業」の相手方となった顧客がクラブに通って、クラブに代金を支払う中から間接的に「枕営業」の対価が支払われているものであって、ソープランドに勤務する女性との違いは、対価が直接的なものであるか、間接的なものであるかの差に過ぎない。また、後者については、ソープランドとは異なる形態での売春においては、例えば、出会い系サイトを用いた売春や、いわゆるデートクラブなどのように、売春婦が性交渉に応ずる顧客を選択することができる形態のものもあるから、この点も、「枕営業」を売春と別異に扱う理由とはなり得ない。

そうすると、クラブのママないしホステスが、顧客と性交渉を反復・継続したとしても、それが「枕営業」であると認められる場合には、売春婦の場合と同様に、顧客の性欲処理に商売として応じたに過ぎず、何ら婚姻共同生活の平和を害するものではないから、そのことを知った妻が精神的苦痛を受けたとしても、当該妻に対する関係で、不法行為を構成するものではないと解するのが相当である。

……これを本件についてみるに、……Ａは、……平成17年８月の約５か月前から、本件クラブに月に１、２回は定期的に通い、企業の社長として同業者を連れて行くこともあったものであって、本件クラブやそのママであるＹにとっての優良顧客であり、そのような優良顧客状態が本件不貞行為終了時まで続いていた上、Ａがしていた不貞行為の態様は、主として土曜日に、共に昼食を摂った後に、ホテルに行って性行為をし、その終了後に別れるというもので、「枕営業」における性交渉の典型的な態様に合致する上、このような態様の性交渉を月に１、２回繰り返したというものであって、その頻度はＡが本件クラブを訪れる頻度と整合していたのであるから、Ａの性交渉の相手方がＹであるとすれば、当該性交渉は典型的な「枕営業」に該当すると認めるのが相当である。

解　説

本件はいわゆる「枕営業判決」と呼ばれ、この判決が出た当時は週刊誌などでも話題になったものである。

要するに、本裁判例は、一般論として枕営業は不貞行為には該当しないとの立場から、本件ＡＹ間の交際はその枕営業に該当するからＸのＹに対する慰謝料請求は認められないと判断したのである。

ただ、この判決は、枕営業を不貞行為から除外する理由について、「何ら婚姻共同生活の平和を害するものではない」ことを挙げているが、この点は筆者は賛成できない。

筆者もこの結論自体には賛成するが、その理由としては、Yが商売（営業の自由）として応じていたことを指摘し、それは正当な業務行為であるとして民事上の違法性が阻却されると解するのが相当ではないかと思う。すなわち、この種のいわゆる水商売にその程度の肉体関係はつきものであって、これを民事上違法だと評価することは、法がその業務を許容していることと矛盾してしまい妥当ではないと思われるからである。

ただ、これに対しては、「枕営業も不貞行為であり違法だ」という意見を持つ方も多いであろう。

例えば、「婦人公論」平成27年8月11日号66頁には、「銀座のママなら性交渉があっても不倫ではなく、一般女性なら性交渉がなくても不倫だと分けるのは、『女性を玄人と素人に分けたがる男の寝言』のようにも思えるのだ」と指摘されている。

また、下記は、その当時の産経新聞の記事であり参考までに紹介しておく。

産経新聞（平成27年6月17日）

【「枕営業」は不倫ではない？！　東京地裁が仰天判決　裁判官「水商売ではよくあること…」「ソープ嬢と寝ても慰謝料は請求できない」】

「枕営業」なら性交渉をしても、客の妻への不法行為にならない－。昨年4月に東京地裁で言い渡され、確定した判決の内容が話題を呼んでいる。従来の判例では、既婚者と分かって性交渉をすればその配偶者に対し不法行為で慰謝料の支払いが命じられてきたが、今回の判決はこの枠組みを真っ向から否定しているからだ。どういう理屈でこの判決が生まれたのだろうか。

「新判例をつくる」と裁判官

「ちょっと待ってください。なぜですか」

原告代理人の青島克行弁護士は、判決を残して裁判を終えると突然宣告した始関（しせき）正光裁判官に食い下がった。昨年３月、東京地裁の法廷で繰り広げられた一幕だった。

「原告の主張が成り立たないからです」と始関裁判官。「議論する気はない。判決文に全部書く。不服があれば上訴すればいい。私は新判例をつくるつもりだ」と述べ、法廷を後にしたという。

昨年２月に第１回口頭弁論があり、証人尋問も実施されずわずか２回の審理で打ち切られた。

7. 性的サービスと不貞行為

東京地判令和３・１・18令和２年（ワ）11027号公刊物未登載〔29062313〕

事案の概要

① Ｘは、平成２年11月４日、Ａと婚姻した。

② Ｘは、現在、Ａと別居している。

③ Ｙは、風俗店で稼働していた女性である。

④ Ａは、同29年12月22日、初めて「ａ」というホテルヘルス店（以下「本件店舗」という）を訪れ、本件店舗従業員であるＹを指名した。

⑤ このとき、ＡとＹは初対面であった。Ａは、同日中に、本件店舗から指定されたホテルの一室へ入り、その後同ホテルを訪れたＹから、手淫及び口淫等の性的サービスを受けた。

⑥ Ａは、同30年１月９日又は同月10日、再び本件店舗を訪れてＹを指名し、上記⑤と同様に性的サービスを受けた。

以上の事実関係の下において、Ｘは「Ａは、Ｙと性交渉をしたことで性病に罹患した。また、Ｙは、Ａを誘惑し、金銭を援助させ、Ａが経営する会社をして、Ｙが指定した『Ｂ』名義の預金口座宛に、194万4000円を振り込ませた。これらの事情により、Ｘは、Ａに対する不潔感、不信感を抱き続けることとなり、そのような感情を持つことに対して苦しんでいる。それにもかかわらず、Ｙは、Ｘに対する謝罪を拒み続けている。以上のような事情を考慮すれば、Ｙの不法行為によって生じたＸの精神的苦痛を慰藉するための慰謝料は、300万円を下らない。また、本件の訴え提起に要した弁護士費用のうち、30万円は、Ｙによる不法行為と相当因果関係のある損害に当たる」と主張し、Ｙに対して本訴を提起した。なお、本訴では上記330万円の一部請求として140万円の支払をＸはＹに対して求めている。

争　点

上記Ｘの主張に対して、Ｙは、「ＹがＡと性交渉をしたことは否認する。……本件店舗は、性的サービスのみを提供する業態であり、Ｙはその従業員である。Ｙは、本件店舗における接客業務として、客に対し、性的サービスを提供していた。……Ｙは、本件性的サービスを終えた後、Ａとの雑談で同人が既婚者であることを知った。したがって、Ｙは、本件性的サービス実施時点においては、Ａが既婚者であることの認識を有しておらず、Ｘの権利を侵害することに対する故意過失はない。……『Ｂ』は、平成30年５月頃、Ａが経営する会社に対し、194万4000円全額を返金した」と反論した。

裁判所の判断

まず、本件におけるＡＹ間の性交渉の有無については、本裁判例は下記のとおり判示しこれを認めた。

> Ａが、本件性的サービスの際にＹと性交渉を行ったことを明確に認め、その状況を詳細に述べており……、Ａが、敢えてＹと性交渉を行った旨の虚偽を述べる合理的な理由を見出し難いこと、……Ｙは本件店舗で「Ｃ」という名称で稼働していたところ、本件店舗に関するインターネット上の掲示板に「Ｃ、本ありなんだ！」と、Ｙが本件店舗の業務に際して利用客と性交渉に及んでいることを窺わせる記載があることが認められ、これらの事情からすれば、Ｙは、本件性的サー

ビスの際、Aと性交渉に及んだものと認めることができる。

次に、上記性交渉に違法性があるかどうかについて、本裁判例は次のとおり判示して、その違法性を否定した。

本件性的サービスの時点におけるYとAとの関係は、Aが平成29年12月22日に本件店舗を利用してYを指名し、その約3週間後にAが再び本件店舗を利用してYを指名したというもの……にとどまり、本件店舗の従業員と利用客という関係を超えた個人的な男女の関係があったと認めるに足りる証拠はない。

この点、Xは、①本件性的サービスの後にYがAと連絡先を交換した上、金銭の借入れを打診し、Aがこれに応じてYに対し194万4000円を貸し付けたこと、及び、②YとAが平成30年5月頃までの間、頻繁に連絡を取り合ったり、2人で食事をしていたことをもって、YとAが、本件店舗の従業員と利用客の関係を超えた私的な男女の関係にあったものと主張するものと思われ……証拠によれば上記①及び②の各事実が認められる。

しかしながら、Xが本件において不法行為であると主張するのはあくまでも本件性的サービスの際になされた性交渉のみであって、本件性的サービス後の事情である上記①及び②の事実をもって、本件性的サービスの時点からYとAが本件店舗の従業員と利用客の関係を超える関係を有していたと推認することはできない。

……このように、本件性的サービスは、性的サービスの提供を業務とする店舗の従業員と利用客という関係に基づいてなされたものであり、その際になされた性交渉も、YとAの従業員と利用客という関係を超えてなされたものとは認められない。

そして、風俗店の従業員と利用客との間で性交渉が行われることが、直ちに利用客とその配偶者との婚姻共同生活の平和を害するものとは解し難く、仮に、婚姻共同生活の平和を害することがあるとしても、その程度は客観的にみて軽微であるということができる。

そうすると、仮に、ＹとＡとの間でなされた本件性的サービスの際の性交渉が、Ｘの婚姻共同生活の平和の維持を侵害し、不貞行為に当たり得る面があるとしても、それにより、Ｘに、金銭の支払によらなければ慰藉されないほどの精神的苦痛が生じたものと認めるに足りない。

この点、Ｘは、本件店舗が本来は性交渉を提供していない業態であるにもかかわらず、ＹがＡと性交渉に至ったとの点がＸの権利を侵害するものであり、その違法性を肯定しないことは、売春行為が適法であることを認めることになるなどと主張する。しかしながら、本件店舗の業態を考慮しても、既に説示したとおり、ＹとＡとの関係が、本件店舗の従業員と利用客の関係を超えるものではないことからすれば、Ｘに対する違法性を具備するかという観点においては、本件性的サービスの際の性交渉も、業務の一環又はその延長としてなされたと評価し得るというべきである。ＡとＹとの間の性交渉が売春防止法等の法令上違法とされる可能性があることと、これがＸ個人の権利を侵害するか否かということは別問題であり、Ｘの主張は採用できない。

要するに、本裁判例は、ＡＹ間には性交渉はあったものの不法行為は成立しないとしてＸの請求を棄却したのである。

解　説

本裁判例がＸの請求を棄却した大きな理由は、「ＹとＡとの関係が、本件店舗の従業員と利用客の関係を超えるものではないこと」及び「本件性的サービスの際の性交渉も、業務の一環又はその延長としてなされたと評価し得る」ことであると言える。

Ｙの行う業務は社会に存在する仕事のうちの１つとして認められているものである以上、これを違法とは評価しにくいだろう。

筆者もこの判決に賛成であり、ＡＹ間の関係が業務の一環と言える範囲では不法行為は成立しないと考えたい。

むしろ、本件においては、ＸはＹを攻撃するのではなく、そのような店舗に自らの意思で赴いたＡ（配偶者）こそを攻撃するべきであろう。ＸがＡを攻撃することなしに、いわば一足飛びにＹを相手に民事訴訟を提起することに筆者は違和感を覚える。

8. 駆け落ちと不貞行為

東京地判平成28・8・8平成27年（ワ）11339号公刊物未登載〔29019745〕

事案の概要

① 夫Ｘ（昭和42年生）と妻Ａ（同43年生）は、平成５年３月１日に婚姻し、長女Ｂ（平成５年生）と長男Ｃ（同７年生）をもうけたが、同25年９月３日に協議離婚した。

② Ｙ（昭和42年生）は、昭和63年９月14日に妻と婚姻し２人の子がいる。

③ ＸとＡは、婚姻して以降、一緒に買物や家族旅行に行ったり、子供の学校行事によく参加したりなど、夫婦仲は悪くはなかった。しかし、Ｘが転職をするたびに金銭的な問題で夫婦げんかになったり、飲酒に伴い口論となり、ＡはＸから暴力・暴言を受けたりすることもあった。

④ 平成24年６月には、ＸとＢの口論をきっかけにして、ＸがＢとＡに手を上げ、Ｂが自殺を図る（未遂）という出来事があった。ＡはＸの暴力について警察に相談した。

⑤ 同年７月末、ＸはＡに相談することなく仕事を退職した。その頃から、ＸとＡは、些細なことで言い争うようになり、離婚の話が何回も出るようになった。なお、この当時、Ｂは専門学校生、Ｃは強迫性障害のために高校に進学せず家に引きこもるという状態だった。

⑥ その頃、Ａは、週に６日ほど弁当屋に勤務していたところ、同年９月末、Ｙがこの弁当屋に入社し、Ａと知り合った。Ａは、Ｙへ弁当屋の仕事

の内容を教える立場にあり、職場の同僚らと一緒に酒を飲みに行く機会が増え、お互いの家庭環境のことを相談するようになった。

⑦　同年11月８日、弁当屋が隣の店舗に併設するとんかつ店において夜間営業が再開されることになり、Ｙは事実上住み込みの形でとんかつ店の仕事に従事することになった。Ａは、弁当屋の仕事の傍ら、週に何回かは上記とんかつ店の手伝いもするようになった。

⑧　この前後から、Ａは帰宅時間が遅くなり朝帰りになることもあった。Ｘは、このようなＡの素行に注意を促す意味と、Ａの気持ちを確かめたいという考えもあり、同月20日、Ｘが署名押印した離婚届をＡへ渡した。Ａは、離婚を受け入れるか思い悩み、Ｂ及びＣにも相談したが、「夫婦げんかにこれ以上巻き込まないでほしい」などと言われたこともあり、同月25日、Ｘとの離婚を決意し、上記離婚届に署名押印してＸに渡した。

⑨　Ｘは、Ａの「子供とも相談して決めた」という言葉から、子供も納得したのかと思い、ショックを受けたが、離婚自体はやむを得ないと受け止めた。しかし、他方で、Ａの言動に不審なものを感じていたこともあり、調査会社に行動調査を依頼した。その結果、同月30日の午前零時過ぎ、ＡＹの勤務先付近の路上において、ＡＹが抱き合う様子が撮影された。

⑩　Ａは、離婚届をＸに渡した後、Ｂ及びＣを連れて家を出る前提で、転居先を探すなどの準備をしていた。そのようなところに、Ｘ代理人による同年12月21日付けの内容証明郵便がＡ及びＹの両名に送付されてきた。その内容は、両名の不貞を理由に慰謝料600万円の支払を求めるものであった。

⑪　これに対し、Ａは、Ｘ代理人に対する同25年１月２日付の書面をもって、「Ｙさんとは、同じ職場で、色々相談させて頂き、親しくさせて頂きましたが、不貞行為はありません」などと反論する書面を送付した。また、Ｙもその頃、Ｘ代理人に対し、不貞の事実はないので損害賠償は取り下げてほしいと依頼したが、Ｘは法的な対応をやらせてもらうと告げ、取下げに応じなかった。Ａは、転居先も決まらないうえ、Ｘの厳しい対応にショックを受け、精神的に追い詰められた状態になり、お金もない中で子供達を連れて出て行くことは無理であると考えて断念し、１人で家を出る

ことにした。

⑫　同年1月5日夜、Aは弁当屋の仕事を終えた後、今後のことをYに相談した。Yは、心身ともに追い詰められている様子のAに同情するとともに、自分自身も夫婦仲がうまくいっていなかったこともあり、衝動的に2人で出奔することになった。なお、この当時、Yは、Aから、離婚届に署名したという話は聞いていたが、その届出がされたことは確認していなかった。

⑬　AYは、その後約1週間、ビジネスホテルに宿泊しながら仕事と住む場所を探し、a島へたどり着いた。その後、AYは一緒に生活している。

以上の事実関係の下において、XはA及びYに対し、連帯して慰謝料600万円の支払等をするよう求めて提訴した。

争　点

本件において、Xは、AとYが駆け落ちしたためにAとの離婚を余儀なくされたとして慰謝料（損害賠償）の支払を求めたのに対し、AYは、肉体関係が存在しないこと、XA間の婚姻関係が破綻していた等の理由を挙げ不法行為責任を否定した。

裁判所の判断

裁判所は次のとおり判示してA及びYの不法行為責任を認めた。なお、慰謝料額は100万円であった。

AYは、a島へ行く以前には肉体関係を持ったことはない旨主張するが、調査会社による調査の結果、平成24年11月30日の午前零時過ぎにAYが勤務先付近の路上で親密に抱き合う様子が撮影されていること、その当時、Yは夜間営業を行うとんかつ店に事実上住み込みで勤務しており、Aは、その夜間営業の手伝いをしていたこと、その頃、Aは帰宅が遅くなり朝帰りになったこともあった……。そして、AY

は、平成25年１月５日に２人して出奔しているところ、配偶者のある男女が駆け落ちをするという行為は、これが計画的ではなく衝動的であったとしても、肉体関係もない間柄では考えにくいことである。以上によれば、平成24年11月30日頃までには、ＡＹには不貞行為があったものと推認することができる。

また、仮に、この時点での不貞行為が認められないとしても、ＡＹが意を通じ合いそれぞれの家族を遺棄して出奔した行為は、それ自体、Ｘに対する関係で共同不法行為を構成するというべきである。なお、Ａ本人によれば、平成25年１月初旬当時、Ａが家を出ること自体は、Ｘも了解していた既定方針であったことがうかがわれるが、子供達を連れて家を出るというそれまでの方針を一方的に覆し、何の予告もなく行先を家族に告げることもなく、男性と一緒にいわゆる駆け落ちをするという行為は、Ｘが想定していた「家を出る」行為とはおよそ異質なものというべきであり、これを不法行為と認めるに妨げはないというべきである。

解　説

「駆け落ち」を辞書で引くと、「無断で住所を去って行く先をくらますこと。失踪・出奔・家出などと同義である」などと説明される。

本裁判例は、駆け落ちは肉体関係のない間柄では考えにくいとして、また、駆け落ちには不貞行為がいわば附随しているものとして、不法行為が成立するとした。

そして、本裁判例はさらに進んで、仮に肉体関係がその時点で存在していなかったとしても、駆け落ちという行為そのものに（共同）不法行為の成立を認めている点に大きな特徴があると言えるだろう。言い換えれば、不貞訴訟における保護法益を「婚姻共同生活の平和の維持という権利又は法的保護に値する利益」と捉えると、駆け落ちはまさにその法益を侵害する行為に該当することから不法行為責任が生じるということであろう。

このように考えると、不法行為の成否の判断に重要なのは、ＡＹ間に肉体関係があったかということよりもむしろ、上記法益を侵害したか否かという点にあると言えるだろう。

この点に関連して、宗宮(そうみや)信次は「……かりに姦通の事実無きも、夫婦の一方を唆かして別居せしめ、これを匿ってその同居を妨げた者の如きも、夫権又は妻権侵害の不法行為になろう」と指摘しており（同「貞操侵害の損害賠償」日本法學32巻１号（1966年）48頁）、本裁判例もこの考え方に基本的に沿っていると言えるだろう。

9. 愛情を含むメールの送信と不法行為の成否①

東京地判平成24・11・28平成23年（ワ）19363号公刊物未登載

事案の概要

① Ｘ（妻）とＡ（夫）は平成14年２月２日に婚姻し、同15年及び同18年に子をもうけた。

② ＸがＡを相手方として申し立てた家事調停事件は、同24年７月30日に調停成立（調停離婚）で終了した（この調停を「本件調停」という）。

③ 同22年12月頃、Ｘは、ＡがＹを含む複数の女性との間でメールのやり取りをしており、浮気をしていると感じたため、同23年１月、探偵社へ調査を依頼した。

④ 同年３月８日、同月15日、同月29日、同月30日、同月31日及び同年４月１日のＡの行動を監視したが特段不審な行動はなく、同年３月11日にＹの行動を監視したが、特段不審な行動はなかった。

⑤ 同年４月18日、Ａは、退社後にＹと待ち合わせ、合流後、２人で腕を組んで歩き出し、喫茶店に入店して飲み物を飲みながら会話し、退店後、わずかな間路上でキスを交わしたり、腕を組むなどして歩いたりした。別れ際には、２人は抱き合ってＡがＹの額にキスをし、その後、Ａは、歩いてＸらの自宅に帰り、Ｙは１人で近くにある居酒屋に入店して飲食し、飲食

後歩いてＹの自宅に帰ったことが認められる。

⑥　ＹからＡに宛てた同年２月22日付けのメールには「Ａんちのロビーまでは行ったのよ」「花持ってね」との記載があった。また、これに続けて、「今日は会えなくて良かったんだよ。家族が外出してててＡんちでＡに会ったら、多分心がしぼんだかもなぁ。私そんなに図々しくないつもりなの」と送っていた。

⑦　Ｙが作成してＡに宛てたメールには次のような表現がある。

・明日仕事納めでしょ？それに夜家に居ないとまた疑われるよ

・そんなんでも会いたいんだけどね

・coffeeご馳走さま
もう少しだけギュウしてほしかったけれど、眠さには勝てないから

・今週はＡ忙しい？いつ一緒に居られる？

・ＨだねＡ。バイアグラはいらないよ。私Ｈじゃないもん
お泊りするの？お泊りグッズ持って？

・違う。ＨはＡ

・大好きな誕生日に一緒に居てくれてありがとう

・やっぱりＡにそばに居てほしい

・チュ

・熱が38℃になってた。チュってしたから、よく消毒してね。
Ａに会えなくなった…逢いたい

・血まみれになるからギュウはできないよ。終わったらして

・だって、どうしても気になってしまうんだもの…一番辛い日だし、スゴイの見られたくないし

・大好きだよ

・Ａとよからぬ計画話しした日の夜から
ダメ！って体が答えたらしい

⑧　ＡがＹに宛てたメールには、次のような表現がある。

・夜逢いたいのに…お見舞いに来てくれる？

・生理か…ちょっと早かったのかな…

・え～今日こそいちゃいちゃしようと朝から楽しみにしていたのに…

・今日はＹちゃんの身体から逢えて嬉しいっていっぱい出てて嬉しかったよ
イチャイチャしたいとも出てたけど

・逢いたいよぅ。この間みたいにいっぱいぶちゅぶちゅしてのんべんだらりと過ごしたいよぅ

・でもＹちゃんは俺のことすごく好きだよ

・金曜日いちゃいちゃできる？

・俺の彼女はＹちゃんでＹちゃんの彼氏は俺なんだから

以上の事実関係の下において、ＸがＹに対し、不貞慰謝料500万円の支払等を求めて提訴した。

争　点

Ｘからの請求に対して、Ｙの反論は以下のとおりであった。

> ＹはＡと不貞関係にはなかった。Ｙは、友人に誘われた花火見物でＡと知り合い、以後、数人と、たまには２人で居酒屋で飲んだり、電話やメールを交わすことはあったが、常識的な友人関係を超えて親密な交際をしていない。Ｘは、別の女性とＡの不倫関係を疑い、Ｙを不倫相手と安易に誤解したものと思われる。
> ……メールの表現も、ＹとＡの不貞関係を推認させるものではない。そして、性的親密性を暗示するかのような表現は、主としてＡからのメールにしか存在しないところ、これは、Ａの一種の性癖にすぎない。

裁判所の判断

まず、裁判所は、「これら［筆者注：のメール］は全体として、ＹとＡの不

適切な交際を想起させるようなものであり、Ａの妻であったＸが、ＹとＡの不貞関係を疑ったことは無理からぬものであるものの、これらを総合しても、現実にＹとＡが性交渉を持ったと認めることは困難であり、不貞関係の存在を認めることはできない」と判示した。

しかし、これに続けて「このようなメールは、性交渉の存在自体を直接推認するものではないものの、ＹがＡに好意を抱いており、Ｘが知らないままＹとＡが会っていることを示唆するばかりか、ＹとＡが身体的な接触を持っているような印象を与えるものであり、これをＸが読んだ場合、Ｘらの婚姻生活の平穏を害するようなものというべきである。そして、……現にＸはこれを閲覧しており、Ｙとしては、これがＸに読まれる可能性がある状況下で、このようなメールを送付したものと認められる。そうすると、Ｙがこれらのメールを送付したことは、Ｘらの婚姻生活の平穏を害するものとして社会的相当性を欠いた違法な行為であり、Ｙは、Ｘに対し、不法行為責任を負うものというべきである」と判示して、結論としてはＹの不法行為責任を認めた。

なお、慰謝料額は30万円であった。

解　説

本件では、ＡＹ間のメールの内容によってＡＹ間の不貞行為の存在までは立証できないが、そのメールをＸが閲覧することによってＸらの婚姻生活の平穏を害するとしてＹの不法行為責任を認めた点に大きな特徴がある。

このように、現実の不貞行為を証明できなくとも、「婚姻生活の平穏」を害されたことが認められれば、本件のようなメールのやり取りは社会的相当性を逸脱するものとして不法行為責任が発生するということになるだろう。

そして、これと類似の考え方を示した裁判例として東京地判平成22・12・21平成22年（ワ）17240号公刊物未登載があり、「継続的な肉体関係がなくとも、第三者の一方配偶者に対する行為が、他方配偶者の婚姻共同生活の平和を毀損するものであれば、違法性を有するものというべきである」と判示した。

10. 愛情を含むメールの送信と不法行為の成否②

東京地判平成25・3・15平成23年（ワ）40178号公刊物未登載〔28250442〕

事案の概要

① X（夫）とA（妻）は平成5年7月7日に婚姻した夫婦であり、同7年及び同10年に子をもうけた。

② A（東京在住）とY（名古屋在住）は小学校の同級生であった。

③ 同23年8月20日、Aは名古屋に赴き、Yとともに同小学校の同期会及び二次会に出席し、同日夜の新幹線で東京に戻った。

④ AとYは、上記同期会の前後頃から同年10月下旬頃までの間、頻繁にメールのやり取りをしていた。

⑤ Xは、同年8月下旬頃から、Aが携帯電話を肌身離さず持ち、着信をしきりに気にし、着信に直ちに返信しているのを不審に思い、その後、Aの携帯電話の記録を見たところ、Yとのメールのやり取りを発見した。

⑥ AとYは、メールで「愛してる」「大好き」等との内容のやり取りをしていた。

⑦ 同月22日及び同年9月2日、YがAに対し、Yからのメールや手紙を廃棄するよう指示しており、Aが、同月から1か月半ほどの送信メールを削除している。

⑧ また、AとYは、双方の家族の不在時を見計らい、電話でも頻繁に会話をしている。

以上の事実関係の下において、XがYに対し、慰謝料300万円、弁護士費用30万円等の支払を求めて提訴した。

争　点

本件では、AY間の不貞行為の有無及びAY間のメールのやり取りに不法行為が成立するか否かが問題となった。

裁判所の判断

裁判所はまず不貞行為の有無について次のとおり判示した。

> ……メールは往々にして過激な表現になりがちなものであり、また、ＹとＡは、小学校の同級生であるという気安さから、気晴らしに際どい内容を含むメールや電話のやり取りを楽しんでいたとも考えられ、……ＹとＡとの間で交わされたメールに性交又は性交類似行為を示唆するような表現が多数あるからといって、ＹとＡが実際にこれらの行為に及んでいたと断定することは躊躇される。
>
> また、実際に性交又は性交類似行為に及んでいないとしても、異性との間でこれらを示唆するようなメールのやり取りをしていることを、相手の配偶者に知られたくないと考えるのは自然であり、ＹがＡに対し、これらのメールや手紙を廃棄するよう指示し、Ａが送信メールを削除したからといって、直ちに性交又は性交類似行為の存在が推認できるわけでもない。
>
> さらに、ＹとＡは、名古屋と東京という遠隔地に居住しており、双方の家族に知られないように密会することは困難であると考えられる上、ＹとＡとのメールのやり取り……を子細に検討しても、ＹとＡが密会した事実をうかがわせるような記載は見当たらず、ＡがＹとの不貞行為を自認したような事情もうかがわれない。
>
> 以上によれば、……ＹとＡが、実際に不貞、すなわち性交又は性交類似行為に及んでいたとまでは未だ認めることができ……ない。

次に、メールのやり取りに不法行為が成立するかという点については次のとおり判示してこれを否定した。

Xは、仮にYとAが不貞行為に及んでいないとしても、Yは、Xの妻であるAとの間で、常軌を逸した卑猥な内容や、恋人同士でしかあり得ないような内容のメールのやり取りを頻繁かつ継続して行い、これにより、XとAとの婚姻生活を破綻に導いた旨主張する。

確かに、性交又は性交類似行為には至らないが、婚姻を破綻に至らせる蓋然性のある他の異性との交流・接触も、当該異性の配偶者の損害賠償請求権を発生させる余地がないとはいえない。

しかしながら、私的なメールのやり取りは、たとえ配偶者であっても、発受信者以外の者の目に触れることを通常想定しないものであり、配偶者との間で性的な内容を含む親密なメールのやり取りをしていたことそれ自体を理由とする相手方に対する損害賠償請求は、配偶者や相手方のプライバシーを暴くものであるというべきである。また、YがAに送信したメールの内容……に照らしても、Yが、XとAとの婚姻生活を破綻に導くことを殊更意図していたとはいえない。したがって、本件の事実関係の下でのYの行為は、Xの損害賠償請求を正当化するような違法性を有するものではないとみることが相当であり、不法行為の成立を認めることはできない。

解　説

本裁判例は、AY間で交わされたメールの内容からAY間の不貞行為の存在を認めることはできないとし、かつ、そのメールのやり取り自体にも不法行為は成立しないとした。そして、不法行為が成立しないことの理由付けとして、「私的なメールのやり取りは、たとえ配偶者であっても、発受信者以外の者の目に触れることを通常想定しないものであり、配偶者との間で性的な内容を含む親密なメールのやり取りをしていたことそれ自体を理由とする相手方に対する損害賠償請求は、配偶者や相手方のプライバシーを暴くものである」ことを挙げている点が特徴的である。

ただし、この点については異論があり得るところで、不法行為責任を認めるという考え方も当然あり得るだろうと思われる。

すなわち、ＡＹ間の本件のようなメールのやり取り自体がＸらの婚姻生活の平穏を害すると言えなくもないからである。

11. 不貞行為と性的不能

東京地判平成27・５・27平成26年（ワ）8743号公刊物未登載〔29022419〕

事案の概要

① ＸとＡは平成７年７月９日、婚姻した。

② Ｘ及びＡにはいずれも離婚経験があり、Ｘと前夫との間にはＢ（昭和59年生）、Ｃ（同61年生）及びＤ（平成２年生）の３名の子が、Ａと前妻との間にはＥ（昭和59年生）がいるが、ＸとＡとの婚姻後、ＡはＢ、Ｃ及びＤと養子縁組をし、Ｘは、Ｅと養子縁組をした。

③ Ｅは問題行動が多く、少年院に収容されたり、少年刑務所に服役したりしたが、ＸはＥの面倒を見てきた。Ｅが、ＢやＣに性的関心を示したことがあり、これが原因となって、Ｂ及びＣは、同21年４月頃、Ｅに対する絶縁を宣言した。

④ ＡがＸと性的関係を持つことはまれであったが、ＸとＡとは、けんかもしながら、毎年のように共に旅行するなどして生活してきた。例えば、ＸとＡとは、同19年に、Ｄとともにスキーをするため裏磐梯を訪れ、同21年にも、２人でスキーをするため鹿沢温泉を訪れた。

⑤ Ａは、仕事をして収入を得るのが自分の役割であり、家事や子らの面倒はＸの役割であると考えていた。ところが、Ｘは、洗濯や料理についてはＡの期待に応えていたものの、掃除は行き届かず、Ａの不満の種となった。

⑥ もっとも、Ｘは、それ以前から腰痛等に悩まされていたが、同20年８月頃、医師から脊柱管狭窄症との診断を受け、歩行困難の症状もみられた。

したがって、このことが、掃除が行き届かないことに影響した。

⑦　Xは子らの面倒をみていたが、Aは、Xに対し、学校のPTA会長や役員を務めるより、子らの躾等に力を入れるべきだと考えていた。

⑧　Aは、同20年、Yと知り合った。

⑨　Aは、同年7月頃、当時新潟県に住んでいたYのために、自動車で新潟県に行った。また、Aは、同年8月頃、ネットワークビジネスの仲間として、YをXに紹介した。

⑩　Yは、同年9月、無職のまま、新潟県から東京都に転居し、住所地に居住するようになった。

⑪　また、Yは、同21年から、東京都で稼働するようになった。

⑫　Aは、同22年4月3日から、Y宅で同居するようになった。

　また、Aは、同23年6月、勤務していた外資系金融機関を退職し、同年8月、資本金2800万円（Aが全株式所有）のa社を設立した。

⑬　Xも、Aに求められてa社の運営に関与し、同社で稼働するとともに、同社の借入れの連帯保証人となった。

⑭　Xは、同24年秋頃、Aが、a社の従業員であるGと交際しているとの話を聞き、Gを相手方として、民事調停を申し立てた。この調停の中で、Gは、同年8月頃からAと交際するようになったが、同年10月頃、Aを追及したところ、数年間交際している女性がいることを認めたので、交際を打ち切った旨主張した。

以上の事実関係の下において、XがYに対して慰謝料500万円（別途弁護士費用50万円）の支払を求めて本訴を提起した。

争　点

本訴においてXは、「Yは、平成20年頃、Aと交際を開始し、平成22年4月頃からは、同居している。Yは、Aと継続的な不貞関係にあり、Xの平穏な家庭生活を侵害している。Yの行為は、不法行為に当たる」と主張したのに対し、Yは、「Aは、10年ほど前から、糖尿病及び高血圧症で投薬治療中であり、血糖値の高さを示すグリコヘモグロビン値は、平成23年以降、ほぼ６以上であって、性的不能の状態にある。このように、Ａは、性的不能の状態にあり、Ｙとの間に、不貞行為が成立する余地はない。現実にも、ＹとＡとの間に、不貞行為は存在しない」などと主張して争った。

裁判所の判断

裁判所は、以下のとおり判示して、Ｙの主張を排斥した。

なお、認容した慰謝料は300万円（別途弁護士費用として30万円）であった。

……Ｙは、Ａが、性的不能であり、Ｙとの間に、不貞行為が成立する余地はない旨主張する。

この点、……そもそも、Ａは、Ｘと性的関係を持つこともまれであったのであるが、本件調停のなかでも、Ｇは、Ａと交際していたことを認めている。これに対し、Ａは、陳述書……において、Ｇの申出を受けて、交際しているような外形を装ったと陳述する一方で、本件調停における対応について、Ｇに確認しようとしたが、連絡がつかなかった旨証言するが、Ｇは、ａ社の従業員であったから、連絡しようとすればできないとは考えにくいし、上記陳述によれば、Ａは、裏切られたことになるはずであるのに、Ｇに確認しないというのは、不自然である。

こうした点も考慮すると、Ａが、全く性的不能であったか否かは、疑わしいが、仮に、ＹとＡとの間に、性的関係がなかったとしても、Ｙが、Ｘと婚姻関係にあるＡと同居生活を続けている以上、不法行為が成立し得ることは、当然である。

解　説

不貞慰謝料請求訴訟において、被告となったＹが不貞行為の存在を否認するために「自らあるいはＡが性的不能であったから性行為を行うことができず不貞行為は存在しない」と反論することがある。

本裁判例は、AにはY以外の交際相手（G）がいたことなどから、Aが性的不能であるとの主張について疑問を呈し、さらに、性的関係がなかったとしても、本件ではYがAと同居生活をしているのであるから、Xの「婚姻共同生活の平和の維持という利益又は法的保護に値する利益」を侵害しており、不法行為は成立するとした。

したがって、この判断を前提にするならば、Aと同居生活を続けていながらYが「性的不能」を理由に不法行為責任を免れようとすることは基本的に無理筋であろう。

なお、本件と同様の論点を扱った裁判例として、東京地判平成25・5・14平成23年（ワ）16218号公刊物未登載〔28250623〕があり、同裁判例は、「確かに、Aは持病の糖尿病のため性的不能であったから……、AとYとの間に性交がなかったことは認められる。しかしながら、AとYが性交に至らなかったとしても、AとYとの間には、前記1⑸及び⑺に認定した行為［筆者注：AがYの自宅マンションを訪れ、ベッドでYにマッサージをしてもらった後、下着姿でYと抱き合い、身体を触るなどの行為］が認められ、かかる行為は、Aの配偶者であるXの婚姻共同生活の平和の維持という権利又は法的保護に値する利益を侵害するものと認められる」と判示して、Yの反論を認めなかった。

第４章　相姦者の過失の有無

12. 過失の有無①

東京地判平成29・11・７平成28年（ワ）6883号公刊物未登載〔29045919〕

事案の概要

① Ｘとａは、平成23年１月17日、婚姻し、同25年４月から不妊治療を開始し、同27年６月20日には、Ｘが不妊治療のために単独で台湾に渡航し、同年９月20日まで同地に滞在したことがあった。

② Ｘが、台湾に渡航している間、Ａは、不妊治療などのために複数回にわたり台湾を訪れ、台湾滞在中、台湾内を旅行したり、結婚記念の写真を撮ったりしたことがあった。Ａは、同年８月頃までは、Ｘに対して頻繁に連絡を取っていたが、同月中旬以降は徐々に回数が少なくなっていった。

③ Ａは、同年７月頃、Ｙと水タバコ専門店で知り合い、間もなく共に出かけるようになった。

④ Ａは、同年８月10日、Ｙに対し、❶自分は友人が購入したマンションに共同で住んでいる、❷一生独りでいる予定もないなどというメールを送信し、これに対してＹが、「あなたはしばらくの間、独身だったように聞こえるけど」という返信をすると、Ａは、「ここ２年間は」と返信した。

⑤ Ｘは、同年９月22日、ＡのパソコンからＡが女性といる写真を発見し、同人を問い詰めたところ、Ａは不貞の事実を否認した。その後、Ａは、Ｙに対し、「これからアパートを見に行くようにする」「早く別居したくて仕方がない」などと記載したメールを送信していた。

⑥ Ａは、同年10月17日、Ｙに対し、❶僕（Ａ）が転居先を見つけて転居す

るとして、君は君が僕と一緒に転居することを心地よく思ってくれるかな、❷しばらくの間、僕のところに来て落ち着かないか、❸僕は一緒に住みやすい人だと思うよ、などと記載したメールを送信し、これに対してYは、「分かったわ」と返信した。なお、上記のメールに先立ち、Yは、同月11日頃、Aに対し、その当時の同居人に関して、英語が下手であることや、同居人が夜遅くまで交際相手と電話やスカイプで話していることに関し、うるさく思っている趣旨のメールを送信しており、それに対してAが、「私はただあなたにとって居心地のいいところを見つけたい」や「私はあなたを助けたい」などと記載したメールを送信していた。

⑦　Aは、同月19日、aマンション（以下「本件マンション」という）の賃貸借契約を締結し、同月31日から、本件マンションにおいてYと同棲生活を開始した。

⑧　Xは、遅くとも同年11月３日までには、調査会社にAの素行調査を依頼し、同社は、同月７日から翌８日にかけて、Aの素行調査を実施した。また、Xは、その後、探偵事務所にもYの素行調査を依頼した。

⑨　Xは、同年12月22日、Yに対して、自分がAの妻であり、YがAと交際していること、同棲して不倫関係を続けていることで、XとAの婚姻関係を壊したことを告げ、今後、Aとの交際を一切やめることを求める内容証明郵便（以下「本件通知書」という）を送付し、Yは、同月24日、これを受領した。

⑩　Yは本件通知書を受けて、同日、Aに対し、事情の説明を求める旨のメールを送信したところ、Aは、❶AとXが同22年に結婚したこと、❷Xが同27年６月から数か月台湾に行くようになって、自分は自分の人生が目茶目茶になっていると思ったこと、そこでXと離婚するには一番良いときだと決心した、❸Yには全てを言おうと思ったができず、隠していたなどと返信し、これに対してYは、Xが誰なのか見当もつかないなどと返信した。また、同日、AはYに対し、Xとは離婚する意思があると告げた。

⑪　Xは、同年12月25日、Aに対し、同人とYとの不貞関係を非難する内容のメールを送信し、さらに、同月分の生活費の支払を求めた。これに対し

てＡはＸに対し、自分が間違っていた、Ｘに申し訳ないと思っているという趣旨のメールを送信したが、同月28日には、Ｘと離婚する旨のメールを送信した。

⑫　Ａは上記のＸからのメールを受けて、同月25日、Ｘに対して15万円を送金し、その後、同28年２月25日に６万円、同年３月25日に２万円を新たに振り込んだ。

⑬　Ｙは、同年１月30日、友人に対して、しばらく友人のもとに身を寄せてよいか相談し、その了承を得た。その後、Ｙは、同年２月13日、他のアパートの賃貸借契約を締結して転居し、同月23日、住民票を移転した。

⑭　Ａは、同月27日には、本件マンションから退去して所在不明となり、その後、同29年１月６日に、一時Ｘ宅に帰宅したが、同年６月には日本から出国した。なお、その間、Ａは住民票を転々と移転させている。

以上の事実関係の下において、ＸはＹに対して1000万円の慰謝料の支払を求めて提訴した。

争　点

Ｙは、「平成27年12月24日に、Ｘから本件通知書を受け取り、その内容の真偽をＡに確認するまで、Ａに配偶者がいることを知らなかった」こと、また、「Ｘは、Ｙには、Ａが既婚者であるか調査する義務があったとするが、不貞行為に基づく過失の判断において、異性と交際するに当たって同人が既婚者か否かについて注意する義務はなく、その交際相手が既婚者であるとの疑いを生じさせる具体的な事情がない場合には過失があるとは認められないと解されている」と反論した。

すなわち、本件ではＹに故意・過失があったかどうかが問題となった。

裁判所の判断

裁判所は、まずＹの故意の有無について次のとおり判示して、それを否定した。

……ＹとＡは、平成27年10月31日以降、同棲生活を開始し、交際関係にあったと認められることからすれば、遅くとも同日以降には、不貞行為に及んでいたと推認することができる。

もっとも、……Ａは、本件通知書を受領したＹから、その経緯について問い質された際に、Ｘと婚姻していたことを明かしたこと、それ以前には、Ｙに対するメールでも自分が独身であると偽っていることからすれば、少なくともＹが本件通知書を受領した平成27年12月24日時点では、Ａが既婚者であることを認識していた、すなわち、不貞行為に関して故意があるとは認められない。

これに対してＸは、「男性と交際する場合には、既婚者であることを確認する義務があるとすることを前提に、①Ａが、自宅に呼ぶことを拒んでいること、②ＡがFacebookにＸと一緒の写真を掲載していること、③ＡがＹを家族や友人に紹介しておらず、Ｙとの生活をSNSにアップロードしていないこと、④Ａが長期間日本で生活しているにもかかわらず、スーツケース１個という軽装備で同棲生活を開始したこと、⑤ＡとＹが個別に外出していたことから、Ｙに、Ａが既婚者であることについて認識すべきであるにもかかわらず、これを怠った点に過失がある」と主張した。

裁判所は、まず一般論として、「Ｘが前提とする既婚者であることを確認する義務の存否について確認すると、不貞行為に関して、当事者となる者が、相手方との関係で、同人が既婚者であることを確認する法律上の義務を一般的に負っているとは解することができず、あくまで具体的事情の下で、交際相手が既婚者であることについて疑義を生じさせるべき事情があるか否かという観点から過失の有無を判断すべきものと解される」と判示した。

そのうえで、本件のＹに過失があったかどうかについては次のとおり判示し、結局、ＹはＸに対して不法行為責任を負わないとした。

……まず①の点について検討すると、自宅に呼ぶことを拒否する理由としては、既婚者であるという理由以外にも、様々な場合が考えられるのであり、そのことから直ちにＡが既婚者であると疑うべき事情であるとは認められない。これは、③の点についても同様であり、家族や友人に紹介するか否かは交際の深度や期間にもよるし、相手方の都合等にもよることからすれば、……ＹがＡと同棲を開始してから本件通知書を受領するまで２か月程度しか経っていないことからしても、Ｘ主張の点をもって、Ｙに過失があるとはいえない。

また、②の点についても、確かに、Ａのフェイスブックには、Ｘのコメントが複数掲載されていることが認められ、Ｙがフェイスブックのアカウントを有していることが認められるが……、一般的に、交際相手のフェイスブックを閲覧するか否かは、当事者間の人間関係や考え方如何にもよるのであり、交際相手のフェイスブックのアカウントを調査する法律上の義務を負うとは認められないし、交際相手のフェイスブックのアカウントを確認することが交際相手として当然するべき行動であるとまではいえない。そして、……Ｙが、本件通知書受領後、Ａに対して、Ｘとの関係を問い質した際にフェイスブックの記事等について言及していないことからすれば、Ｙとしては、少なくともＹは、本件通知書を受領した平成27年12月24日以前には、Ａのフェイスブックのアカウントを確認していなかったと認められるのであり、この点をもって、Ｙに過失があるとはいえない。

さらに、④の点についても、引越しの際に荷物の分量がどの程度となるかは、同人の日本における生活状況や引越しの際の準備状況等にもよるのであり、長期間日本に居住していることにより、当然に荷物が増えるとまでは認められないし、そのことによりＡが既婚者と推認することも困難である。そのため、Ｘ主張の事情をもって、Ｙの過失を基礎づける事実とはいえない。

また、⑤の点についても、……探偵事務所がＹやＡの素行調査をした期間は、同人らの同棲していた期間のうちわずかな期間であり、これをもってＡとＹが常に個別に外出していたとも認められず、Ｘの主張はその前提を欠く。

……そのため、平成27年12月24日以前の不貞行為に関して、Ｙに過失がある旨のＸの主張は採用できない。

解　説

本裁判例は、不貞慰謝料請求訴訟における過失の有無の判断について、一般論を示したうえで事案に即して丁寧に検討している点が参考になる。

一般的には、不貞慰謝料請求訴訟においてＹが故意・過失がないとの反論を行うことが少なくないところ、裁判所がその反論を認める例は意外と多くない。

不貞慰謝料請求訴訟における故意・過失の有無は次に２つの局面で問題になる。

第一は、ＹにおいてＡに配偶者がいることについての故意・過失であり、第二は、Ａに配偶者がいることをＹにおいて知っていることを前提に、ＸＡ間の婚姻関係が破綻していないことについての故意・過失である。

本裁判例の上記判示部分は、上記第一の点についての故意・過失の有無の判断である。故意・過失は不法行為の成立要件の中の重要な主観的要件であり、その立証責任は当然原告にある。したがって、提訴の段階においては、Ｙからこの点についての反論がなされることを十分に予期したうえでその立証についても準備しておくことが重要であろう。

13. 過失の有無②

東京地判平成31・１・29平成30年（ワ）7234号公刊物未登載
〔29052316〕

事案の概要

①　Ｘ（昭和59年生、男）はＡ（同51年生、女）と平成24年12月２日に婚姻

し、同29年11月24日、離婚した。なお、同人らの間に子はいない。

② Xは、自動車販売業、運転代行業、居酒屋、マッサージ店を経営していた。

③ XとYとの間に面識はない。

④ Aは、「a」という名称のスナックを開業していた。

⑤ Aは、bの開業前にも別の場所でスナックを営業していたところ、同28年11月、Xの自宅から車で5分ほどの距離にあるテナントが入る建物において、新たにbを開業し、同所で営業をしていた。Xは、bの営業のうち、従業員の送迎や伝票の整理などに関与していた。なお、Aは、bの営業中は、結婚指輪など婚姻関係にあることを示すものを身に着けていなかった。

⑥ bは、店舗での営業のほか、アフターとして、営業時間終了後に従業員が客と飲食等をするということも行っており、AはYともアフターをしていた。

⑦ AとYは、遅くとも同29年4月4日頃から電話をするようになり、同年6月18日から同月30日までは、連日電話をするようになった。当該期間における1日の電話の回数は、1回という日もある（同月24日）ものの、多くは複数回にわたっており、通話時間はおおむね5分以内で、長くても15分程度ではあったものの、同月18日には2回にわたり40分以上通話し、さらに、同月23日にも3回にわたり20分前後通話することもあった。

⑧ Aは、同月27日のXとの交際開始日での食事の約束を急きょ取りやめ、同年7月上旬には自宅に徐々に帰ることが少なくなり、同月22日頃には、YのアパートでYと同棲するようになった。その後、YとAは、同年8月には、少なくとも2回ほど肉体関係を持った。なお、Aは、移動用の自動車としてメルセデスベンツS550という比較的大型の自動車を利用していた。

⑨ Yは、同年9月上旬頃、知人からAに配偶者がいると聞き、Aに確認したところ、Aはこれを認めたが、その際、Xとは2年以上性交渉がない、結婚という関係ではないなどと述べた。Yは、少なくとも同月下旬頃ま

で、Ａとの交際を継続した。

⑩　Ａの上記の言動は、Ｙの陳述書及び本人尋問における供述によるところ、Ｙの上記供述等は、同年７月以降にＡがＹとの同棲を開始したことなどに照らし、信用することができる。

⑪　Ｘは、同月から同年８月にかけて、離婚届の不受理届を提出した。

⑫　Ｙは、同年９月下旬頃、Ａとの交際関係を終了させた。その後、ＸとＡは今後の生活について協議したところ、Ａが、１か月も面倒をみてもらったので、Ｙに慰謝料を支払わせることはできないなどと述べたため、Ｘは、同年11月24日、Ａと離婚した。Ｘは、離婚届を提出しようとしたところ、Ａからも離婚届の不受理届が提出されていると担当職員から聞かされた。

以上の事実関係の下において、ＸはＹに対して300万円の慰謝料の支払を求めて提訴した。

争　点

本件において、Ｙは主に過失の存在について争い、「平成29年９月上旬頃、Ａに配偶者がいると聞いたが、その際、Ａから、『うちは家政婦みたいなもの。旦那は家にいないし、しょっちゅう朝帰り。２年以上夫婦関係もない。旅行に行っても夜は別行動。離婚の話は何回もしている。』と聞いたのであり、少なくとも、Ｙは、ＸとＡとの婚姻関係が破綻していると過失なく信じていた」と主張した。

裁判所の判断

裁判所はまず、ＹがＡに配偶者がいる旨聞いた平成29年９月上旬頃までの間Ａに配偶者がいること知らなかったことについての過失の有無を検討し、その点の過失がないことを認定したうえで、それ以降については、Ｙが、ＡとＸとの婚姻関係が破綻していると過失なく信じていたと認められるか否かを検討し、次のように判示して、Ｙには過失がないとした。

……不貞関係の当事者たる配偶者が第三者と不貞行為に及んだ際に、当該配偶者と他方の配偶者との婚姻関係が破綻していたときは、特段の事情のない限り、不法行為責任を負うことはないと解される（最高裁平成８年３月26日第三小法廷判決・民集50巻４号993頁参照）。そして、婚姻関係の破綻の有無は、永続的な精神的及び肉体的結合を目的としての共同生活を営む真摯な意思を夫婦の一方又は双方が確定的に喪失したか否か、夫婦としての共同生活の実体を欠くようになり、その回復の見込みが全くない状態となったか否かという観点から検討すべきものと解され、婚姻関係の破綻の有無を過失なく信じたといえるかについても、不貞行為の相手方が、他方の当事者とその配偶者との婚姻関係について、共同生活を営む真摯な意思を夫婦の一方又は双方が確定的に喪失していたり、夫婦としての共同生活の実体を欠くようになり、その回復の見込みが全くない状態となっていると信じ、そのことについて過失があるか否かという観点から検討すべきものと解される。

……Ｙは、平成29年９月上旬頃、知人からＡに配偶者がいると聞き、これをＡに確認した際に、Ｘとは２年以上性交渉がない、結婚という関係にないなどと聞かされており、これに加えて、Ａが平成29年７月22日頃には、Ｙのアパートに住むようになり、共同生活の実態を喪失したことからしても、Ｙとしては、ＡとＸとの婚姻関係が破綻していると信じたことが認められる。

そして、Ｙがそのように信じたことについて過失がないか検討すると、……Ａが深夜の午前４時頃にＹと電話連絡をしていたり、アフターとして深夜に顧客と食事をするなど、Ｙとの交際関係が認められる以前から婚姻関係が円満であるということと直ちに合致しない言動を取っていることに加え、Ａが平成29年７月22日頃以降には、Ｙのアパートで同棲を開始し、その後、同年９月初旬頃にＹがＡに配偶者がいることを確認するまでの１か月以上にわたり同棲生活を続け、その途中に自宅に帰るなどの行動をしていたことが窺われないことからしても、AのYに対する言動は、YをしてAとXとの共同生活の実態が喪失し、Aにおいてこれを回復させる意思がないと思わせる言動であり、Yが、Aに配偶者がいることを確認した平成29年9月初旬以降において、Yが、AとXとの婚姻関係が破綻していると信じたことについて過失はないものと認めるのが相当である。

……以上によれば、Yは、Xに対し、Aとの不貞行為に関して、損害賠償義務を負うとは認められず、その余の争点について検討するまでもなく、XのYに対する請求には理由がない。

解　説

本件では、YがXA間の婚姻関係が破綻していると過失なく信じたか否かという点について事実に即して丁寧に論じられている。

不貞行為時において、XA間の婚姻関係が客観的に破綻していたとすれば、AY間の不貞行為には不法行為は成立しない（婚姻関係破綻の抗弁）。

またこれとは別に、Yにおいて、不貞行為時に「XA間の婚姻関係が破綻していた」と過失なく信じていた場合には、いわゆる違法性阻却事由の錯誤（事実の錯誤）として、やはりYは不法行為責任を負わない。

上記「婚姻関係破綻の抗弁」が実際の不貞慰謝料請求訴訟において認められる場合は多いとは言えず、それと同様、否、それ以上に、上記違法性阻却事由の錯誤によって不法行為が成立しない場合は少ないと言える。

その意味で、本件はその主張が認められたという点で参考になる裁判例である。

本件では、Yは単にAの話を鵜呑みにしているのではなく、第三者である知人から話を聞いていることや、Aが自宅に帰らないという客観的な行動が重視されていることがわかる。

実際の訴訟においてYがこのような主張を行う際には参考になる裁判例と言えるだろう。

最後に不貞訴訟における過失の認定の判断のプロセス等を図解しておく。

図　不貞訴訟における過失の認定

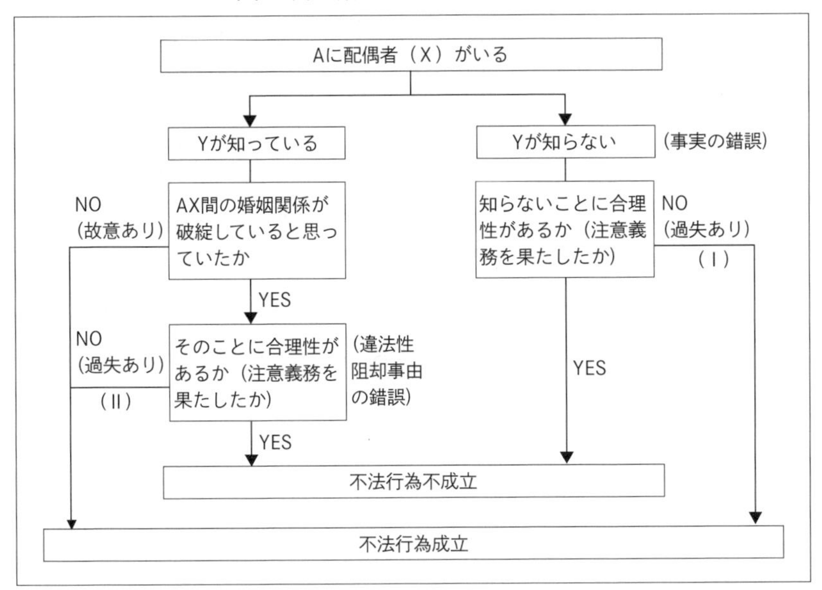

上記の図は不貞訴訟における過失の認定がどのようにして行われるかということを様式図的に筆者なりに可視化したものである。

上記の図を簡単に説明すると、ＹにおいてＡに配偶者（Ｘ）がいることを知らない場合（言い換えれば、Ａが独身であると思っていた場合）には、少なくともＹには故意はない。ただし、そのような誤信をしたことについての過失の有無が問われることになる。この場合、そのような誤信が、一般人を基準にして、それと同じ状況であれば同様の誤信をするだろうと判断されるか否かがポイントとなり、「そうは言えない」と判断されれば過失があり、不法行為が成立する（この意味における過失を（Ｉ）とする）。逆に、一般人を基準にしても同様の誤信をするだろうと判断されれば、Ｙには過失はなく、不法行為は成立しないことになる。

これに対して、ＹにおいてＡに配偶者（Ｘ）がいることを知っている場合は、原則としてＹには故意があることになる。ＹにおいてさらにＸＡの婚姻関係が破綻していないということを知っていた場合には、Ｙには故意による不法行為が成立する。

問題は、Ｙにおいて、Ａに配偶者がいることは知っていたものの、その婚姻関係が破綻しているものと誤信していた場合である（講学上これを「違法性阻却事由の錯誤」という）。

この場合には、一般人を基準にして、それと同様の状況に置かれた場合に同様の誤信をするのかが問われ、「そうとは言えない」と判断されれば過失があることになり、不法行為が成立する（この意味における過失を（Ⅱ）とする）。逆に、一般人を基準にしても同様の誤信をするだろうと判断されれば、Ｙには過失はなく、不法行為は成立しないことになる。

第５章　不貞行為と結果との因果関係

14. 因果関係の不存在①

東京地判平成24・５・８平成22年（ワ）46824号公刊物未登載

事案の概要

①　X（昭和15年生）は、亡夫であるA（同13年生）と昭和41年６月９日に婚姻し、Aとの間に２人の子をもうけた。

②　Aは、同40年８月、Xの貯金80万円を元手にｃ音楽事務所を設立し、Aが同社の代表取締役に、Xが同社の取締役にそれぞれ就任した。Xは、同社の経理、雑務、電話番、運転手など数多くの仕事をこなし、Aとの婚姻後は、これに加えて家事も行っていた。Aがｃ音楽事務所の仕事に精を出し、同社の経営が軌道に乗り始めたころ、Aは銀座のクラブに足繁く通ったり、自宅に頻繁に客を呼んでは食事を振る舞い、徹夜で麻雀を行うなど、収支を顧みない派手な生活を送るようになった。

③　Yは、同51年４月にａ社に入社し、客室乗務員等として稼働してきたが、遅くとも同60年頃に友人を通じてAと知り合い、Aと交際するようになり、Aからｃ音楽事務所主催のコンサートに招待されたり、食事の誘いを受けたり、あるいはYの海外へのフライトの際に、海外のアーティストのCD等の購入を依頼されるなど、交際を続けていた。

④　Yは、遅くとも同62年10月頃にはAと肉体関係を持つようになり、同63年頃にはAに妻子がいることも承知するに至ったのに、平成10年７月頃までAとの肉体関係を継続した。YとAは、２人で食事をしたり、Yの自宅で密会したり、ハワイやヨーロッパを旅行して逢瀬を重ねるなど親密な交際を続けていた。Yは、たびたびAからアクセサリーや時計などをプレゼ

ントされたり、Aの経営するe社を経由して、同年から約2年間にわたり毎月40万円の金員支給を受けるなど、経済的に贅沢な交際をしていた。

⑤　Yは家業の割烹「b亭」を継ぐため、同年9月にa社を退職して帰飯し、同11年秋に「b亭」の建物を取り壊して新築し、同年12月に「b亭」の女将として披露と新築オープンの催しをした。Yは、同13年10月下旬頃から、再雇用制度で、f社にて名古屋とホノルルの間を月2回乗務していた。

⑥　Aが経営するc音楽事務所はXA夫婦の自宅（以下「野毛の自宅」という）を担保に供し、Aの連帯保証の下で金融機関等から借入れをしていたが、同年頃以降、業績がかなり悪化し、多額の負債を抱えるようになった。Aは、同15年頃には、肝臓癌、糖尿病、高血圧、心臓病など多くの病気を抱え、手術を受けたり、Xの協力を得て病院に入通院したりしていた。Yは、Aから懇願されて、同年12月下旬頃、c音楽事務所に対し、1640万円を貸し付け、その後も、少なくとも数回にわたりc音楽事務所に金員を貸し付け、Aはこれらの貸金債務の連帯保証人になった。また、Yが経営するd社も、Aから懇願されて、同19年2月下旬頃、c音楽事務所に対し、3000万円を貸し付け、Aがこの貸金債務の連帯保証人になった。

⑦　c音楽事務所は、同年頃には1億円を超える多額の負債を抱え、資金繰りに窮し、借入金の返済の目途も全く立っていなかったため、野毛の自宅が競売にかけられる可能性が高くなった。Xは、Aとの2人の生活を何とか維持していくため、XとAの必要最小限の生活費を確保しなければならないと考えたが、他方で、X自身はc音楽事務所の金融機関等に対する債務について連帯保証人になっていないものの、Aと法律上夫婦の関係を続けていけば、Aの妻として道義的にAの連帯保証債務を弁済していく必要に迫られ、XとAの必要最小限の生活費すら維持確保できなくなるおそれがあると考えた。そこで、Xは、Aの債権者からの借入金返済請求に対し、道義的にもこれを拒絶するため、法律上もAとの婚姻関係を解消するのがよいと考え、Aと話し合いのうえ、同20年10月20日にAと協議離婚した。

⑧　Xは、Aと協議離婚した後も、しばらくの間は、離婚前と同様に、従前暮らしていた野毛の自宅でAとともに居住し、実質的には夫婦同然の生活を行っていた。その後、Xは、Aから野毛の自宅を出て行くよう告げられ、Aと別居したが、別居後もAの食事の準備や身の回りの世話をするため、野毛の自宅に通っていた。Aは、病気のため、同21年11月頃から病院に入院したが、この入院後も、Xは、Aの身の回りの世話をするため、同病院に通っていた。そして、Xは、Aが死亡してから同23年10月頃まで、野毛の自宅に居住していた。

⑨　Xは、Aとの婚姻中、YとAが不貞関係を結んでいることを知らず、Aが死亡した後に、Yから生前のA宛てに送られた手紙等を発見し、YとAとの間に不貞関係があったことを知り、愕然とした。

以上の事実関係の下において、XはYに対し、1000万円の慰謝料の支払を求めて提訴した。

争　点

Xは、YがAと不貞関係を結んだことにより、XとAとの婚姻共同生活の平和維持の権利が侵害され、XとAは協議離婚するに至り、Aの死亡後にこのことを知ったXは多大な精神的苦痛を被ったと主張したのに対し、Yはこれを争った。

裁判所の判断

裁判所は、下記のとおり判示して、不貞行為とXAの協議離婚との間には因果関係がないとした。

> ……YとAは、遅くとも昭和62年10月ころから平成10年7月ころまで10年以上の長期間にわたり、親密でかつ経済的にも贅沢な不貞関係を継続していたことが認められる。そこで、上記のとおり10年以上の長期間にわたって続いたYとAの不貞行為が原因となって、XとAが

平成20年10月20日に協議離婚するに至ったといえるか、すなわち、Ｘ・Ａの協議離婚とＹ・Ａの不貞関係との間に因果関係があるといえるかについて検討する。

前記認定事実によれば、ＸとＡの生活実態は、協議離婚の前後において実質的には何ら変化がなく、両名が共に野毛の自宅に居住し、ＸがＡの食事の準備を含めてＡの身の回りの世話をするというものであったこと、ＸとＡが協議離婚をした理由は、ＸとＡが法的に婚姻関係を解消することにより、ＸがＡの債権者からの支払請求に対しもはや法律上も夫婦ですらないとして道義的にもこれを拒絶することにより、ＸとＡの２人の必要最小限の生活費を確保することにあったこと、ＹとＡが平成10年７月以降も不貞関係を継続していたと認めるに足りる証拠はないこと、以上のとおり認められる。このように、ＸとＡが協議離婚をするに至ったのは、ＸとＡの夫婦としての婚姻実態が破綻したからではなく、ＸがＡの債権者からの支払請求に対し道義的にもこれを拒絶することによって、ＸとＡの２人の共同生活のための費用を何とか維持確保していくためであったことが認められる。

上記認定事実によれば、Ｘ・Ａの協議離婚とＹ・Ａの不貞関係との間に因果関係があるとは認められない。

そのうえで、ＸがＡの死亡後にＡＹ間の不貞関係を知ったことについては次のとおり判示した。

なお、本件において、Ｘは、Ａの死亡後に、ＸとＡが婚姻中に、ＹとＡが長期間にわたり不貞関係にあったことを知ったこと自体によって精神的苦痛を被ったとして、かかる精神的損害に対する慰謝料をＹに対して請求する趣旨であると考えることもできる。しかしながら、この場合に、Ｘのいかなる権利が侵害されたといえるのかが明らかではなく、また、Ｘの精神的苦痛の具体的な内容も明らかではなく、かかる精神的苦痛を法的保護に値する損害として位置付けることも困難というべきである。

解　説

不貞行為に基づく損害賠償請求権の発生根拠が不法行為（民法709条）である以上、不貞行為と損害との間に因果関係（相当因果関係）が認められることが必要である。

本件において、Ｘは、自身がＡと協議離婚するに至ったのはＡＹの不貞行為が原因だと主張し、それに基づく慰謝料を請求したが、上記事実経過からすると、離婚の原因は債権者への支払を免れるためと考える方が合理的である。

このように、ＡＹ間に不貞行為が存在したとしても、それとＸの主張する損害との間に因果関係が認められない場合には不法行為は成立しない。

また、「なお」以下の判示事項も重要な指摘である。すなわち、Ａが死亡した後にＸがＡＹ間の不貞行為の存在を知ったとしても、それを知る以前にＸＡ間の婚姻関係は既に終了しているのだから、「Ｘのいかなる権利が侵害されたといえるのか明らかではな（い）」との指摘は合理的だと筆者は思う。

結論として、本件におけるＸの請求を棄却したのは妥当と言えよう。

ただし、これと同一の論点について30万円の慰謝料請求を認めた裁判例もある（千葉地判昭和49・12・25判時782号69頁〔27425051〕）。併せて参考にされるとよいだろう。

15. 因果関係の不存在②

東京地判平成28・6・16平成26年（ワ）11322号公刊物未登載〔29018800〕

事案の概要

①　Ｘ及びＡは、昭和63年4月3日、婚姻した。

② Ｘは、婚姻して半年経過した頃から、Ａに対し、両家の格の違いやＡの妹が精神疾患を患っていたことを挙げ、結婚したことを後悔するような発言をするようになった。

③ Ｘは、平成３年、長男を出産した。

④ ＡとＹは、同５年頃、交際❶を開始したが、これを知ったＸは、Ｙの自宅アパートを訪ねたり、駅でＹの顔面を叩くなどした。

⑤ ＡとＹは、同７年終わり頃、交際❶を解消した。

⑥ Ａは、Ｘが、交際❶の解消後もＡを非難する発言をやめなかったため、同８年１月、別居❶を開始した。

⑦ Ａは、同年夏頃、Ｙに対し、Ｘとの婚姻関係が円満ではなく、破綻した旨を説明し、これを信じたＹとの間で、交際❷を開始した。

⑧ Ａは、交際❷の開始後、Ｙに対し、Ｘとの離婚が成立したと説明し、Ａの両親に対し、Ｙを婚約者として紹介したり、Ｙの両親に対し、Ｙと結婚したい旨を述べたりした。

⑨ ＡとＹは、交際❷の間に、アメリカ合衆国に旅行に行くなどした。

⑩ Ｙは、その後、Ａからの愛情を感じなくなるなどしたため、遅くとも同11年頃、交際❷を解消した。

⑪ Ａは、同９年から同13年にかけて、Ｘや長男と家族旅行に出かけるなどしていた。

⑫ Ａは、同14年、長男の中学校受験を機にＸとの同居を再開し、同16年４月、大塚にマンションを購入したが、Ｘの気性が合わず、同年９月、別居❷を開始した。

⑬ Ａは、その後、Ｘとメールで連絡を取り合い、Ｘや長男との会食の機会等に大塚のマンションに立ち寄るなどしたことはあったが、Ｘと再び同居することはなかった。

⑭ Ａは、同年10月頃、Ｙに対し、交際❷の解消後も独身のままであると説明し、これを信じたＹとの間で交際❸を開始し、ＡとＹは、同17年４月、同居を始め、同年９月には結婚式を挙行した。

⑮ Ａは、Ｙに対し、Ｘとの離婚が成立していないことは告げず、長男が成

人するまで入籍を待ってほしいなどと述べていた。

⑯　Xは、同25年5月10日、AとYの前記旅行に関する写真等を発見した。

以上の事実関係の下において、XはA及びYを被告として、両名に対して550万円の慰謝料の支払を求めて提訴した。

争　点

Xの主張に対して、Yは「交際❶について、Xは平成4年ないし平成6年頃に知ったが、その後にAと同居しており、Aらを宥恕しているといえること等から、不法行為は成立せず、仮に成立するとしても消滅時効を援用する。また、Yは、Aから、交際❷の開始前に、Xとの婚姻関係が破綻している、開始後に、離婚が成立したとそれぞれ聞いており、交際❸の開始前にも、独身のままであると聞いたため、その旨の認識でおり、実際にもX・A間の婚姻関係は破綻していたのであるから、交際❷、❸についても、不法行為は成立しない」と主張して争った。

裁判所の判断

裁判所は次のとおり判示して、Xの請求を棄却した。

> ……Aは、Xと別居し（別居❶）、Yと交際❷を開始したところ、平成14年にXと同居を再開しており、この間、複数回にわたってX及び長男と家族旅行に出かけるなどしているのであって、これによれば、X・A間の婚姻関係は、Xが別居❶及び交際❷を開始した時点においては、いまだ破綻していなかったというべきである。
>
> これに対し、……Aは、別居❷を開始した後は、Xと連絡を取り、Xや長男と会食したり、大塚のマンションに立ち寄るなどすることはあったものの、Xと同居を再開することはなく、平成17年4月にはYと同居を開始し、同年9月には結婚式を挙行していることからすれば、X・A間の婚姻関係は、遅くともAが別居❷を開始した平成16年

9月には、破綻していたというべきである。

Xは、平成25年頃までAと同居しており、婚姻関係は破綻していなかった旨を主張するが、……Aは、平成17年4月からYと同居していることに加え、……Xは、平成25年6月5日、Aに対し、『突然十数年消息不明になり』とのメールを送信していることが認められることからすれば、X及びAは、平成25年頃まで同居していたとは認められず、……平成16年9月には別居を開始し、以後同居はしていないというべきである。

以上によれば、交際❸は、X・A間の婚姻関係が破綻した後であるから、不貞行為には当たらない。

……次に、……Aは、平成16年9月に別居❷を開始しているところ、Xは、Aと結婚して半年を経過した頃から、Aに対し、両家の格の違いやAの妹が精神疾患を患っていたことを批判し、交際❶を解消した後もAに対する批判を続けたこと、その後、Aは、Xと同居を再開したものの、Xの気性が合わず、別居❷を開始していることからすれば、X・A間の婚姻関係の破綻の原因は、両者間の性格の不一致にあるというべきであって、これに交際❷が影響を与えたことを認めるに足りる証拠はない。(中略)

よって、その余の点につき判断するまでもなく、Xの請求には理由がないからこれを棄却する。(下線筆者)

解　説

本件は、XA間において同居と別居が繰り返され、他方AY間においては交際と別れが繰り返されたりしており、かなり込み入っている。

本章の主題とした「因果関係」は、不法行為の成立要件のうちの1つであり、これが欠けると不法行為は成立しない。

これを不貞慰謝料請求訴訟になぞらえて言えば、不貞行為とXの受けた損害（婚姻関係の悪化等）との間に因果関係が認められなければ、YはXに対して不法行為責任を負わない。

本裁判例は、上記「裁判所の判断」の下線部分のとおり、上記因果関係を否定してＹのＸに対する不法行為責任を認めなかった。すなわち、本件におけるＸＡ間の婚姻関係の破綻の原因は、ＡＹ間の不貞行為ではなく、ＸＡ間の性格の不一致にあると裁判所は判断したのである。

本件のように、不貞行為が存在しても因果関係の不存在によって不法行為責任が否定されるという事例もある（わかりやすく言えば、不貞行為があってもなくても、いずれにしても婚姻関係は破綻したという事案では不法行為は成立しない）ため、訴訟を起こされたＹの側としては検討すべき事情の１つであると言えるだろう。

16. Ａとの婚姻関係破綻後に不貞行為を知った場合と不法行為の成否

東京地判平成22・４・20平成21年（ワ）8252号等公刊物未登載

事案の概要

① ＸとＡは、昭和62年３月23日に婚姻し、３人の子をもうけた。

② Ａは、平成16年頃、Ｘの同意を得たうえで、家計の足しにするためライブチャット（インターネットを通じて不特定多数の異性と会話を行う。女性が男性にチャットしてもらい１分100円を稼ぐ仕組み）でアルバイトを開始した。その数か月後、Ｘはチャットへアクセスする ID及びパスワードについて、Ａから聞いた。

③ Ｙは、同17年５月５日頃、画面で顔を見ながら会話ができるチャットで、Ａとパソコンを通じて会話した。Ｙのもとには、それ以前からＡから頻繁にチャットの誘いのメールが来ていた。

④ Ｙは、同年８月頃まで、Ａから月に数回のメールによる誘いがあり、Ａとチャットを行った。

⑤ Ｙは、同月、Ａから直接会いたいとの誘いがあり、Ａと会い、食事をし

た。この際、Ａは、27歳家事見習いと称していた。また、同年10月にはドライブに行った。

⑥　同年11月頃よりＡからＹへのメールの頻度が高まった。会うと、お金に困っているということで、Ｙは、１回につき３万円程度の援助を行い、性的なサービスをＡから受けた。

⑦　同18年、ＡＹ間のチャットは数か月途絶え、その後同19年８月頃まで同様な関係が続き、同年11月上旬には、ＡからＹへメールが来なくなった。

⑧　Ａは、同月13日頃、Ｘから暴力を振るわれ、自宅から出てＸと別居した。

⑨　Ａは、同20年２月、突然Ｙに連絡を取り、住むところがないのでアパートを借りてほしい、お金は全て支払うから名前だけ貸してほしいと懇請した。そこでＹは、Ａから必要なお金を受け取り、アパートの賃借手続をした。

⑩　Ｙは、同年４月、Ａからアパートを解約するとの連絡が入り、解約手続をした。その際トラブルがあり、Ｙは管理会社に違約金を支払った。

⑪　Ａは、同月４日、さいたま家裁川越支部に離婚調停を申し立て、同調停は、同年６月２日に不調となった。

⑫　Ｘは、同年５月ないし６月頃、ＡとＹに関係があったことを知った。

⑬　Ａは、同年６月11日、さいたま地裁川越支部に離婚訴訟を提起し、同21年９月30日に棄却された。

⑭　Ｘは、同20年７月23日、Ｙの勤務先の会社を訪問し、Ｙの存在、ＹとＡの関係、会社から提供された携帯電話の使用及び業務との関連、会社の本件へ対応する意思の有無等の確認をした。その際、ＹからＡへのＥメールの文書を印刷した書類、ＡＹが抱き合う写真等を提示する等した。対応したのは、会社の携帯電話の担当者及び総務室の１名、応対の結果報告を受けたのは人事室長、総務室長、Ｙ直属の役員及びリスク担当役員であった。

以上の事実関係の下において、ＸはＹに対し、慰謝料500万円の支払を求めて提訴した。

これに対し、Ｙは、ＸがＹの勤務先会社訪問により、不特定多数人の間において、ＹＡ間に不倫関係があるとの噂が広がり、Ｙの名誉が著しく侵害されたとして、慰謝料500万円の支払を求める反訴を提起した。

争　点

本件のＸのＹに対する不貞慰謝料請求において特徴的なのは、ＸがＡＹ間の不貞行為を知ったのはＡがＸに対して離婚調停を起こした後であるという点である。

もちろん、ＡがＸを相手取り離婚調停を起こしたからといって、それによって当然にＸＡ間の婚姻関係が破綻したということにはならないものの、本件においては、それ以前にＡはＸから暴力を振るわれ自宅から出てＸと別居しているのであるから、もはや修復の可能性はないと言え、婚姻関係は破綻したと評価できるであろう。

このように、ＡＹ間の不貞行為がＸとＡとの婚姻関係が破綻する前に行われたが、Ｘがそれを知ったのがＸＡ間の婚姻関係が破綻した後であった場合に不法行為が成立するのかという点が問題となったのである。

裁判所の判断

裁判所は次のとおり判示して、Ｙの不法行為責任を否定した。

「Ａがライブチャットをして家計の足しにすることについてＸが同意していたこと、ＹがＡとライブチャットをするにあたり、Ａが27歳家事手伝いと称していたこと、チャットがＡにはバイトとして稼ぐ場であり、Ｙには有料で遊ぶ場であったこと、関係についてはＹがＡにチャット料とは別に金銭を交付していたこと、平成18年初めころにＹがＡから旦那がいると聞いたものの正式に入籍した夫であると聞いていたわけではないこと、Ａが別居した平成19年11月13日ころにはＡとＸの婚姻関係が破綻していたこと、ＹがＡのためにアパート賃借のための名義を貸したのは窮状を訴えられたた［筆者注：原文ママ］ためでしかも短期間であったこと、ＸがＡとＹの間に関係があったことを知ったのはＡから離婚調停を申し立てられた後であったことが認められ、これらの事実によれば、Ｙが、Ａと不貞行為をしてＸの夫としての権利ないし法律上保護される利益を害したものとは認められない。」（下線筆者）

解　説

上記「裁判所の判断」の下線部分からわかるように、本裁判例では、ＡＹ間の不貞行為の存在をＸがＡとの婚姻関係が破綻した後に知った場合には権利侵害がないため不法行為は成立しないという考えに立っており、筆者もこの考え方に賛成である。

そして、この裁判例は前掲「**14. 因果関係の不存在①**」の裁判例で扱った論点とも共通しているので併せて参考にしていただきたい。

これらの裁判例からもわかるように、ＸがＡＹ間の不貞行為をどの時点で知ったのかという点も不法行為の成否にとって重要である。

なお、最後に、本件においてＹがＸに対して行った反訴請求についても触れておくと、裁判所は次のとおり判示してＹの反訴請求も棄却した。

「ＸがＹの勤務先会社を訪問したのは、Ｙの存在及びＡとの関係を確認し、会社から提供された携帯電話の使用及び業務との関連を確認し、会社が本件について何らかの対応をする意思があるかを確認をすることが主要な目的であったこと、ＹとＡが一緒に写っている写真を提示し口頭による質問をした先は会社の携帯電話の担当者及び総務室の１名であり、その応対の結果報告を受けたのは人事室長、総務室長、Ｙの直属の役員及びリスク担当役員であったことが認められ、Ｘが不特定多数の者に上記事項を告知したことを認めるに足りる証拠はなく、そのほかＸがＹの名誉を侵害したことをうかがわせる事情を認めるに足りる証拠はない。」

第６章
不貞行為の強要と不法行為の成否

17. Aによる不貞行為の強要と不法行為の成否①

東京地判平成21・９・25平成20年（ワ）23211号公刊物未登載

事案の概要

①　Ｙは、平成６年10月、Ｃと婚姻した。

②　同10年頃、Ａは、訪問販売のためにＹ宅を訪問し、アトピーやその治療薬の副作用に苦しんでいたＹに対し、健康面の相談に応じたことがあった。その後、Ａは、Ｙに対し交際を申し入れ、２、３か月ほどＹと付き合った。その際、Ａは独身であると言っていた。その後交際は途絶えた。

③　ＸとＡは、同14年１月４日に婚姻した。

④　Ｘとその前夫Ｄとの間の子Ｅは、同日、Ａとの間で、Ａを養父とする養子縁組をした。

⑤　ＸとＡとの間に、Ｂが生まれた。

⑥　同16年３月25日から同20年８月20日まで、７回にわたり、Ｘは、Ｅを被保険者、保険金額を370万円とする簡易生命保険契約について契約者貸付を受け、同日現在契約者貸付の残元本は154万0299円（返済期日同21年８月20日）となっている。

⑦　同16年４月14日、Ａは、共同事業者であったＦに対し、事業資金として、Ａがカードローンで調達した348万円を貸し付けた。

⑧　同年５月、Ｆは、Ａに借入金の返還をしないまま、自殺した。

⑨　同月23日、Ａ及びＸは、Ｇから、同17年７月末日を第１回とし、最終返済期日を同21年７月末日として、毎月末日、３万5000円（７月と12月は７万5000円）ずつ返済するとの約定で、250万円を借り入れた。

⑩　Ａは、カードローンの返済を続けたが、同16年12月頃から、Ｘに隠れて返済を続けることが大変となり、悩み、同17年に、Ｘにカードローンのことを話したところ、そのことで言い争うことがあった。

⑪　同18年４月終わり頃、ＡはＹと会い、食事を共にした。その際、Ｙは、夫との夫婦関係がうまくいっていないことを話した。それ以来、ＡはＹに対し、毎日のように電話をかけるようになった。何度か、Ｙは、Ａと会った。

⑫　同年６月頃、Ａは、その言動や態度を不自然と感じたＹから問いつめられると、最初は結婚していないと言い張ったが、最後には結婚していることを認め、破綻していて離婚の話になっていると言い、結婚していることをずっと隠していたと言った。それ以来、Ｙは、Ａからの電話やメールに返事をしなくなった。

⑬　同月29日、Ａは、ＡとＸの名義の署名・捺印のある離婚届を写メールでＹに送った。そのメールにおいて、離婚届は自宅の売却が終わってから提出することになっており、その間Ａが預かっていると記載されていた。Ｙは、この写メールを見てＡの離婚の話を本当であると信じた。離婚届の原本を見せられたこともある。

⑭　ＡはＹに対し、メールを何度も送り、返事が来ないとＹ宅のインターホンを鳴らし続け、Ｙが仕方なく話をすると、共同経営者に金を貸したが、本人が自殺したため、貸金の調達に用いたカードローンが残り、そのことでＸとの夫婦関係がうまくいかなくなったと言った。

⑮　同年８月頃、Ａは、Ｙ宅の近くのマンスリーアパートを借りて住み始めた。Ｙが同アパートに行かなかったところ、Ａは包丁を突き立てて、「何でおれの気持ちが分からないんだ。」と怒って暴れ、Ｙに恐怖心を与えた。結局、Ａはマンスリーアパートを解約して、同月13日、自宅に戻った。

⑯　Ｃは、同年11月、Ｙ宅から退去した。

⑰　Ｃの退去後、ＡはたびたびＹ宅に押しかけ、インターホンを鳴らし続けたり、ドアを叩いたり、寝室の窓を物干し竿で叩いてＹが起きるまで続けたりした。そのため、Ｙは、数年前からうつ病で薬を飲んだりやめたりを

繰り返していたが、精神状態がますます悪くなった。

⑱　同19年1月3日夜、Aは、Y宅に押しかけ、Yの薬を多量に飲んだうえ、包丁を持ち出して暴れ、「おれと結婚しろ、できないのならお前を殺しておれも死ぬ。」と言ってYの首を絞めた。Yは抵抗して家中を逃げ回ったが、身体のあちこちを殴られ、あざだらけになった。Aは、「今から家に帰って話をつけてくる。お前逃げたらぶっ殺すからな。」と言って、Yの携帯電話機を壊し、家の電話も鍵も財布も持って、家のドアのロックも壊し、出て行った。Yは、怖さでふるえも止まらず、家にあった少しの金を持って外へ逃げ出し、公衆電話で別居しているCに電話をすると、警察に行くように言われたので、警察に駆け込み、事情聴取を受け、あざだらけの身体の写真をたくさん撮られた。その日、CがY宅に来て、やって来たAと話をしたところ、Aは自宅に戻った。その夜、XからY宅に電話があり、Cが出たところ、Aが死ぬと言って首をつっているとのことで、CがXに救急車を呼ぶように言い、住所を聞いて救急車をX宅に呼び、CがX宅に駆けつけたとき、Aは救急車で運ばれる状況であった。

⑲　同年2月2日付けで、X及びAは、誓約書と題する書面を作成し、AがXに慰謝料500万円を分割で支払うこと及びBの養育費を20歳になるまで1か月5万円ずつ支払うこと、これらの件については公証役場で書類を作成すること、Yへの直接の訴えを除きXがAとYとの連名の訴えを提起しないこと、Aのマンションが売却され売却益が出た場合売却益をAとXとで折半しAがその利益をGへの返済に充てること、速やかに離婚届を出すこと等を合意した。

⑳　その後も、Aは、Y宅に押しかけ、離婚届や誓約書の原本を見せてYに結婚を迫り、抵抗を抑圧してYを妊娠させた。同年4月2日、Yは精神的にうつ病がひどく、生活力のないYとしては全く望まない妊娠であったため、妊娠中絶の手術を受けた。

㉑　同年5月18日、X代理人弁護士は、Yに対し、YがAと同18年5月以降交際を続けて現在も交際しているため婚姻関係が破綻し、XがAと離婚の危機に直面していることを指摘して、慰謝料200万円の支払を請求し、今

後も交際を継続するのであれば、慰謝料請求額を増額する旨等の通知書を発した。

㉒　同年７月15日付けで、Ａは、「私ＡはＹとの間に子供を妊娠し平成19年４月９日（月）に中絶手術をした事を認めます。」とのメモをＸのために作成した。

㉓　同年10月15日、Ｘはクリニックを受診し、不眠・情緒不安定を認められ、内服薬継続及びカウンセリングを開始した。

㉔　同20年３月、Ａは自宅から引っ越した。Ｙは、Ａの納得のうえで、Ａと別れた。

㉕　同月21日、ＸとＡとは、離婚給付契約公正証書により、協議離婚することを合意し、Ａの不倫、Ｘに対する暴力、Ａの借金等により離婚に至ったこと、Ｂの親権者兼監護権者としてＸを指定すること、ＡがＸに対しＢが20歳に達する月まで１か月５万円の養育費を支払うこと、ＡがＸに対し離婚慰謝料400万円の支払義務及び300万円の債務を負っていること、Ａが離婚による財産分与として138万7607円を同日Ｘに支払ったこと等を確認した。

㉖　同20年３月27日、ＸとＡとは離婚した。同日、Ｅの親権者をＸと定め、ＥとＡとは離縁した。

㉗　同年８月19日、Ｘは本件訴訟（500万円の慰謝料請求）を提起した。

㉘　同年９月29日、Ｘはクリニックにおいて、持続性気分障害と診断された。

以上の事実関係の下において、ＸはＹに対し、慰謝料500万円の支払を求めて提訴した。

争　点

事実関係は多少入り組んでいるものの、争点は単純であり、本件の事実経過の下においてＹがＡと肉体関係を持ったことについて、Ｘに対して不法行為責任を負うのかという点にある。

裁判所の判断

裁判所は、本件の上記事実関係に照らして、次のとおり判示して、Ｙは不法行為責任を負わないとし、Ｘの請求を棄却した。

> ＹのＡとの関係は、当初はＡの欺罔的行為により後には暴力的脅迫的な行為により形成されたもので、当該関係におけるＹの行為がＸの婚姻関係を破綻させるものであるとかＸの権利を侵害する違法なものであったとは認められない。

解　説

上記本件の事実経過からすると、本件ＡＹの行為は不貞行為というよりも、ＡによるＹに対する不同意性交であろう[5)]。本件のように、ＡがＹの意思を制圧する態様で肉体関係を強要した場合にはＹには責任がない以上、不法行為責任は発生しない。

このようにＡＹ間に肉体関係があったとしても、ＡがＹの意思を制圧し関係を強要した場合には、Ｙには不法行為は成立しない。

実際の不貞訴訟においても、Ｙからこの種の反論が出てくることが少なくないが、Ｙのこの反論が認められるためには本件と同程度の事情が存在することが必要であり、その意味において参考になる裁判例と言える。この裁判例を前提にする限り、なかなかそれを満たす事案というのは少ないと思われる。

ただし、不貞関係においてＡがＹよりも主導的な立場にあった場合には、この事情を慰謝料減額事由と評価する裁判例もあるので、Ｙにとってはこの事実を主張すること自体には大きな意味があると言えるだろう。

５）本文とは直接関係しないが、性犯罪を繰り返す者についてはかつて刑罰としての去勢の法制化が検討されたことがある（植松正「去勢討論」同『刑法エッセイ〈新装版〉』勁草書房（1985年）245頁）。また、最近の議論については小沢春希「性犯罪者の化学的去勢をめぐる現状と課題」レファレンス824号（2019年）25頁が参考になる。

18. Aによる不貞行為の強要と不法行為の成否②

東京地判平成27・1・29平成26年（ワ）9030号公刊物未登載
〔29044654〕

事案の概要

① X（昭和41年生）はA（同23年生）と、平成10年12月28日、婚姻し、同17年、同人との間に長女をもうけた。

② Aは、a大学声楽科の教授である。

③ Y（昭和63年生）は、同23年3月、a大学を卒業し、同24年4月、同大学大学院に入学し、同26年3月、同大学院を卒業した。

④ Yは、a大学ピアノ科の学生であったが、同大学大学院の声楽科への入学を志していたことから、同21年9月28日以降、同大学声楽科の教授であったAから個人レッスンを受けるようになった。

⑤ Yは、同22年7月頃から、Aと肉体関係を持つようになった。

⑥ Xは、同24年4月20日、Yに対し、同人がAと肉体関係を持ったことなどによりXが被った精神的苦痛に対する慰謝料として500万円を支払うよう求めた。また、Xは、同日、Yに対し、Aに対するつきまとい行為等をやめるよう求めた。

⑦ Yは、同年6月13日、Aに対し、同人が指導者としての立場を利用してYに交際を求め、Yを精神的に追い詰めたとし、これにより、Yが被った精神的苦痛に対する慰謝料として500万円を支払うよう求めた。

⑧ YとAは、同26年2月26日、AがYに対し、両者の交際についての紛争に関する解決金として130万円の支払義務があることを認め、これを支払うことなどを内容とする訴訟外の和解をし、Aは、上記和解に基づき、Yに対し、130万円を支払った。

以上の事実関係の下において、YがXの夫であるAと肉体関係を持ったことなどから、XとAとの婚姻生活の平穏が害され、これにより、Xが精神的苦痛を被ったとして、Ｘが、Ｙに対し、不法行為に基づき、慰謝料500万円の支払を求めて提訴したのが本件である。

争　点

Ｘは、Ｙが、平成22年７月頃以降、ＡがＸと婚姻関係にあることを知りながら、Ａと肉体関係を持ったこと、Ｙが、同24年１月28日、Ｘに対し、直接、Ａと交際していることを告げたうえ、同月26日以降、Ａに対し何度も電話をかけるなどして執拗に面会を求めたり、ａ大学に対し、Ａを辞めさせるよう求めたり、Ａが同大学大学院で担当する講座から同人を外すよう求めたりしたこと、これらのＹの行為により、ＸとＡとの婚姻関係の平穏が害されたのであり、Ｙの行為は不法行為を構成する、と主張した。

これに対してＹは、ＹがＡと肉体関係を持ったのは、Ａが指導者としての立場を利用し、Ｙに関係を求めたことに端を発するものであるから、Ａと肉体関係を持ったことについてＹが不法行為責任を負うことはない等として争った。

裁判所の判断

まず、不法行為の成否については次のとおり判示して、Ｙの反論を認めなかった。

> Ｙは、平成22年７月頃から平成24年２月頃まで、ＡがＸと婚姻関係にあることを知りながら、Ａと肉体関係を持ったところ、これによりＸとＡとの婚姻生活の平穏が害されたことが認められるから……、Ｙの上記行為は不法行為を構成する。
>
> Ｙは、同人がＡと肉体関係を持ったのは、Ａが指導者としての立場を利用し、Ｙに関係を求めたことに端を発するものであるから、Ｙが不法行為責任を負うことはないと主張するが、ＹがＡからの要求を拒むことができない状況で同人と肉体関係を持ったとは認められないから……、ＹがＡと肉体関係を持ったことにつき不法行為責任を負わな

いとのＹの主張は採用できない。

次に、損害額の算定については、次のとおり判示した。

Ｘは、ＹとＡとの不貞行為により精神的苦痛を被ったと認められるところ……、ＸとＡとの婚姻生活の経過、ＹがＡと不貞行為に至った経過、不貞行為の期間、ＸがＡとの同居を継続し、同人に対しては慰謝料を請求しておらず、離婚調停の申立てもしていないことなど、本件に顕れた一切の事情を考慮し、Ｘが被った精神的苦痛に対する慰謝料の額は100万円が相当であると認める。

解　説

本件において、Ｙは、Ａが指導者の立場を利用してＹに関係を求めたのだから不法行為は成立しないと主張したが、裁判所は、本件の事実経過からして「ＹがＡからの要求を拒むことができない状況で同人と肉体関係を持ったとは認められない」ことを理由にＹの反論を認めず、不法行為の成立を認めたのである。

これを逆に言えば、ＹがＡからの要求を拒むことができない状況であったと評価できるような事案であれば、Ｙには不法行為は成立しないということを意味する。

したがって、同種事案において参考になる裁判例と言えるだろう。

なお、参考までに損害額の算定要素についても詳細が述べられているので引用した。

本件では、慰謝料額について、①不貞行為後もＸがＡと同居を継続していること、②ＸがＡに対して慰謝料を請求していないこと、③離婚調停の申立てもしていないこと、を列挙し、これらを減額事由として評価しており妥当と言えるだろう。

特に、上記②の事情は慰謝料の減額事由としてより重視されるべきであると筆者は考える。

第７章　権利の濫用

19. 権利濫用

最判平成８・６・18家月48巻12号39頁〔28020094〕

事案の概要

① Ｘ（妻）とＡとは昭和59年１月16日に婚姻の届出をした夫婦であり、２人の子をもうけた。

② Ｙは、同45年11月21日にＢと婚姻の届出をし、同46年８月27日に長女をもうけたが、同61年４月25日に離婚の届出をした。Ｙは、離婚の届出に先立つ同60年10月頃から居酒屋ｃの営業をして生計をたて、同62年５月頃には自宅の土地建物を取得し、Ｂから長女を引き取って養育を始めた。

③ Ａは、同63年10月頃、初めて客として居酒屋ｃに来店し、やがて毎週１度は来店するようになったが、平成元年10月頃から同２年３月頃までは来店しなくなった。この間、Ａは、月に１週間程度しか自宅には戻らず、居酒屋ｃの２階にあるスナックのホステスと半同棲の生活をしていた。

④ Ｘは、Ａが居酒屋ｃに来店しなくなった頃から毎晩のように来店するようになり、Ｙに対し、Ａが他の女性と同棲していることなど夫婦関係についての愚痴をこぼし、同年９月初め頃には、「Ａとの夫婦仲は冷めており、同３年１月にＸの兄の結婚式が終わったら離婚する。」と話した。

⑤ Ａは、同２年９月６日にＹをモーテルに誘ったが、翌７日以降毎日のように居酒屋ｃに来店し、「本気に考えているのはお前だけだ。付き合ってほしい。真剣に考えている。妻も別れることを望んでいる。」などと言って、Ｙを口説くようになった。

⑥ Ｙは、当初Ａを単なる常連客としてしかみていなかったが、毎日のよう

に口説かれたうえ、膵臓の病気になって精神的に落ち込んでいたこともあって、Ａに心が傾いていたところ、同月20日、病院で待ち伏せていたＡから、「妻とは別れる。それはお前の責任ではない。俺たち夫婦の問題だから心配することはない。俺と一緒になってほしい。」と言われ、また、病気のことにつき「一緒に治して行こう。お前は一生懸命に病気を治せばよい。」などと言われたため、その言葉を信じ、同日、Ａと肉体関係を持った。

⑦　Ｙは、その後もＡと肉体関係を持ったが、同年10月初め頃、Ａから、「妻が別れることを承知した。妻は○○に家を捜して住むので、自分たちは○△のアパートに住もう。」などと結婚の申込みをされたため、Ａと結婚する決心をし、長女の賛成を得てＡの申込みを承諾した。Ａは、Ｙに対し、Ｘが○○に引っ越す同年12月頃には入籍すると約束した。

⑧　Ａは、同月10日から11月24日までの間に、Ｙの結婚相手としてその母、長女及び姉妹らと会ったりしたのに、Ｘとの間で離婚に向けての話し合いなどは全くしなかった。一方、Ｙは、Ａの希望を受けて、自宅の土地建物を売却することとし、Ａとの結婚生活の準備をしていた。

⑨　同年12月１日、ＸにＡとＹとの関係が発覚し、ＹとＸは、同日午前７時半頃から翌２日午後２時頃までＸ宅で話し合った。その際、ＹにおいてＡがＸと離婚してＹと婚姻すると約束したためＡと肉体関係を持つようになった経緯を説明したところ、Ｘが「慰謝料として500万円もらう。500万円さえもらったら、うちのＡくんあげるわ。うちのＡくんはママ引っ掛けるのなんかわけはないわ。」などと言ったため、Ｙは、Ａにだまされていたと感じた。

⑩　Ｙ、Ｘ及びＡの３人は、同日午後８時半頃から翌３日午前零時頃まで話し合った。Ｘは、Ａに対して子の養育料や慰謝料を要求し、Ｙに対して慰謝料500万円を要求したが、Ａは、Ｘの好きなようにせよとの態度であり、Ｙは、終始沈黙していた。

⑪　Ａは、同日午後10時頃、居酒屋ｃに来店し、他の客が帰って２人きりになると、Ｙに対し、Ｘに500万円を支払うよう要求し、Ｙがこれを拒否すると、胸ぐらをつかみ、両手で首を絞めつけ、腹を拳で殴ったりなどの暴

行を加えたが、翌4日午前3時頃、Yの体が冷たくなり、顔も真っ青になると、驚いて逃走した。

⑫　Xは、同月6日午後10時頃、居酒屋cに来店し、Yに対し、他の客の面前で「お前、男欲しかったんか。500万言うてん、まだ、持ってけえへんのか。」と言って、怒鳴ったりした。また、Xは、同月9日午後4時頃、電話で500万円を要求したうえ、午後4時20分頃来店し、満席の客の面前で怒鳴って嫌がらせを始め、Aも、午後4時40分頃来店し、嫌がらせを続けているXの横に立ち、「俺は関係ない。」などと言いながらにやにや笑っていたが、Yが警察を呼んだため、2人はようやく帰った。

⑬　Aは、同3年3月24日午前5時30分頃、自動車に乗っていたYに暴行を加えて加療約1週間を要する傷害を負わせ、脅迫し、車体を損壊したが、Yの告訴により、その後罰金5万円の刑に処せられた。

以上の事実関係の下において、Xは、同年1月22日に本件訴訟を提起した。他方、Yは、同年3月にAに対して損害賠償請求訴訟を提起したが、損害賠償請求訴訟については、同6年2月14日に200万円と遅延損害金の支払を命ずるY一部勝訴の第一審判決がされ、控訴審の同年7月28日の和解期日において200万円を毎月2万円ずつ分割して支払うことなどを内容とする和解が成立した。

争　点

本件においては、AY間に不貞行為が存在し、その時点でのXA間の婚姻関係は破綻しているとまでは言えない。そうすると、Yには不法行為が成立し、Xに対して損害賠償義務を負うようにみえる。

しかしながら、本件では、XがYに対し、Aが他の女性と同棲していることなど夫婦関係についての愚痴をこぼしていたこと、AがXと結託し、Yに対し500万円（これ自体が法外な金額であろう）を払わせようとしその際暴行を行っていること、AがYに傷害を負わせ罰金刑に処されていること、不貞行為の開始時においてAがYを執拗に誘っていること、AがXと離婚しYと結婚することを約束していること、AはYの婚約者としてYの親族と会っていること等の諸事情があり、このような場合にまでYはXに対して不法行為責任を負わなければならないのかという点が争点となった。

そして、Y代理人弁護士は、Xの本訴請求は権利濫用として許されない旨主張し、併せて、次のように主張した。

> ……Aは［筆者注：Yに対して］慰藉料の支払いの和解を成立させたものの、遅れながらわずか2回の和解金の支払いをしただけ、Aの代理人を通じての催促にも応じず、Yの強制執行（給料差押）に対しても職場を辞めるというかたちで対抗し、現在では何らの連絡も、もちろん和解金の支払いもない。
>
> 不誠実きわまりない態度である。
>
> 不誠実な人間が逃げ、人間の言葉を信じて行動してきたYだけが辛い思いをしなくても済むように、最高裁判所の人間味ある誠実な判断を仰ぐ次第である。

裁判所の判断

> ……Yは、Aから婚姻を申し込まれ、これを前提に平成2年9月20日から同年11月末ころまでの間肉体関係を持ったものであるところ、Yがその当時Aと将来婚姻することができるものと考えたのは、同元年10月ころから頻繁にYの経営する居酒屋に客として来るようになったXがYに対し、Aが他の女性と同棲していることなど夫婦関係についての愚痴をこぼし、同2年9月初めころ、Aとの夫婦仲は冷めており、同3年1月には離婚するつもりである旨話したことが原因を成している上、Xは、同2年12月1日にAとYとの右の関係を知るや、Yに対し、慰謝料として500万円を支払うよう要求し、その後は、単に口頭で支払要求をするにとどまらず、同月3日から4日にかけてのA

の暴力によるＹに対する500万円の要求行為を利用し、同月６日ころ及び９日ころには、Ｙの経営する居酒屋において、単独で又はＡと共に嫌がらせをして500万円を要求したが、Ｙがその要求に応じなかったため、本件訴訟を提起したというのであり、これらの事情を総合して勘案するときは、仮にＸがＹに対してなにがしかの損害賠償請求権を有するとしても、これを行使することは、信義誠実の原則に反し権利の濫用として許されないものというべきである。

解　説

本件は、ＡＹ間の不貞行為がＸとの関係で不法行為を構成するとしても、その損害賠償請求権を行使することが信義誠実の原則に反し権利の濫用として許されないということを最高裁として初めて認めた裁判例である。

本件において、権利の濫用を基礎付ける事実としては、①ＹがＡから婚姻を申し込まれていること、②ＹがＡと結婚できると考えたのは、ＸがＹに対し、Ａとの夫婦関係についての愚痴をこぼし、将来離婚するつもりである旨話していること、③ＸがＡＹ間の不貞関係を知るや500万円という法外な慰謝料を請求したこと、④ＡのＹに対する暴力による500万円の要求行為をＸが利用していること、⑤Ｘが単独又はＡと共同してＹに対して嫌がらせを行い500万円を要求したこと、⑥Ｙが要求に応じなかったためＸが本訴を提起したこと、等が重視されていると言える。

したがって、本件と類似した事案であれば、Ｙ側は積極的に権利濫用の抗弁を主張するべきであろう。

その後の下級審判例においても、この権利濫用の抗弁の主張がなされる裁判例は少なくない。

下級審判例において、この権利濫用の抗弁を認めてＸの請求を棄却した裁判例として東京地判平成26・11・28平成25年（ワ）26190号公刊物未登載〔29043763〕や東京地判平成29・９・29平成28年（ワ）25753号公刊物未登載〔29031900〕などがある。

第８章　婚姻関係破綻の抗弁

20. 婚姻関係破綻の抗弁①

東京地判平成28・５・12平成27年（ワ）1026号公刊物未登載〔29018420〕

事案の概要

①　X（昭和57年生）は、平成18年４月、a社に入社し、そこでA（昭和54年生）と知り合った。

②　Xは、同19年４月、Aとの交際を開始し、同22年３月３日、Aと婚姻したが、Aは、Xと結婚する前後に１度ずつ、a社の社員と交際していたことがあった。

③　Y（平成元年生）は、同23年４月、a社に入社し、同年６月中旬より、Aの直属の部下となった。

④　Xは、同24年、長女を出産した。

⑤　Aは、同年２、３月頃から、月に２、３回程度、朝帰りをするようになった。また、Aは、携帯電話にロックをかけるようになり、Xが架電をしても通話中であることも多く、自宅では、自室にこもったり、携帯電話を風呂場にも持ち込むようになった。

⑥　Xは、同25年４月24日、Aの母親に対し、「私の気持ちは正直だいぶ前に冷めてしまっていました。その分許せなかったことや、余計に冷たくあたってしまったこともあったんじゃないかと思います。」とのメールをし、また、Aが離婚以外考えられないとの結論を出していることについて、「以前の私は別れを切り出される度に必至で止めて『夫婦なんだから簡単に匙を投げるんじゃなくて考えて乗り越えよう』と何度も言ってきました

が、私にも今回はその気持ちがありませんでした」とのメールをした。

⑦　X及びAは、同26年3月22日、Aの自宅で長女の誕生日を祝い、同月23日、長女と3人でサーカスを観に行き、ショッピングモールで長女のプレゼントを購入するなどした。もっとも、X及びAは、同日夜にけんかをし、Aは、夜明けまで、携帯電話を持って風呂場に閉じこもっていた。

⑧　Xは同月24日、長女とともに熊本の実家に帰省したところ、同月30日、Aから別居したいとのメールを受信した。Xは同年4月13日頃、自宅に戻ったが、Aは既に家出していた。

⑨　Xは、同26年4月頃、Aに対し、離婚するのはいいが、現実的な面もあるので、1年間待ってほしいと希望を伝えたところ、Aは、明日にでも離婚する、自宅から出て行けなどと応じた。

⑩　Xは、同年5月18日、Aに対し、離婚予定は来年3月と考えているなどとメールしたところ、Aは、同月28日、代理人を通じ、Xに対し、離婚の申入れをした。

⑪　Yは、遅くとも同年5月下旬、Aと交際しており、同年6月には、肉体関係を有していた。Yは、Aから、Xとの夫婦関係について、同24年頃からうまくいっておらず、同26年3月に別居しており、1年以上前から破綻していると聞いていた。

⑫　Xは、同27年1月16日、Aに対し、離婚調停を申し立てたが、その後に取り下げた。

以上の事実関係の下において、XがYに対し、慰謝料400万円及び弁護士費用40万円、合計440万円の支払を求めて提訴したのが本件である。

争　点

本件において、Xは「Yは、平成24年2月頃より、AとメールやLINE等で頻繁に連絡を取り、Aと2人で会うようになり、遅くとも平成26年3月24日までの間に、肉体関係を持つに至った」のであり、AY間の不貞行為によってXA間の婚姻関係が破綻したと主張した。

これに対してＹは、「ＹがＡとの交際を開始したのは、平成26年５月下旬以降であるところ、ＸとＡの婚姻関係は、遅くともＡが別居を開始した平成26年３月24日の時点で修復不可能な状態に至っており、破綻していた」のであるから、Ｙは不法行為責任を負わないと反論した。

裁判所の判断

裁判所は次のとおり判示して、Ｙの主張を認めてＸの請求を棄却した。

……Ａは、平成24年２月ないし３月頃から、月に２、３回程度、朝帰りをするようになり、携帯電話にロックをかけたり、これを風呂場に持ち込むようになったところ、……過去に２度にわたって他の女性と交際した際にも、上記と同様に普段とは異なる行動を取ったことが認められることからすれば、Ａは、平成24年２月ないし３月頃から、Ｘとは異なる女性と交際を開始したことがうかがわれるというべきである。

もっとも、……Ｙは、平成26年５月下旬以降、Ａと交際していたことは認められるが、Ａが平成24年２月ないし３月頃から交際していた女性がＹであることの立証はされておらず、これをうかがわせる事情は見当たらないといわざるを得ない。

したがって、ＹとＡが平成24年２月ないし３月頃から交際を開始したことを前提とするＸの主張は、失当というほかはない。

……Ｘは、ａ社の同僚から、Ａが、Ｙのことを過去に交際していた女性に似ているからといって必要以上にかわいがっていたとか、２人で住むような家を探しているといった話を聞いた旨を供述している……。しかし、前者については、ＡがＹのことを特に気に入っていたことはうかがわれるものの、それを超えてＹとＡが不貞関係にあったことを推認する事情とまではいえないし、後者についても、その時期は判然とせず、これをもって、上記不貞関係を推認する一事情とは評価できないといわざるを得ない。

また、Ｘは、Ｙが、平成25年４月や平成26年１月に、ａ社社内のチャットを利用して、Ａに対し、焼肉を食べに行きたいと誘うやり取りをしていることも……、上記不貞関係を推認する事情であると主張しているようであるが、上記チャットは、ａ社社内の公用のものであること、その文面は、基本的に敬体であり、上司と部下の通常のやり取りとみて矛盾しないことからすれば、Ｘの上記主張は、前提を欠くものであって、採用の限りではない。

なお、……Ａは、平成26年８月頃、当時の代理人弁護士から、Ｙとの不貞関係について問われたところ、これを認める旨の発言をしたことが認められるが、同月頃にＹがＡと交際していたことは当事者間に争いがないことであることに加え、Ａがいつの時点からのＹとの交際を認めたのかなど、発言の詳細は不明であって、これをもって、ＹとＡが平成24年２月ないし３月頃から不貞関係にあったとは認められない。

……以上によれば、本件証拠関係のもとにおいては、……平成26年５月頃から交際を開始し、同年６月頃に肉体関係を持つに至ったと認定するほかはない。

そして、……Ｘは、平成25年４月24日、Ａの母親に対し、Ａに対する気持ちは既に冷めてしまっており、離婚を切り出されてもこれを止める気持ちがない旨をメールしていること、ＸとＡは、平成26年３月24日、別居を開始しており、同年４月には、離婚の時期等についてのやり取りをしていることからすれば、ＸとＡの婚姻関係は、遅くともＹとＡが交際を開始した平成26年５月の時点において、破綻していたと認めるのが相当である。

……したがって、Ｙの不貞行為によりＸ・Ａ間の婚姻関係が破綻したとのＸの主張は、理由がない。

解　説

本件では、ＡＹ間における不貞行為が行われた時点において、ＸＡ間の婚姻関係が既に破綻していたとして、Ｘの請求が棄却された。

一般論として、この種の訴訟において、Ｙ側からこの「婚姻関係破綻の抗弁」の主張がなされることは多いが、それが認められる場合は少ない。

しかしながら、本件ではＹの主張が認められており、その意味で参考になる裁判例であると言える。

本件においてＸＡ間の婚姻関係が破綻していると認定されるに当たり重視された事情としては、ＸがＡの母親に気持ちが冷めている旨のメールを送っていること、別居が先行していること、別居後に離婚の時期等についてのやり取りがＸＡ間において行われていること等を挙げることができる。

婚姻関係破綻の抗弁を訴訟において主張する場合には参考になる裁判例であると思い紹介した次第である。

なお、婚姻関係の破綻の認定を妨げる事情の具体例としては、①共同生活・親族との交流がある、②外出・旅行を共にする、③夫婦間に性交渉がある、④離婚に向けての具体的な行動がない、⑤別居期間が短い、⑥一方的な離婚に向けての行動、⑦生活費を負担している、等が挙げられるだろう。

21. 婚姻関係破綻の抗弁②

東京地判平成29・3・10平成28年（ワ）1258号公刊物未登載〔29046526〕

事案の概要

①　Ｘは、平成14年10月24日、Ａと婚姻し、同15年に長女を、同19年には長男をそれぞれもうけた。

②　ＸとＡは、同22年５月頃、自宅を購入した。

③　Ｘ、Ａ及び子らは、同25年８月頃、伊豆へ旅行に行った。

④　Ｘは、同27年３月頃、Ａに対して謝罪するということがあった（何に対

する謝罪であるかは当事者間に争いがある)。その際、Aは、Xに対し、好きな人がいると告げた。

同月25日、子らの通う小学校の卒業式があり、当日、Xが親族と食事をする場を設けたところ、Aは食事には来ず、Yと会っており、AとYは、同日、ホテルに行った。

⑤ Xは、同年4月、a店の駐車場でYと会った。その後、Yは、警察署に行こうとしたところ、Xもついて行き、同署では、生活安全課の刑事が対応した。

また、Xは、同月、Yとスポーツセンターで会った。その際、Xは、Yに対し、住所を教えること、着信拒否を解除することを求め、Yは、Xに対し免許証を見せて住所を教え、着信拒否を解除した。

なお、これらの先後関係は当事者間に争いがある。

⑥ Aは、同年5月22日頃から25日頃にかけてのいずれかの日に、自宅を出てXと別居を開始した。

Xは、同月下旬頃、Aに対し、離婚調停を申し立てた。同調停では、Xの出した条件をAがほぼ受け入れる形(子らの親権者をXとすること等)で成立し、XとAは、同年9月15日、離婚した。

以上の事実関係の下において、XはYに対して慰謝料300万円の支払を求めて提訴した。

争　点

本件において、Yは「Xは、Aとの婚姻前から、同人に対し口論の際に暴力を振るうことがあり、婚姻後もXの暴力が続いた。Aは、Xとの婚姻期間中、同人の暴力や暴言に耐えきれず、平成25年3月頃には、Xに対し、『もう気持ちもないし、あなたのことは何もしない。』などと述べて家庭内別居を行うことを宣言しており、その後のXの暴力によって、XとAの婚姻関係は、同年8月頃には既に破綻していた。同月には、Xが伊豆旅行を計画し、Aも同行したが、旅行の直後、Xが朝起きた際に仕事の制服がないと言って騒いで暴れ出し、たんすをひっくり返して、家の中をめちゃくちゃにし、Ａの顔面を拳で殴るなどしたため、いったんは修復しかけた婚姻関係も完全に破綻し、以後、離婚に至るまで改善されることはなかった。したがって、ＡとＹが男女の関係を持ったのが平成27年３月としても、既にその当時には、ＸとＡの婚姻関係は破綻していた」と主張し、自らは不法行為責任を負わないとして争った。

裁判所の判断

裁判所は、おおむね次のように述べてＹの主張を認めて、Ｘの請求を棄却した。

……Ｘは、Ａに対し、同人らの婚姻期間中、継続的に暴力を振るっていたことが認められる。確かに、ＸがＡに対して暴力を振るっていたことを直接裏付ける証拠はない。しかし、Ａは、Ｘとの離婚後の同人の言動として、Ａの勤め先に何度も電話したり、メールを送信したり、Ａに電話をかけたりしたと証言している……ところ、平成28年４月から５月にかけて、Ｘが、Ａに対し、約２時間半の間に６回電話をかけたり、「今から強制執行の手続きしてくるわ。店に行くからよ」、「着信拒否してんなら払う気ないとして、電話する」、「店に連絡するわ」、「今から店に確認電話します。了承済みですね」といった内容のメールを送信したりしている……。これらの書証が、証人尋問後に提出されたという経緯を踏まえても、Ｘが、執拗にＡの職場に連絡をしようとし、あるいは実際に連絡をしていたことを客観的に裏付けるものであるといえ、Ａの証言の信用性を裏付けるものということができる。そして、これらは離婚後の事情ではあるが、その態様に照らせば、それまでのＸのＡに対する態度を推認させる事情ともいうことができ、婚姻期間中のＸのＡに対する言動についても、Ａの証言の信用性を裏付ける事情ともいうことができる。

また、Ａは、平成27年５月に、Ｘとの生活に耐えられず、Ｙとも会えなかったことからリストカットをしたと証言しているところ……、リストカットの態様についても相応の具体性があり、前後の状況とも整合性があることを併せ考えると、この点からも、Aの証言の信用性を認めることができる。

さらに、Xによる暴力についての証言自体も、拳で殴られた、骨折はしなかったが、二の腕や足、ふくらはぎやももを蹴られたり殴られたりしたというもので、具体的に指摘しており、かつ、アルバイト先の上司からのアドバイスについての証言内容も具体的で自然であり、一方で、A自身も反撃することもあったなどと、自身が一方的にやられていたわけではないことを自ら認めているなど、ことさら自分に有利な内容のみを証言しているわけではないこと、けんかをする理由としてXの収入の問題を述べているところ、少なくともAがアルバイトを複数掛け持ちしていたことは当事者間に争いがなく、そのような事情とも整合性があるといえる。これらに、上記のように、一定の裏付けがあること等を併せ考えれば、Aの証言について、基本的に信用性があるというべきである……。

そして、Yの供述は、Aの証言とよく整合し、同人の供述自体も、例えば、同人がXと会った平成27年4月に、2人で警察署に行くことになった際に、XがYに対し、「500万円よこせば嫁はくれてやる。」などと述べ、Yの自動車を足で蹴り、Yのかぶっていた帽子のひさしを小突くなどしたと述べるが、単に通常の会話をしているだけであれば、わざわざ警察署に行く必要もないところ、Yの方から警察署に向かうことにしたことに当事者間に争いはなく、Yの供述はこの事情と整合的であるといえる。これらの点からすれば、Yの供述も、基本的に信用することができる……。

（中略）以上に照らすと、Xは、Aとの婚姻期間中、同人に対し、継続的に暴力を振るっていたことが認められ、遅くとも、AとYがいわゆる不貞の関係にあったということができる平成27年3月までには、XとAの婚姻関係は破綻していたと認められる。

解　説

本件もまたＡＹ間に不貞行為があったことを前提に、その時点で既にＸＡ間の婚姻関係が破綻していたとして、Ｙの不法行為責任を否定した裁判例である。

本件は、ＸＡ間の婚姻関係がＸの執拗な暴力によって破綻していたと判断されたが、その裏付けとなる直接的な証拠がなくとも、Ａの証言内容の信用性が認められるとして、その結論に至ったという点は重要である。

ＸＡの夫婦間において実際にどのようなことがあったのかということを部外者であるＹが立証することは難しく、その立証のためにはＡの協力が不可欠であろう。

また、婚姻関係の破綻の要因として、一方配偶者による暴力が挙げられるが、本件はその具体的事例であり、参考になるものと考え、紹介した次第である。

22. 婚姻関係破綻の認定と子の存在

東京地判平成18・９・８平成17年（ワ）18896号公刊物未登載

事案の概要

①　ＸとＡは、平成11年９月13日に婚姻し、その間に、長男（平成13年生）が生まれたが、同15年８月、長男が広汎性発達障害（自閉症）であることが判明した。

②　ＹとＡは、高校の先輩後輩の関係にあったが、Ｙは、同16年12月頃から、Ａに夫がいることを知りながら、Ａと交際を始め、同17年３月21日には、Ｙの自宅において、Ａと肉体関係を持った。

③　Ｘは、同年４月３日午後８時頃、西武池袋線××駅付近で、ＹとＡが手をつないで歩いているところを目撃し、帰宅後、Ａから、Ｙと肉体関係を持ったことを聞いた。

④　ＸとＹは、同年５月28日、以下の内容を含む示談契約をした（以下「本

件示談契約」という)。

・Yは、Xに対し、Aとの不貞行為を認め慰謝料を支払う。

・Yは、Xに対し、Aとの不貞行為によりXとAの婚姻を破綻させた慰謝料として金500万円を支払う。

⑤　XとAは、同年7月21日、長男の親権者をAと定め、調停離婚した。

⑥　本件訴状は同年9月20日にYに送達された。

⑦　Yは、Xに対し、同18年7月28日の本件第3回口頭弁論期日において、本件示談契約がXによる詐欺又は強迫により締結されたものであるとして、本件示談契約を取り消す旨の意思表示をした。

以上の事実関係の下において、XはYに対し、本件示談契約書に基づいて500万円の支払を要求し、仮にその示談契約の効力が否定されたとしても、不貞行為に基づく損害賠償の請求を行うべく、本訴を提起した。

争　点

Xの請求に対し、Yは本件示談契約書については、Xによる詐欺又は強迫によるもので、これを取り消したから無効であるし、不貞行為については、婚姻関係破綻後のものであるから不法行為は成立しないなどと主張して争った。

裁判所の判断

まず、本件において、Yは、「不貞行為当時XA間の婚姻関係は破綻しており、本来は慰謝料は発生していないのに、これを誤解して示談契約を結んでしまった。したがって、これは錯誤によるもので無効である」とも主張していた。

そこで、裁判所は婚姻関係の破綻の有無について次のとおり判示して、Yの主張を排斥した。

> ……平成17年3月21日ころ当時、XとAの夫婦関係が具体的にどの

ような状態にあったのかについては、第三者が正確に認定することは困難というべきであるが、いずれにしても、……①ＸとＡは、平成16年ころから、平成17年４月に自閉症の長男を○○学園に入園させるために協力して準備を行ってきたこと、②ＸとＡは、平成17年２月に家族で江戸川区から西東京市に引っ越しをしていること、③ＸとＡは、平成17年４月８日以降別居状態となったが、それまでは、Ａは、家族のために日常の家事をこなしていたこと、以上の事実が認められ、これらの事実に照らせば、仮にＸとＡの間に諍いがあったり、夫婦生活が途絶えていた事実があったとしても、ＸとＡの間には長男をかすがいとした家庭生活が存在していたことは明らかであり、したがって、ＸとＡの夫婦関係がすでに破綻していたということはできない。

また、本件示談契約書の作成に当たり、ＸがＹを強迫したか否かについては、以下のとおり判示して、これを否定した。

……Ｙは、「Ｘから『裁判になってもいいのか。』『裁判になれば仕事を休んで秋田まで来てもらうことになる。』『あなたに決定権はないんだ。』などと脅かされた。」と主張しているが、……上記のやり取りは、示談の話し合いの日取りを決めるに当たり、Ｘが、Ｙからの連絡が遅かったことに立腹して送ったメールの内容であると認められるところ、そのメールの内容自体に照らしても、特段、強迫行為に該当するようなものとは認められない。

詐欺についても、次のとおり判示して、これを否定した。

……示談当日のＸとＹの間における慰謝料額に関するやり取りとして、以下の事実が認められる。

①Ｘは、Ｙに対し、不貞行為の慰謝料として1200万円を提示したところ、Ｙから300万円ないし400万円の提示があった。

②そこで、Xは、750万円を提案し、さらに、YがAと長男の面倒を見るというので600万円を提示した。

③そして、最終的に、XとYは、Yが提示した400万円とXが提示した600万円の間をとって500万円で合意した。

……上記の慰謝料額の合意に至る経過をみると、通常よくある交渉経過に過ぎず、Xにおいて、欺罔行為と評価すべき言動は認められない。

解　説

本裁判例において筆者が強調したいのは、「仮にXとAの間に諍いがあったり、夫婦生活が途絶えていた事実があったとしても、XとAの間には長男をかすがいとした家庭生活が存在していたことは明らかであ（る)」という部分である。

不貞慰謝料請求訴訟において、Yから婚姻関係破綻の抗弁が提出されることは多いが、XA間に未成熟の子がある場合には、その事実が婚姻関係破綻という事実認定の障害になり得るということであろう。

また、この未成熟の子の存在は、最終的に認められる慰謝料の増額事由にもなり得る。

その意味において、XA間の未成熟子の存在というのは、本訴訟類型においては重要な事実であると言えるだろう。

なお、本件における示談金500万円という金額は相場（判決で認められる慰謝料額）よりも高額であるという印象を持つ方も多いと思われるが、当事者が任意の話し合いにより合意した金額である以上、この程度の額であれば公序良俗に違反して無効ということにはならないと思われる。

23. 婚姻関係破綻の認定と性交渉の不存在

東京地判令和3・3・29令和元年（ワ）12280号公刊物未登載〔29063979〕

事案の概要

①　Xは、昭和40年生の男性であり、A（平成元年生）と平成26年6月15日に婚姻した。

②　Aは、同24年4月、株式会社aの従業員となり、Xと婚姻した後、長女を妊娠したことから、同27年10月より産前産後休業に入り、その後、育児休暇を取得した。

③　Aは、同29年4月、株式会社aのb店に復帰した。このとき、b店には、Y（昭和61年生）も勤務していた。

④　X及びAは、Aがb店に復帰した後、次第にけんかをすることが増え、けんかの際には、互いに暴力を振るうこともあった。

⑤　Aは、平成29年12月20日、夜間の外出をし、同30年1月にも、夜間の外出をしたことが3回あった。

⑥　X及びAは、同月けんかを行い、その際、Aが柱に右股関節付近をぶつけ、負傷したことがあった。当該負傷は、内出血を生じ、後にリンパ節炎と診断されるものであった。

⑦　Xは、同月中にAと最後の性交渉を行った。

⑧　X及びAは、同年3月頃、夫婦関係について話し合った。このとき、Aは、Xに対し、冷却期間を置くため別居したい旨を述べ、Xは、Aとの別居を了承した。

⑨　Aは、同月頃から、Xと別居するための住居をYとともに探し始め、希望に沿う3LDKの物件を見つけたが、契約の審査に通らなかったことから、当該物件については、Yが賃借人として契約した。

⑩　Aは、同年4月18日、長女とともにX宅を出て、Xと別居し、上記⑨の物件（以下「A居宅」という）で暮らすようになった。

⑪　Ｙは、同月末頃、Ａと同居するようになった。Ｙは、Ａ居宅に係る賃貸借契約を締結した際、鍵を３本受領し、一旦これらをＡに渡したが、Ａと同居する頃には、うち１本を所持していた。

⑫　Ｘは、Ａと別居した後も、同年10月頃まで、週に１回程度、長女と面会交流を行っていた。Ｘは、同年５月３日、長女と面会交流を行った際、長女が、一部屋において、Ａだけでなく、Ｙを含めた３名が寝ている旨を述べたことから、ＡとＹとの不貞関係を疑うようになり、調査会社に調査を依頼した。

⑬　Ｘは、同月31日、ｂ店を訪れ、Ｙと同日中に会う約束をした。Ｘは、同日午後10時頃、ファミリーレストランにおいて、自らが依頼した第三者の立会いの下でＹと面談した。その際、Ｙは、Ｘに対し、❶自らの行為が不貞行為であるとの認識があること、❷ＡがＸと別居する前から不貞関係があったことは否定しないこと、❸ＹからＡに対し、長女につき「Ａさんの子だからやっぱり愛せるよ。」と伝えていたことを述べた。

⑭　Ｘは、同年６月17日、代理人を通じて、Ｙに対し、書面で、本件不貞行為につき慰謝料500万円を１週間以内に支払うことを求めた。

⑮　Ａは、同年９月１日、東京家裁に対し、Ｘを相手方とする夫婦関係調整（離婚）調停及び婚姻費用分担調停の申立てをし、同31年２月２日、当該夫婦関係調整（離婚）調停の申立てを取り下げた。残る婚姻費用分担調停については、同年４月19日、不成立となって審判に移行したが、令和元年５月15日、再び調停に付されて成立した。

⑯　Ｘは、平成30年10月９日、東京家裁に対し、Ａを相手方とする子の監護者の指定事件及び子の引渡し事件、並びに仮の地位を定める仮処分事件の申立てをした。これらの事件に関し、家庭裁判所調査官は、同31年３月１日、調査のため、Ａ居宅において、Ａ、長女及びＹと面接をした。この際、Ｙは、Ａとの関係は恋愛ではなく、子供がいるところから始まっているのでそういう感情にはならない旨を述べ、Ａは、Ｙと男女関係は一切なく、ここまで大事になるとは想像していなかった旨を述べた。

⑰　Ａは、同年２月１日、転職した。

⑱　Ｘは、令和元年５月15日、本件訴えを提起し（慰謝料500万円、弁護士費用50万円）、その訴状は、同年６月６日、Ｙに送達された。

⑲　Ｙは、同年７月９日、Ａと別居した。

⑳　東京家裁は、前記監護者の指定事件及び子の引渡し事件について、同年９月30日、審判を行ったところ、その審判書には、ＡとＹとが不貞関係にない旨のＡの主張は採用し難い旨の記載がある。

㉑　Ｙは、本訴において、同年11月15日受付の同月26日付けＹ準備書面から、Ｙ及びＡは、平成30年10月頃には男女関係となり、情を交わすようになった旨を主張するようになった。

以上の事実関係の下において、ＸはＹに対し、不法行為に基づく損害賠償の請求を行うべく提訴した。

争　点

Ｘの主張に対し、Ｙは不貞行為の開始時期や慰謝料額について争い、また、婚姻関係破綻の抗弁について、次のとおり主張した。

> 本件婚姻関係は、平成29年12月以前から、ＸのＡに対する継続的な家庭内暴力を原因として、冷え切っていた。Ａは、同月頃、Ｘとの性交渉を拒絶し、Ｘ及びＡは、家庭内別居の状態となった。この時点で、本件婚姻関係は、破綻していた。
>
> 仮に、そうでないとしても、平成30年10月時点において、Ｘは、Ａと別居しており、Ａは、Ｘとの離婚調停を申し立てていたものであるから、この時点で、本件婚姻関係は、破綻していた。

裁判所の判断

本裁判例は、ＡＹ間の不貞行為の期間について、「平成30年４月１日から令和元年７月９日までである」と認定し、婚姻関係破綻の抗弁の当否については、次のとおり判示して、その主張を認めなかった。

> 不貞行為に基づく不法行為責任を阻却する事由としての婚姻関係の破綻とは、婚姻関係が形骸化し、復元の見込みのない状態に至っていることをいい、単に婚姻関係が悪化し、希薄化しているだけでは足りないものというべきである。
>
> これを本件についてみるに、本件婚姻関係は、平成30年４月１日当時、３年９か月余り継続しており、ＸとＡとの間には、子として長女もいたところ、Ｘ及びＡが、このときまでに、具体的な離婚協議を行っていたなどの事情は認められない。ＸとＡとの間において、平成30年１月中に性交渉がなくなっていたことや、同年３月頃に一時的な別居の合意をしたことを考慮しても、本件婚姻関係が、同年４月１日当時、形骸化して復元の見込みのない状態に至っていたとはいえない。
>
> したがって、本件不貞行為の開始当時、本件婚姻関係が破綻していたものとはいえず、この点に関するＹの主張は、採用することができない。
>
> なお、Ｙは、平成30年10月時点において、本件婚姻関係が破綻していた旨の主張もしているが、継続不法行為である不貞行為の開始後に婚姻関係が破綻したことは、不法行為責任を阻却する事由とはなり得ないものであるから、上記主張は、抗弁として失当というべきである。

なお、慰謝料額については、次の事情に着目して150万円（弁護士費用は別途15万円）とした。

> ①本件婚姻関係は、平成30年４月１日時点で３年９か月余り継続しており、この間、Ｘ及びＡは、長女をもうけ、長女は、上記時点で未就学の未成年者である。②本件婚姻関係は、平成29年４月頃から悪化す

る傾向にあり、喧嘩の際には、互いに暴力を振るうこともあった。平成30年１月中にＸとＡとの間の性交渉はなくなり、同年３月頃には、一時的な別居の合意をするに至った。③本件不貞行為は、平成30年４月１日から令和元年７月９日までの間、１年３か月余り継続したものであるが、その期間が長期であるとはいえない。また、Ｙ及びＡが行った性交渉の回数や頻度等も明らかではない。④Ｘ及びＡは、本件不貞行為により離婚するには至っていないが、平成30年４月18日以降、別居状態が継続しており、本件婚姻関係の形骸化が進んでいる。⑤Ｙは、本件不貞行為につき、Ｘに対する不法行為責任を負うことを認めておらず、Ｘに対し、何ら慰謝の措置を執っていない上、反省の態度も示していない。むしろ、Ｙは、本件不貞行為の存在をＸに知られた後も、Ａとの不貞関係を優先させたものといえる。⑥Ｘは、共同不法行為の一方当事者たるＡを本件訴えの相手方としておらず、本件不貞行為につきＡに対して他の方法で損害賠償責任を追及しているなどの事情もうかがわれない。

解　説

本件の主題は、ＸＡ間に性交渉がなかったという事実と婚姻関係破綻の抗弁の成否についてであるが、本裁判例は、ＸＡ間に性交渉がなかったことをもって、その当時ＸＡ間の婚姻関係が破綻していたと言うことにはならないとしており、多くの下級審判例も同様の立場であると言える。

ただし、その事実は、慰謝料額の減額要素として考慮されていることがわかる。

要するに、ＡＹ間の不貞行為時において、ＸＡ間に性交渉がなかったという事実は、Ｙの不法行為責任を消滅させるものではないが、それを減少させる要素にはなり得るということであろう。

本裁判例は、慰謝料額の認定についても丁寧になされており参考になると言えるだろう。

24. 婚姻関係破綻の抗弁と特段の事情

東京高判令和元・９・25判タ1470号75頁〔28281322〕

事案の概要

① 妻Ｘ（昭和46年８月生）と夫Ａ（同57年３月生）は平成15年７月13日に婚姻し、３人の子をもうけた。

② 夫婦と子３人は、同25年３月の渡米までの間及び同27年12月末の帰国後の期間は、日本国内で生活し、同25年３月から同27年12月末までの間は、Ａの海外赴任に伴い、NY州に居住滞在していた。

③ Ａは、同15年７月の婚姻時及び同16年５月の長男出生時には大学在学中であり、大学卒業後の同17年４月に就職して国家公務員となった。その後、同18年７月に二男、同21年６月に三男が出生した。

④ Ａは、大学入学後１か月間、就職後研修時に１週間及び三男誕生後の子育て時期に、不安、不眠の症状に悩まされたことがあり、同22年４月から同24年２月までの間、メンタルクリニックに通院して投薬治療を受けていた。Ｘは専業主婦であった。

⑤ 同25年３月の渡米以前のＸとＡの婚姻関係は、口頭やメールのやり取りの中でけんか口調や悪口の言い合いになることもあったが、婚姻関係の破綻には至っていなかった。Ａは、精神の不調時に口頭やメールでネガティブな発言を続けたりした。これに対してＸは、口頭やメールで適当にいなす発言をしながら、回復するのを待っていた。Ａは、自分の思う頻度で性交渉に応じてくれないことについて、Ｘに対して不満を感じていた。

⑥ 同23年11月以降、Ａの精神的不調は、研修の開始が原因で再び悪化していた。同24年２月に、Ａについて、同25年３月頃から３年間の予定で○○省に出向してNY州の××代表部（以下「代表部」という）に在外勤務する旨の内示があった。Ａは、同24年２月、Ｘ宛てのメールに、要旨「帰国時まで家庭内別居、用件はメールで行う、帰国直後に正式手続をする。父が１人以上の親権を持つこととし、実現しない場合は養育費は一切払わな

い。」などと記載して送信した。Xは、いつものネガティブ発言と思って、回復を待っていた。

⑦　Xは、同年10月、Aからの同種のネガティブな内容のメールを受けた。Xは、ネガティブな発言を軽くいなすつもりで、「養育費もらって、母子家庭手当もらって、子ども手当もらって今よりいいぢゃん（笑）。私はいつでも幸せよ。ご心配なく。でも、パパの負担になるし再婚相手は探すか（笑）。面会ね～。支払っている限りはできるよね。調停は帰国後でいいです。長引きそうですから。どうしてもというなら今からでも構いませんが、結局成立しないまま、3年後に持ち越し苦労しそうな感じがするんで」などと、メールで返信した。

⑧　他方、XとAとの間では、同年12月頃以降、夫婦が一緒に食事をとることを前提とするメールのやり取りをしたり、Xが同25年1月22日に「帰り雨だったらお迎えに行ってあげるよ」などと記載したメールを送付したりすることもあった。夫婦関係が常に険悪なものでもなかった。

⑨　A、X及び3人の子は、同年3月に渡米し、NY州に居住した。Aは代表部での勤務を開始し、同僚となったY（昭和60年12月生の日本国籍女性）と知り合った。Yは、日本国籍を有するが、米国人の子としての資格で、米国の永住資格も有していた。

⑩　渡米直後の夫婦関係は、渡米直前と同様の状態であった。Xは専業主婦をしていた。Aは、毎日自宅で、X及び3人の子（以下「Xら」という）と夕食を食べ、家族5人でカナダ、ナイアガラ等に旅行に行き、同年7月の結婚記念日にはバーベキューパーティーをした。

⑪　遅くとも同年10月頃には、AとYの不貞行為が始まった。この頃、Aは、同24年2月にX宛てに送信したメールやこれに対するXからの返信メールをYに見せて、自らの家族関係と同28年3月の帰国時には離婚する予定になっていることを説明した。

⑫　同25年10月頃、XはAの女性関係に気付き、夫婦関係が一気に悪化した。この頃から、XのAに宛てたメールの内容は、Aの女性関係に対する激しい怒りを込めた内容に変化していった。

⑬　同月22日、Aは、Xに対し「離婚するよう準備を進めませんか」などと記載したLINEを送信した。Xは「女ができた途端に離婚ですか？」「家に帰りたくないなら、平日帰らなくていいですよ。…週末に子どもたちのために時間を作ってあげてください。」などと返信した。

⑭　Aは、同年11月23日、Xに対し「休日になるのが苦痛を感じるようになり、限界をかんじました」「女ができたからという理由にしたいのはわかりますが、そうではありません」「お前はおれを人間扱いしたことがない」「さっさと離婚してきえて」などと記載したメールを送付した。Xは「条件は弁護士通して出しますね」「誰かと住みたいがための離婚ですか。子どもたちが可愛そうで仕方ないですね。」などと返信した。

⑮　Aは、同年12月8日以降、NY州にあるY宅で寝泊まりするのを常とするようになり、Xらとの自宅には週末などに時々帰宅するだけになった。この頃、YがAの子を懐妊した。

⑯　同月31日、AはXに対して、YがAとの子を懐妊したこと、懐妊中の子のために、次の夏休みに家族全員で帰国して、離婚手続（離婚届提出、公正証書作成等）を行いたいことをLINEで説明した。Xは、Aの態度が身勝手であると非難するとともに、夏休み中に短期間で合意に至るはずがないことを指摘した。

⑰　同26年9月、YはAとの子Bを出産した。Aは、出産前の同年4月に胎児認知をしていた。

⑱　Aは、その後もY宅で寝泊まりすることを常としていた。しかしながら、Aはベッド以外の自分の荷物は、帰国まで、Xらとの自宅に保管し続けた。Aは時々Xらとの自宅に戻り、3人の子らの行事に参加したり、家族5人で職場の同僚を招いてバーベキューパーティーをしたり、ワシントンDCに旅行に行ったり、家族5人の記念写真を撮影したりした。

⑲　Aは、その後も、Xに暴力を振るったり、子らの前で粗暴な言動をすることが増えた。また、Aは、Xに対して生活費を十分に渡さず、Xらとの自宅から現金、クレジットカードあるいは銀行のカードを持ち出すなどしてXの支払手段を制限し、Xらを経済的窮地に陥らせた。

⑳　Ｘの申立てにより、Ａは、同27年８月25日、NY州家裁から、暴行を慎むことなどを命じる短期保護命令を受けた。また、現金やカードが持ち出されることに困ったＸの申立てにより、Ａは、同年10月23日、NY州家裁から、Ｘらへの接近禁止等を命じる短期保護命令を受けた。Ｘは、同年10月22日、Ａを相手方として、NY州家裁に養育費の支払調停を申し立てたが、Ａはこれに応じなかった。

㉑　この頃、Ａにつき、予定帰国時期の同28年３月を繰り上げて、同27年12月末に帰国して出身省庁に戻ることが決定された。

㉒　ＡとＹは、相談のうえ、ＡＹ及びＢの３人全員が日本に帰国すること、帰国後は官舎を借りて３人で同居することを決めた。Ａは、米国から日本の出身省庁に宛てて官舎の貸与申請を行い、帰国後すぐに３人で居住できる官舎を確保した。他方において、Ａは、Ｘらを意図的に遺棄することを決断し、Ｘらの帰国後の住居の手配は一切行わなかった。ＡＹ及びＢは、同月31日、３人で帰国し、直ちに日本国内における官舎での同居生活を開始し、Ａは、出身省庁における勤務を開始した。

㉓　Ｘらは、その頃、ＡＹらとは別に帰国した。Ｘらは、日本国内における収入源も居住先もないため、Ｘの実家に身を寄せざるを得なかった。

㉔　Ａは、帰国後、Ｘに対する生活費の送金をしなかった。Ｘの申立てにより、日本の家庭裁判所が婚姻費用支払を命じる審判を発した。審判が確定してもＡが任意の支払をしないので、Ｘは、給与債権の差押えにより婚姻費用の債権回収をせざるを得ない状態に置かれている。

㉕　Ａは、同28年に、横浜家裁に、Ｘを被告として離婚請求訴訟を提起した。同30年５月29日に言い渡された第一審判決においては、Ａが有責配偶者であり、未成熟子が３名おり、離婚を認めればＸらが経済的窮境に陥ることを理由に、離婚請求が棄却された。Ａは控訴したが、東京高裁は、同様の理由により、同年11月29日に控訴棄却判決を言い渡した。

㉖　同年６月27日、ＸはＡとＹに対して、連帯して不貞慰謝料500万円、弁護士費用50万円等を支払うよう求めて本件訴訟を提起した。なお、同年９月には、ＡＹの２人目の子が誕生した。

㉗ 原判決は、本件の準拠法は法の適用に関する通則法17条により加害行為の結果発生地である米国NY州の法律となり、NY州では配偶者が他方の配偶者及びその不貞行為の相手方に対して不貞行為を理由とする損害賠償を請求することができないと判断して、Xの請求を全部棄却した。

以上の事実関係の下において、これを全部不服とするXが控訴したのが本件である。

争 点

本件では、準拠法がNY州法か日本法か、Yが不法行為責任を負うのかという点が問題となった。この点について、原審（横浜地判平成30・10・30平成29年（ワ）2773号公刊物未登載〔28281321〕）は本件の準拠法をNY州法とし、同法はYの不法行為責任を認めていないという理由に基づいてXの請求を認めなかった。

これに対して、控訴審である本裁判例は、本件不貞行為はニューヨークと日本の両方で行われ、そのうち重大な結果が発生したのは日本であること等を重視して日本法を準拠法とした。

そのうえで、婚姻関係破綻後の不貞行為について不法行為が成立するのかという点が問題となったのである。

裁判所の判断

裁判所は、次のとおり判示して、XA間の婚姻関係破綻後に継続したAY間の不貞行為について、YのXに対する不法行為責任を認めた。

> 婚姻関係破綻後に夫婦の一方……と性的行為をした第三者……は、特段の事情のない限り、他方配偶者……に対する不法行為責任を負わないと解される（最高裁第三小法廷平成8年3月26日判決参照）。XとAの婚姻関係が平成27年11月頃に破綻したことは、……説示したとおりである。そうすると、特段の事情のない限り、平成27年11月以降の

不貞行為については、ＹはＸに対する不法行為責任を負わないことになる。

そこで、特段の事情の有無について検討する。婚姻破綻の原因が専らＹにあることは、……説示したとおりである。そして、第三者が、自己と夫婦の一方との性的行為が婚姻関係の破綻の原因となったことを知り、又は知らないことに過失がある場合であって、破綻の前後を通じて性的関係が切れ目なく継続しているときには、婚姻関係破綻後も不法行為責任を負うべき特段の事情があるというべきである。前記最高裁判例の趣旨は、法律婚を保護すべき必要性があるとしても、婚姻関係の破綻と無関係な破綻後の夫婦の一方との性的関係についてまで賠償責任を認めるのは、法律婚の過剰な保護に当たるから、不法行為責任の成立範囲を限定するという点にある。婚姻関係の破綻に原因を与えた性的行為が破綻の前後を通じて切れ目なく継続している場合には、破綻後の性的関係の違法性が阻却、消滅すると考えることは、社会倫理や常識に反し、法律婚の保護の趣旨にも反するからである。

解　説

一般論としては、ＸＡ間の婚姻関係が破綻した後のＡＹ間の不貞行為については、ＹはＸに対して不法行為責任を負わないが、本件では、その原則論を覆す「特段の事情」があるとして、ＹのＸに対する不法行為責任を認めた。

そして、その「特段の事情」を裏付ける事情として挙げられていることは、①婚姻破綻の原因が専らＹにあること、②Ｙが、自己と夫婦の一方との性的行為が婚姻関係の破綻の原因となったことを知り、又は知らないことに過失がある場合であること、③破綻の前後を通じて性的関係が切れ目なく継続していることである。

従前の裁判例では、この「特段の事情」について詳しく論じていた裁判例はほとんどなかった。その意味において、本裁判例はその解釈の指針を示しているという点で重要であると言えるだろう。今後の裁判でもこれを踏まえた当事者の主張が頻繁に出てくるのではないかと推察される。

第９章　保護されるべき婚姻関係

25. 婚約と不貞行為

東京地判平成22・４・14平成21年（ワ）19518号公刊物未登載

事案の概要

①　Xは、a社に勤務する会社員であるが、ワインスクールの講師もしていた。

②　Aは、b社に勤務する派遣社員であるが、過去に別の男性と３回の同棲歴を有し、その期間は８か月から２年間であって、同居は結婚するか否かの見極め期間と考えていた。また、Aは、日頃から結婚相手の条件として、自宅に茶室を造れるような経済的に裕福な男性であることを挙げていた。

③　Xのワインスクールの生徒であるZは、平成20年６月７日、食事会を開いて、XとAを引き合わせた。

④　XとAは、同年７月から、数回食事をするなどの交際をするようになったが、食事代などのほか、A宅までのタクシー代約１万7000円もXが負担していた。

⑤　Xは、Aに対し、自分は幼稚舎から大学までの附属学校出身であること、a社に勤務し、夜はワインスクールの講師をしていること、麻布に持ち家があること、家賃収入もあることなどを述べ、結婚について前記のような条件を考えていたAは、Xに関心を持った。そして、Xは、同年12月２日、Aと熱海に旅行した際、Aに対し、結婚を前提として同棲生活をすることを申し入れた。その際、Aは、Xが別れた妻と使用していたダブルベッドは使いたくないので、買い替えること、トイレや洗面台をリフォー

ムしてほしいこと、清掃業者を入れて家の中を清掃してほしいこと、部屋のレイアウトを変更してほしいこと、自宅の駐車場を確保してほしいことを申し入れ、また、自分は茶道が趣味なので将来茶室を造ってほしいとも述べた。

⑥　これに対し、Xは、自宅の駐車場を確保すること、清掃業者に清掃を依頼すること、ダブルベッドや寝具一式を買い替えること、部屋のレイアウトを変更すること、トイレの便座を取り替えることに同意し、Aは、Xの上記の申入れを承諾した。

⑦　この話し合いの席にはZ夫妻が同席しており、Zは、同月30日、X及びAにメールをし、Xには「Aちゃんのようなステキな可愛いお嫁さんがもらえるのですから、どうか可能な限り彼女のわがままを聞いてあげて下さいね」と、Aには「結婚生活とは何が起こるかわからないもの。でも必ず自分を守ってくれるパートナーの存在は何にも代え難いものですよ。」と記載した。しかし、Xは、Aに対して婚約指輪を渡しておらず、結納金を交付したわけでもなかった。

⑧　同21年1月1日、Aは、母を連れてX宅を訪問した。また、同年2月1日には、XがAとともにAの実家を訪問し、XはAの部屋で一緒に寝た。さらに、同月8日から11日まで、XとAは、3泊4日の日程で湯布院に旅行した。

⑨　同月中旬、Xは、a社の上司であったCに対し、「付き合っている人がいて、婚約しました。3月末には結婚を前提として麻布の自宅で彼女と同居します。」と言い、AをCに紹介したいと申し出た。Cは、Xが再婚することになってよかったと思い、同月22日、XとAを自宅に招いて食事した。その際、Xは、C夫妻にAを婚約者として紹介し、Aは、結婚に当たっての条件として、茶室の新設、ダブルベッド等の買い替えなどがあると話していた。

⑩　同月15日、XとAは、X宅において、それぞれの友人を呼んでパーティーを開き、Xは、友人のDやEに対し、Aと結婚することになったとして、婚約者としてAを紹介した。これに対し、Aの友人のBやFは、こ

のパーティーに参加したが、XとAが付き合っていることは聞いたものの、結婚するとまでの認識はなかった。

⑪　同年3月1日、Xは、Aに対し、Xの経済状況を給与明細、源泉徴収票、預金通帳等を見せながら説明し、ダブルベッドや寝具一式の購入代金を出せない状況にあることを説明した。そこで、Aは、Xに対し、ダブルベッドや寝具一式の購入資金等に充てるため、100万円を貸し渡し、さらに、借用証を書くように求め、Xは、借用証を書いた。

⑫　同月6日、Xは、Aに対し、「Aとオレは結婚を前提に今付き合っているわけだし、麻布の家で3月末から一緒に暮らすんだから、Aは現在オレ以外の男性と男女の関係を持ったりはしてないよね？今後持たないよね？」とメールし、Aは、「当たり前です」と返信した。

⑬　同月11日、Aは、XとともにXの母に挨拶に行き、Xは、Aを婚約者として紹介し、一緒に食事をし、Xの母は、家事や育児の話をし、さらにマンションのローンがあり、11年後に終わるなどと話した。Aは、その席で卵巣嚢種があることを打ち明けたところ、Xの母は、健康診断を受けるようにと述べた。

⑭　同月14日、Xは、Aの実家にAとその母を訪ねた。Xは、その際、ボイスレコーダーで会話を録音しようとしたところ、これにAが抗議し、録音をやめた。そのとき、Aの母は、Xに対し、借金の状況について説明を求めたが、Xは、詳しい説明をせず、返済に1年以上かかると述べた。

⑮　同月17日、Aは、Xの借金問題、ボイスレコーダーの件、Aの手帳や携帯を盗み見ることなどが嫌になり、Xに電話し、「あなたと別れることにした」「あなたのことを嫌いになったから、婚約は取り止める。一緒に住むことも止める」と申し入れた。

⑯　同月19日、Xは、上記の婚約の解消の申入れを承諾し、Aに対し、「平成20年末から結婚を前提とした交際を続け、平成21年2月には婚約に至り、平成21年3月29日から甲の自宅・・・にて同居生活を開始することを双方同意致しました。」「甲乙の婚約・同居開始予定は順調に進んでいましたが、同年3月17日及び同年3月18日に乙は甲を呼び出し、乙は甲に婚約

を一方的に破棄し、同年３月29日からの同居はしないと通告しました。」、それにより、「甲も丙も精神的に多大な苦痛を被りました。その苦痛に対する慰謝料として100万円を乙は甲に支払うよう、甲は乙に要求します。」と記載された内容証明郵便を送付した（甲はＸ、乙はＡ、丙はＸの母である）。

⑰　同月20日、Ａは、Ｘに面会を求め、ホテルで面談し、「慰謝料請求は取り下げてほしい」と申し入れたところ、Ｘは、「別れなければならない理由が分からない。考え直してほしい。」と述べた。そして、翌21日、ＸとＡは、飲食店で面会し、Ａは、「別れたいと言ったことは取り消します。ごめんなさい。」と述べ、その代わり、慰謝料請求は取り下げるように求め、Ｘは、これに応じ、慰謝料請求は取り下げることとし、両者は、当初の予定どおり、３月末日から、Ｘ宅で同居生活を開始することになった。

⑱　同月26日、Ａは、Ｘに対し、Ｘの両親に挨拶に行く前提として、「ご両親への挨拶は、結婚の挨拶ではなく、同居の挨拶として伺います。よろしいですか」とメールした。このように、Ａは、Ｘとの関係が一旦破綻したことから、同棲生活を開始するにしても、必ず結婚することを前提とするものでないことをＸに申し入れた。

⑲　同月29日、Ｘ宅に新しいダブルベッド、寝具一式が搬入され、部屋のレイアウトも変更された。その後、Ａは、Ｘと同居生活を開始することについて、Ｘの両親に挨拶した。しかし、以前の話では、Ａは、自分の鏡付化粧台や和箪笥を搬入する予定であったが、搬入しなかった。このようにして、ＸとＡは、同棲生活を開始したが、Ａは、１週間のうち３日は実家で生活しており、住居を完全にＡの実家からＸ宅に移転したわけではなかったし、荷物もダンボール１箱程度のものを持ち込んだだけであった。また、Ｘの両親とＡの母を交えて両家で食事をするなどしたこともなかった。

⑳　同年４月２日、Ａは、Ｘに対し、京都で茶会があり、先生や女性生徒たちとともに招待されたので、京都に旅行に行くと虚偽の説明をしたうえ、そのために５万円の小遣いがほしいと述べたところ、Ｘは、翌３日にＡの

銀行口座に5万円を振り込んだ。

㉑　同月5日、Aは、Yと2人で2泊3日の京都旅行に出かけ、ホテルの同じ部屋に宿泊して性的関係を持ったうえ、京都市内を2人で観光した。

㉒　同月14日、Aは、Bを含む女性の友人と4人で食事をしていたが、そこにXが突然現れた。その席で、Aは、Xと一緒に住み始めたこと、Xが変われるか試していることなどを話した。これに対して、Xは、性生活を含めたAに対する不満を述べ始め、また、日頃のAの行動をいろいろと質問するなどしたため、XとAは、険悪な雰囲気となった。

㉓　Aは、帰宅後烈火のごとく怒り、Xと口論となり、翌15日朝、X宅の鍵を返し、荷物を持ってX宅を出た。その際、XとAは、同月25日に会って話し合うことを約束した。

㉔　同月25日、XとAは面会したが、折り合いはつかなかった。

以上の事実関係の下において、XはAに対して不貞行為及び婚約の不当破棄に基づく慰謝料として300万円、及び無駄になったダブルベッド等一式78万1256円の支払を求めて提訴した。

争　点

Xの主張に対して、Aは婚約解消の責任の所在、損害額等について争った。

裁判所の判断

まず、婚約の解消については、以下のとおり判示して、Aのみを責めることはできないとした。

> ……当裁判所は、婚約の解消自体について、Aの損害賠償責任を問うことはできないと考える。そもそも、XとAは年齢差もあり、価値観も異なる上、Aの結婚の条件は自宅に茶室がもてる程度の高い経済力ということ（それはXも承知していた。）であるから、それに応える

資力がXにない以上、早晩、XとAの婚約は破綻を免れないものであったとみられる。そして、交際の当初の段階で、Xに高い経済力があるとAが錯誤に陥ったのは、Xの説明が……不正確であったためでもあるから、ダブルベッド等を買い替えるための100万円すらAに借りたXに幻滅し、婚約を解消したとしても、Aのみを責めることはできず、違法とまではいえない。

次に、不貞行為については以下のとおり判示して、Aの責任を認めた。

……平成20年3月20日以降のXとAの婚約関係は、法的保護の必要性が低いものではあるが、京都で茶会があると虚偽の事実を述べて、Xを騙して5万円の小遣いをもらい、別の男性（Y）と京都旅行して肉体関係を持った……というAの行動は、Xとの間で信義に反し、著しく不当なものであって、損害賠償責任を負うべきである。

最後に、損害額については、以下のとおり判示して、30万円とした。

……ダブルベッド等の購入費などは、……不貞行為前に支出したものであるし、Xがダブルベッド等を現在も使用しているのであるから、損害がないか、相当因果関係が認められないというべきである。

……不貞行為に基づき、Xが被った精神的苦痛を慰謝するには30万円をもって相当と認める。X自身が、XとAの関係が破綻したのは、Aの……不法行為が原因ではないことを認めており……、そうであれば、上記金額をもって十分というべきである。

解　説

本件では、婚約中のAの不貞行為が不法行為を構成するのかという点が問題となった。

本裁判例は、上記事実関係におけるＡとＹとの関係はＸとの関係で不法行為が成立することを認めた。

ただし、その婚約関係は、Ａの荷物があまりＸ宅に運び込まれず、Ａは、１週間のうち３日間を自分の実家で生活していたことなどが重視され、「法的保護の必要性が低い」とされた結果、認容された慰謝料額も30万円と低額であった。

ダブルベッド等一式の購入代の損害賠償請求が否定されたのは、婚約解消についてＡに責任がない以上当然であろうと思われる。

同種事案も少なくないであろうと考え、紹介した次第である。

26. 内縁の不当破棄

東京地判令和３・10・６令和元年（ワ）26902号公刊物未登載〔29067290〕

事案の概要

① Ｘ（昭和34年生、女性）とＡ（同年生、男性）は、平成９年頃、同僚として働いていたところ、同10年頃から交際を始めた。当時Ｘ及びＡは両者とも既婚者であり、Ｘが離婚したのは、同年から同12年頃、Ａが離婚したのは同16年から同18年頃であった。

② 同14年３月６日、Ａは、❶Ｘを伴侶とすることを誓う、❷10年以内に、離婚若しくはそれに同等するものをし、Ｘと正式に婚姻若しくはそれに同等するものをする旨を誓約した誓約書（以下「本件誓約書」という）を作成した。

③ 同21年２月頃、Ａが胆石症になり入院することになった際、Ｘは、Ａとの関係は「妻」であると記載したうえで、手術の承諾書等（以下「本件承諾書等」という）に署名した。

④ 同年７月頃、Ａは、千葉県の居室の賃貸申込書において、同居者としてＸを記載し、続柄は「妻」であると記載した。ＸとＡは同居室に同居して

いた。その後、ＸとＡは、同28年10月頃から、Ｘの母やＸの子も住む都営住宅（以下「本件都営住宅」という）に住むようになった。

⑤　同30年８月頃、ＸとＡは婚姻届（以下「本件婚姻届」という）を作成した。

⑥　Ａは、職場の同僚であるＹと、同年10月22日、同月29日、同年11月23日及び同年12月29日に性交渉を持った。

⑦　同31年３月17日、Ａは、居室内でＸを足で蹴り、Ｘは肋骨骨折と診断された。また、同年４月９日、ＡがＸの携帯電話を取り上げ、Ｘは携帯電話を取り戻そうとＡと揉み合いになり、一定時間、ＸとＡの身体が衝突した。その後、Ｘは指末筋骨骨折と診断された。

⑧　同日、Ａが荷物を持って本件都営住宅を出ていき、ＸとＡの同居が解消された。同日、Ａが本件都営住宅を出て同居を解消したいから、Ａのマイナンバーカードを返還するようＸに求めたところ、Ｘは話し合いが終わっていないとして断った。

以上の事実関係の下において、ＸがＡに対して、❶ＸとＡが内縁関係にあったところ、Ａが不貞行為に及んだと主張して、慰謝料300万円等の支払、❷ＡのＸに対する傷害に対する損害賠償として64万4925円等の支払、❸Ａが、一方的にＸとの内縁関係を破棄したとして、不法行為に基づく損害賠償として300万円等の支払を求めた。

争　点

ＸはＡに対して内縁関係を不当に破棄したと主張したのに対し、Ａは、「①ＸとＡが同居を開始したのは平成23年頃であること、②本件誓約書はＸとＡが喧嘩をした際に、Ｘに言われるがままに、記載したにすぎないこと、③本件承諾書等は、他に頼る人がいないことからＸに依頼したにすぎないこと、④Ａは、自己破産手続後に、名字が変われば、クレジットカードを作成することができると考え、本件婚姻届に署名押印したに過ぎず、具体的な提出予定はなかったことからすると、ＸとＡに内縁は成立していない」と主張し、本件は「内縁の不当破棄」ではなく「単なる同居関係の解消」である旨反論した。

裁判所の判断

ＸＡ間に内縁関係が生じているか否かという点について、次のとおり判示してこれを認めた。

> ……①平成21年２月頃、ＸはＡの妻として、本件承諾書等に署名したこと、②同年７月には、Ａは、千葉県の居室の賃貸借契約を締結する際に、Ｘを妻と記載した上で、同居室で同居を開始していることが認められ、それまでに本件誓約書を作成している等の経緯も踏まえると、平成21年７月頃には、ＸとＡは、婚姻の意思をもって夫婦共同生活を営み、社会的にも夫婦として振る舞い、婚姻の届出をしていないために法律上は夫婦ではないが、事実上の夫婦関係（内縁関係）であったと認められる。

そして、慰謝料の額については、「内縁関係の破棄は本件不貞行為のみが理由でないとしても、同損害賠償責任が認められていることも考慮する必要がある」などとして慰謝料50万円を認めた。

解　説

本件では、内縁関係がどのような場合に成立するのかということが問題となった。

また、Ａ（夫）が不貞行為を働いたということでＸのＡに対する慰謝料請求も認められた。本件では、Ｘは不貞相手（Ｙ）を訴えていないが、Ｙを訴えた場合には、ＹにおいてＸＡ間に内縁関係が存在していたことを知っていたか、あるいは、知らなかったことに過失があることをＸは主張・立証しなければならず、それは決して容易ではない。

さらに、内縁関係は法律婚ではないため、不貞慰謝料が認められる場合でもその額は法律婚の場合と比べて低額に抑えられることが多いのではないかと思う。

この点に関連して、東京地判平成21・5・13平成19年（ワ）34445号等公刊物未登載は「ＸとＡの夫婦関係は事実婚にすぎなかったから、ＸのＡに対する貞操請求権の権利性は、法律婚におけるそれに比して低いものにとどまるものというべきである」と判示しており、同様の思考方法を採用していることがわかる。

ただ、この点については、筆者は同調できないものの「婚姻の形態として法律婚・事実婚のいずれを選択するかは個人の自由であるから両者の間に不貞慰謝料額における差異を認めるべきではない」という考え方もあり得るのではないかと考える。

第10章　免除の抗弁

27．ＸＡ間の離婚給付と不貞慰謝料との関係①

東京地判令和元・9・4平成29年（ワ）30289号公刊物未登載
〔29056986〕

事案の概要

①　Ｘ（昭和49年生、男性）は新聞記者をしており、Ａ（同54年生、女性）及びＹ（同42年生、男性）は小学校の教員をしている。

②　Ｙは、平成20年頃から同24年頃まで、Ａと同じ職場で勤務をしていた。

③　ＸとＡは、同21年３月14日、婚姻した。

④　Ｘ及びＡは、同22年５月頃、東京都荒川区の土地及び建物（本件不動産）を自宅として購入した。この際、Ｘ及びＡは、本件不動産の共有持分を、Ｘが３分の２、Ａが３分の１と設定するとともに、両名を連帯債務者として、中央労働金庫等から計4000万円の借入れを行い、本件不動産に同額の共同抵当を設定した。

⑤　Ｘは、同25年８月頃から同28年４月頃まで、自宅を離れて単身赴任をしていた。

⑥　同26年３月31日22時を過ぎた後、ＸがＡにあらかじめ伝えることなく自宅に帰ると、２階のリビングにＹがいた。ＸがＹに名刺を求めると、Ｙはこれに応じてＸに名刺を渡した。その後、ＸがＹに退出を促すと、Ｙはそのまま退出した。

⑦　Ｘは、Ｙが退出した後、Ａに対し、「もうこんなことはやめてくれ」などと伝えたものの、この件についてそれ以上詳しい話をしなかった。

⑧　Ａは、同28年３月頃、友人との間で、Ｘ以外の男性と性交渉を伴う関係

にあることを前提としたLINEのやり取りをしていた。

⑨　Ｘは、同年４月終わり頃、単身赴任を終えて自宅に戻った。それからすぐ、Ｘは、Ａの携帯電話を見た際、上記⑧のLINEのやり取りの履歴を目にし、Ａを追及したところ、ＡはＹと不貞関係にあることを認めた。

⑩　ＸとＡは、その後、双方の代理人を通じて離婚に向けた協議を行い、同年12月28日、以下の各条項がある離婚協議書（以下「本件離婚協議書」といい、これによる合意を「本件合意」という）を交わして、協議離婚した。

第３条（謝罪・慰謝料）

1　乙は、甲との婚姻期間中における、Ｙ氏との不貞関係を認めて、甲に謝罪する（判決注:「甲」はＸを、「乙」はＡを指す。以下同じ。）。

2　乙は、前項の損害賠償（慰謝料）として、甲に対し、不法行為に基づく損害賠償債務（不真正連帯債務）のうち、乙の負担部分が300万円存在することを認める。

3　甲は、上記Ｙ氏に対しては、同人の負担部分についての損害賠償（慰謝料）のみを請求することとし、上記Ｙ氏から乙に対し求償権が行使されないよう配慮する。

第４条（自宅の所有権及び住宅ローン）

1　乙は、甲に対し、本件離婚による財産分与として、その共有持分を有する下記不動産（判決注：本件不動産を指す。）を譲渡し、同不動産について甲のために財産分与を原因とする所有権移転登記手続をする義務のあることを認める。

2　本件不動産の購入資金として甲及び乙が借り受けた借入金債務の平成28年12月24日現在の残債務金2707万0291円は、甲が支払うこととする。

3　乙は、前項の借入金が弁済されたとき、または、乙が同債務について連帯債務者及び連帯保証人の地位から免責されたときは、甲に対し、財産分与を原因とする所有権移転登記手続をする。登記手続費用は、甲の負担とする。

（以下省略）

第５条（放棄）

甲は、前条の所有権移転登記手続が完了されることを条件として、第３条２項の慰謝料請求権を放棄する。

第８条（清算条項）

甲及び乙は、本離婚協議書に定めるほか、何らの債権債務がないことを相互に確認する。

⑪　Ｘは、同年９月２日、Ｙに対し、ＹとＡの不貞行為によって被った精神的苦痛に対する損害賠償として300万円の支払を求める通知書を送付し、以降、ＸとＹは、双方の代理人を通じて和解交渉を行った。その後、Ｙは、同29年１月６日付けで、Ｘに対し、「Ａ様は、先進的な指導ができるため、これまで仕事の相談相手でありました。しかし、それ以上となった誤った行為の愚かさと責任の重さを悔いています。」「自分の行為がどんなに謝っても許されることではないと、十分承知しております。」との内容を含む直筆の手紙を交付したり、同年４月21日付けで、Ａと不適切な関係になったことを認め、謝罪する内容の条項を含む「合意書（案）」を交付したりした。

⑫　Ａは、同29年８月31日、Ｘに対し、Ａが有する本件不動産の共有持分（３分の１）について、同年１月８日財産分与を原因とする持分全部移転登記手続をした。

⑬　他方、Ｘは、同日、Ａの本件不動産の購入資金に係る借入金債務（本件離婚協議書第４条２項）につき免責的債務引受をし、その旨の抵当権変更登記手続をした。

⑭　本件不動産の査定額（平成31年時点）につき、Ｘは4727万円と算定した報告書を、Ｙは5621万3000円と算定した報告書を、それぞれ証拠として提出している。

以上の事実関係の下において、Ｘは本訴において、Ｙに対して慰謝料250

万円の支払を求めた。

争　点

本件において、Ｙは、「本件不動産の評価額は、5621万3000円と見積もられているから、離婚時の住宅ローンの残高がＸの主張［筆者注：2707万0291円］するとおりであったとしても、本件不動産は2900万円を超える価値がある。そして、本件不動産の持分割合は、Ｘが３分の２、Ａが３分の１であったから、夫婦の共有財産を清算する財産分与としては、ＸからＡに対して６分の１の持分に相当する財産が分与されるはずであるが、Ｘは、その負担を免れたのみならず、かえってＡが有する共有持分を取得している。このことからすれば、ＡからＸへの本件不動産の共有持分の譲渡は、夫婦財産の清算にとどまらず、損害賠償（慰謝料の清算）としてなされていることは明らかである。したがって、仮にＹがＸに対して損害賠償債務を負うとしても、当該債務は、Ａとの不真正連帯債務であるから、上記共有持分の移転登記が完了したことにより消滅した」と主張した。

これに対してＸは、「ＸとＡは、婚姻中、ＡよりＸの支出が圧倒的に多い状況にあったことの清算を含め、本件不動産の共有持分を譲渡する内容の財産分与を行ったものである。300万円という慰謝料額は、数字の上でも不貞行為の責任を認めることとするための名目上のものであって、Ｘには実質的な利益は生じていない。したがって、ＸとＡとの財産分与によってＹの損害賠償債務が消滅することはない」と主張し、争った。

裁判所の判断

本裁判例は、まずＹがＸに対して負うべき慰謝料額について、次のとおり判示した。

> ……ＹとＡは、Ｘにその親密な関係が一度発覚していたにもかかわらず、それから２年近く経った後、Ｘの単身赴任中に継続的に不貞関係にあったものであり、その結果、ＸとＡとの間の約７年にわたる婚

> 姻関係は破綻し、両者は離婚するに至ったものである。他方、ＹとＡの不貞関係が継続していたと証拠上認定できるのは数か月間にとどまり、ＸとＡとの間に子はない。これらの事情を含め、本件に顕れた一切の事情を考慮すれば、ＹとＡの本件不法行為によりＸが被った精神的苦痛を慰藉するための慰謝料（本件不法行為に基づく損害賠償債務）は、150万円が相当である。

次に、これとＸＡ間の財産分与との関係については、次のとおり判示し、ＸのＹに対する請求を棄却した。

> ……Ｘが、清算的財産分与としてＡから本件不動産の共有持分の譲渡を受けてその全部を取得するのであれば、Ａに対して本件不動産の実質的価値の２分の１程度に相当する額の清算金の支払を要することとなっていたものと見込まれるところ、上記のとおり、Ｘは、本件合意に基づいて、Ａから本件不動産の共有持分の譲渡を受けてその全部を取得したものの、本件不法行為に基づく損害賠償請求権のうち300万円を放棄するだけで、何らの清算金等の支払を要することはなかったものである。このようなことからすれば、Ｘは、本件不動産を取得することで300万円を優に超える経済的利益を得、これによりＡに対する本件不法行為に基づく損害賠償請求権のうち300万円について実質的な満足を得たと推認するのが相当であり、これを覆すに足りる証拠はない。
>
> そうすると、ＸとＡは、本件合意により、ＡのＸに対する本件不法行為に基づく損害賠償債務のうち300万円について、その支払に代えてＡがＸに本件不動産の共有持分を譲渡し、清算することとしたものとみるのが相当であり、ＡのＸに対する本件不法行為に基づく損害賠償債務は、ＸとＡのそれぞれが本件合意で定められた手続を完了したことにより、300万円の範囲で清算され、消滅したといえる。
>
> ……そして、……本件不法行為に基づく損害賠償債務は150万円が

相当であり、300万円を超えないから、ＡのＸに対する本件不法行為に基づく損害賠償債務は全て清算され、消滅したというべきであり、そうである以上、これと不真正連帯債務の関係にあるＹのＸに対する本件不法行為に基づく損害賠償債務も全て清算され、消滅したものといわなければならない……。

解　説

本件では、ＸＡ間でなされた離婚に伴う財産分与により、不貞慰謝料に関する清算も完了しているとして、ＸのＹに対する不貞慰謝料の請求は認められないと判断された。

不貞慰謝料は、Ａ及びＹがＸに対して共同して負う債務であり、一方が全額弁済すれば、他方の債務もそれに伴い消滅し（絶対効）、その後はＡＹ間での内部的な（加害者同士の）求償関係が残るだけである。

そうすると、本件では、実際にＡがＸに対して不貞慰謝料の支払を行ったわけではないものの、財産分与の中身を実質的に検討すれば、財産分与としてＡが受け取るべき清算金を受け取らず、その分がＸに帰属している以上、慰謝料の精算もその中で行われたと評価されたと言える。

本件のように、ＸＡ間の離婚に伴う財産分与によってＹがＸに対して負うべき慰謝料支払債務がどのような影響を受けるのかという点が問題となることがある。

ＸＡ間においてなされた財産分与によってＹのＸに対する慰謝料債務の消滅の効果が認められた裁判例として参考になると考え、紹介した次第である。

また、ＸＡ間の財産分与によってＹの慰謝料債務そのものの消滅までは認めず、それを慰謝料の減額事由と認めた裁判例として東京地判平成22・12・21平成21年（ワ）42763号公刊物未登載があり、「Ｘは、Ａとの調停離婚に際し、財産分与としてＸとＡが居住していたマンションのＡ共有持分の分与を受けたほか、解決金として実質額150万円の支払を受けることとなったこと、上記マンションはその後売却を余儀なくされたが、住宅ローンを精算した残額として約1100万円がＸの手元に残されたことが認められるところ、かかる事情によってＸの上記精神的損害は一定程度慰謝されたものと解するのが公平である」と判示した。

28. ＸＡ間の離婚給付と不貞慰謝料との関係②

東京地判令和２・１・24平成31年（ワ）1731号公刊物未登載
〔29059067〕

事案の概要

① ＸとＡは、平成24年９月９日に婚姻した夫婦であった。

② ＡとＹは、同29年10月ないし同年11月頃に知り合い、間もなく性交渉を伴う交際関係に至った。このとき、ＡはＹに対し、自分は既婚者であることを告げていた。

③ Ｙは同年末頃、Ａの子を妊娠したが、堕胎した。その頃、ＸはＡＹの交際を知った。

④ その後も、ＡはＹと交際を続けていた。同30年３月21日には、ＡがＹを殴るなどした事実で逮捕されたことがあったが、このときの示談金は、当初、Ｘが一時的に用立てた。

⑤ この後、ＸはＡから、Ｙとは別れたと聞いた。そこでＸは、同年５月８日、Ｙに、Ｘ代理人事務所において、Ｘ代理人の立会いの下、今後Ａとは会わないことなどを約する内容の念書を作成させた。念書作成に当たっては、Ｙは、Ａを通じて事前に文案を受け取っており、内容を了知できた。

⑥ その後、Ｘは、Ａとの婚姻関係を修復しようと努力したが、ＡはＸに対し、別れてほしいと言い続けた。そこで、ＸはＡとの関係の修復は困難であるとあきらめ、同年７月４日、離婚した。

⑦ 離婚に当たり、Ａは、同日、Ｘ代理人の事務所において、同日当時、Ｙとは完全に別れていること、今後も一切連絡を取らないこと、この約束を

破った場合には損害賠償金として100万円を支払うこと等を約する旨の念書を作成した。

⑧ XとAは、離婚に際して、離婚給付等契約公正証書を作成した。XとAは、本件公正証書において、AがYと不貞関係にあったこと、これによる慰謝料及びAのXに対する借入金債務等その他の各種の貸借関係の精算金として、AがXに対し合計350万円を支払う義務があること（ただし、この350万円の内訳については、特段決めていない）、財産分与すべき財産が互いにないこと、XとAとの間には、本件公正証書に定めるもののほかに何らの債権債務のないこと等を、それぞれ確認した。

⑨ しかしながら、AとYは別れておらず、同年11月22日頃までには同居するようになった。その後、AYは婚姻し、YはAの子を妊娠し、出産した。AがXと別れたがったのは、Yが妊娠していたためであった。

⑩ Xは、同31年1月28日、本訴訟を提起した。

以上の事実関係の下において、XはAYに対して不貞行為に基づく慰謝料として100万円（別途弁護士費用として10万円）の支払を求めるべく提訴した。

争　点

Xの主張に対して、Yは「Xの請求額は、慰謝料の相場やAの収入と照らしても、不相応に高いというべきである。また、AはXに対し、本件公正証書において350万円を支払う義務を負い、毎月、定められた分割金を支払っているところ、本件不貞行為の慰謝料はこの350万円に含まれているというべきである」と主張し、争った。

裁判所の判断

本裁判例は、次のとおり判示して、Yの上記主張を排斥した。

> ……Yは、Aがすでに離婚時に相当額の支払義務を負っており、毎月分割金を支払っていると主張する。これは、AYのXに対する債務

が不真正連帯債務であることを前提に、（一部）弁済の抗弁を主張するもの、あるいは、慰謝料額を低減すべき事情を主張するものと解される。

そこで検討するに、……離婚時給付の350万円は、慰謝料及びＡのＸに対する借入金債務等その他の各種の貸借関係の精算金という名目で掲げられているものの、ＡとＸとの間で、内訳を決めていたものではない。これにつき、Ｘは、Ａに対する貸付分の精算金という趣旨が大きい旨の供述をするところ、Ａに対するＸの貸付が450万円以上に上ること、Ａの言い分を容れてうち200万円については返済されたとしても、なお残額があること、……Ａは自己の事業においてほとんど売り上げを出すことができず、Ｘがその赤字を相当程度填補していたものといえること、婚姻中の家計は相当程度の割合でＸが担っていたと認められることに照らせば、離婚時給付の350万円が、上記貸付金のみならず、ＸのＡに対する経済的援助の精算であるとしても不合理ではない。そうすると、離婚時給付をもって、本件不法行為に基づく損害賠償債務についての弁済と認めるに足りないし、Ｘの被った慰謝料額を低減させる事情にもならないというべきである。

よって、Ｙの主張は採用できない。

解　説

本件では、ＸＡ間においてなされた離婚給付によって、ＹがＸに対して負う不貞慰謝料を減額させる効果が発生するかということが問題となった。

本裁判例はそれを否定したが、その理由としては、離婚給付の350万円の内訳が決まっていなかったこと、及び、ＸのＡに対する貸付金の精算としての意味であるとしても不合理ではないことが挙げられている。

したがって、これを逆に言えば、離婚給付の際にＸＡ間において、例えばその支払は不貞慰謝料のためのものであるということが明示されていた場合には、Ｙの主張が認められる余地があったということであろう。

ＸＡ間の離婚給付に関与した弁護士としては、このような点にも配慮して両者の合意書の作成を心がけるべきであろう。

なお、東京地判令和2・10・9令和元年（ワ）17539号公刊物未登載〔29061633〕では、ＸとＡが協議離婚する際に作成した公正証書には、「慰謝料的財産分与が行われたことを窺わせる記載はない」ことを指摘して、「ＡＸ間の財産分与により不貞慰謝料支払債務が消滅した」とのＹの反論を認めなかった。これも同様の考え方に立脚していると言えるだろう。

これに対して、東京地判平成22・12・21平成21年（ワ）42763号公刊物未登載は、ＡからＸに対し名目のない金銭の支払等が行われたという事実自体をもって慰謝料の減額事由として考慮していることが、次の判旨からわかる。

「Ｘは、Ａとの調停離婚に際し、財産分与としてＸとＡが居住していたマンションのＡ共有持分の分与を受けたほか、解決金として実質額150万円の支払を受けることとなったこと、上記マンションはその後売却を余儀なくされたが、住宅ローンを精算した残額として約1100万円がＸの手元に残されたことが認められるところ、かかる事情によってＸの……精神的損害は一定程度慰謝されたものと解するのが公平である……。」

29. 免除の効力

最判平成6・11・24判タ867号165頁〔27826393〕

事案の概要

① Ｘは、ＹがＸの夫Ａと不貞関係を持ち、このためＸＡ夫婦の婚姻関係が破綻したと主張して、Ｙに対して慰謝料300万円の支払を請求した。

② これに対して、Ｙは上記不貞関係を否定し、ＸはＹとＡが浮気をしたとの噂を近所の主婦らに振りまき、ＡはＸの邪推を否定することなくＸの上記行為を助長したとして、名誉毀損を理由に、Ｘ及びＡに対して500万円の損害賠償を請求した。

③ ＸとＡとの間においては、平成元年6月27日、離婚の調停が成立し、そ

の条項において、両名間の子の親権者をXとし、AのXに対する養育費の支払、財産の分与などが約された。

④　上記調停条項には、「〔筆者注：調停〕条項に定めるほか名目の如何を問わず互いに金銭その他一切の請求をしない」旨が定められていた。

以上の事実関係の下において、第一審（神戸地尼崎支判平成3・5・28平成元年（ワ）739号等公刊物未登載〔28173250〕）は、Xの請求を全部（300万円）認容し、Yの請求は証拠がないとして棄却した。これに対してYが控訴し、第二審（大阪高判平成4・7・15平成3年（ネ）1249号公刊物未登載〔28173249〕）は、Yの請求については第一審と同様棄却するも、Xの請求額を150万円に減額した。

これに対してXが上告したのが本件である。

争　点

大阪高裁が第一審の認容額をその半額に減額したのは次の理由によるものであった。すなわち、「Aの責任は必ずしもYのそれを超えるものとはいいきれず、……XはAに対しては、離婚に伴う慰藉料支払義務を免除したものというべきである。……YとAがXに対して負うべき損害賠償債務は不真正連帯債務であるところ、……両名にそれぞれ負担部分が存するものとみられるから、……調停の成立による債務免除は、Aの負担部分につき、Yの利益のためにもその効力を生ずるものというべきである。……Y固有の負担部分の額は150万円とするのが相当である」。

要するに、Xは、Aに対して離婚に伴う慰謝料を請求しておらず、それを免除したと言える。そしてその免除の効果はAのみならずYにも及ぶとして、Aの負担部分である150万円が差し引かれる結果、XがYに対して請求できる慰謝料額は150万円になるというのである。

これに対して、Xが上告し、AがXに対して負うべきなのは離婚慰謝料であり、Yが負うべき不貞慰謝料とは性質を異にするのにそれらを同一視することは不合理であること、XのAに対する免除の効果はYに対しては及ばないことなどをその理由として争った。

裁判所の判断

本件最高裁は次のとおり判示して、Xの主張した免除の効果の相対性を認め、原審を破棄した。

> ……［筆者注：調停］条項からは、XがYに対しても……免除の効力を及ぼす意思であったことは何らうかがわれないのみならず、記録によれば、Xは本件調停成立後4箇月を経過しない間の平成元年10月24日にYに対して本件訴訟を提起したことが明らかである。右事実関係の下では、Xは、本件調停において、本件不法行為に基づく損害賠償債務のうちAの債務のみを免除したにすぎず、Yに対する関係では、後日その全額の賠償を請求する意思であったものというべきであり、本件調停による債務の免除は、Yに対してその債務を免除する意思を含むものではないから、Yに対する関係では何らの効力を有しないものというべきである。
>
> そうすると、右と異なる見解に立ってXの請求を一部棄却した原判決は、共同不法行為者に対する債務の免除の効力に関する法理の解釈適用を誤ったものであり、この違法が原判決の結論に影響を及ぼすことは明らかである。この趣旨をいう論旨は理由があり、原判決中X敗訴部分は破棄を免れない。そして、以上に判示したところによれば、Xの本件損害賠償請求はすべて理由があることになり、これと結論を同じくする第一審判決は正当であるから、右部分に対する控訴は理由がなくこれを棄却すべきものである。

解　説

本判決により、不貞関係にあったＡＹに対してXが慰謝料請求権を有する場合において、XがAに対して免除しても、その効果はYには及ばないということが明らかになった。

これを講学上「免除の効果の相対性」というが、この点についての判断が第二審の大阪高裁とは正反対になっているのが特徴的である。

この判示内容を前提にすると、Ａに対する免除がＹに対する免除の意思をも含んでいると言えれば、Ｙに対しても免除の効果が及ぶと言えるが、本件では、Ｘは単にＡに対して免除をしたのみで、Ｙに対する免除の意思を含むものではないとして減額を認めず、Ｙに対して300万円全額の支払請求権を認めたと言える。

ただし、このようにＡに対する免除の意思表示が当然にＹには及ばないとしても、ＸがＡに対して不貞行為についての責任追及を行わないという姿勢自体が、Ｙの負うべき慰謝料の減額事由になると考えるべきではないかという問題点は残るだろう。

筆者はこの点について減額事由として評価すべきだろうと思うが、それを否定する下級審の裁判例も散見されることから、上級審での統一的な判断がなされることを期待したい。

なお、東京地判令和２・６・23平成30年（ワ）39245号公刊物未登載〔29060218〕は、「Ｘは、現在、Ａと離婚するつもりはないと述べ、Ａに対する宥恕の念を見て取ることができる」と指摘し、これを慰謝料減額の事情と評価しており、参考になる裁判例と言えるだろう。

この点に関連して、戦前の我が国の刑法では、夫が妻の姦通を縦容した（許した）ときは、告訴の効力がないと定められ、民法上も、夫が妻の姦通を宥恕したときは、離婚の訴えを提起することができないと定められていた。

この考え方を現代のＸのＹに対する不貞慰謝料に応用すれば、Ｘが配偶者を訴えず、Ｙのみを訴えるという訴訟類型では、ＸはＡを宥恕しているのと同視でき、これをＹの法的責任を消滅あるいは減少させる事情と評価すべきとの解釈論もあり得るだろう[6)]。

６）鈴木清貴「共同不法行為としての不貞行為―離婚慰謝料に関する最判平成31年２月19日民集73巻２号187頁を契機として」武蔵野法学14号（2020年）59頁以下参照

第11章　弁済の抗弁

30. 配偶者による弁済

東京地判令和４・１・20令和２年（ワ）4307号公刊物未登載〔29068896〕

事案の概要

①　X（1978（昭和53）年生）は中国籍の女性であり、平成30年６月29日にAと婚姻届を提出した。

②　令和元年６月頃、Yは、営業のためYの勤務先を訪れたAと知り合った。

③　Xは、同年６月27日から出産のため中国に里帰りし、同年に女児を出産した。

④　YはAから誘われ、同年８月14日に食事をした。その際にAは、家族について、妻と５歳になる子が岡山にいるが、子供のために入籍しただけで同居したことはなく、毎月20万円を養育費として支払っているので役割は果たしていると説明した。

⑤　その後、AとYは、同年９月21日、同月29日、同年10月９日、同月18日に会い、一緒に食事に行ったが、９月29日と10月９日にホテルで不貞行為に及んだ。

⑥　Xは、同年11月３日、中国から日本に戻り、同月６日頃、AとYが不貞関係にあることを知った。

⑦　同月10日、Yの携帯電話にXから電話があり、同月13日には、XからYに対し、慰謝料を請求するメールが送付されてきた。また、同日、XはYの勤務先を訪れ、従業員のBに対し、YがAと浮気をしていると述べ、A

が撮影したＹの写真を見せた。Ｙは、これらの経緯により、Ａの妻がＸであることを初めて知った。

⑧　同年12月２日、ＸはＹの勤務先を訪れ、Ｙがいることを確認して帰宅した。ＹはＡに連絡して、Ｘと電話で話すこととし、Ｙの携帯電話とＡの業務用携帯電話、Ｘの電話とＡの私用携帯電話とを同時につないで３者で話をした。その際、ＸとＹは言い争いになり、Ｂがその場を収めた。

⑨　同日、ＸはＹに対し、慰謝料500万円を請求する旨のメールを送ったが、このメールには、ＡがＸに対し、慰謝料として130万円を支払った旨の記載があった。ＹはＢに相談したところ、Ｂは、130万円を本当にもらったのかＸに確認することを提案した。Ｙは、電話で言い争いになったことから、Ｂに確認を依頼した。Ｂは同月３日にＸに電話をし、Ｙは電話のスピーカーで話を聞いた。ＸはＢに対し、Ａは130万円の慰謝料を既にＸに支払っている旨述べ、Ｙはこのやり取りを録音した。

以上の事実関係の下において、Ｘは弁護士に委任し、同２年１月８日、Ｙに対し、損害賠償を求める通知書を送付した。Ｙは弁護士に委任し、同月16日、これを拒絶する旨の通知書を送付した。同年２月19日、Ｘは本件訴訟を提起し、Ｙに対して慰謝料200万円（別途弁護士費用として20万円）の支払を求めた。ＹはＡに対し、同３年３月９日送達の訴訟告知書により、訴訟告知をした。

争　点

本件において、ＸはＹに対して200万円の不貞慰謝料（弁護士費用は別途20万円）の支払を要求し、その根拠として、「Ａと円満な家庭を築いていたにもかかわらず、ＹとＡとの不貞行為により、平穏な婚姻生活を侵害された。Ｘが被った精神的苦痛は甚大であ」ることなどを指摘した。

これに対して、ＹはＸの請求は認められないと反論し、その根拠として、「共同不法行為者であるＡが、不貞行為の慰謝料としてＸに130万円を支払っているから、Ｘの損害は填補されている」などと主張した。

裁判所の判断

裁判所は、Yの不法行為責任を認めたうえで、下記のとおり判示して、Xの請求を棄却した。

> ……XがYに送信したメール中に、Aが慰謝料として130万円をXに支払った旨の記載があること、Xは、Bとの電話でのやり取りにおいて、Aが130万円の慰謝料を既にXに支払っている旨述べていることによれば、共同不法行為者であるAが、Xに対し、不貞行為の慰謝料として130万円を支払った事実を推認することができる。
>
> そして、X及びAは、尋問が予定されていた第2回口頭弁論期日に出廷せず、本件全証拠によっても、YとAとの不貞行為によりXに130万円を超える損害が生じたことは立証されていない。
>
> ……よって、Xの請求は、理由がないからこれを棄却することと……する。

解　説

本件では、AY間の不貞行為についてYのXに対する不法行為責任が認められている。

他方で、AがXに対して慰謝料130万円を支払っている。

そうすると、Xとの関係で共同不法行為者となったAがXに対して弁済している以上、その効果はYにも及ぶことになる（弁済の絶対効）。

仮に、YがXに対して負担すべき慰謝料の額が130万円を超えていれば、その超過部分について、YはXに対して賠償義務を負うことになるが、裁判所はその慰謝料額が130万円を超えるとは判断していない。

したがって、AY間の不貞行為には不法行為が成立するものの、AがXに対して130万円を支払ったことにより、Yもまた責任を免れることになる。

ただし、支払を行ったAがYに対して求償権を行使することは可能であるが、これはAとYとの問題であり、Xには関係ないということになる。

なお、この「弁済の絶対効」については、東京地判令和元・12・18平成31年（ワ）1418号公刊物未登載〔29058388〕も次のとおり判示して、Xの請求を棄却した。「YとAは、不貞行為について共同不法行為者の関係にあるから、Y及びAがXに対して負う損害賠償債務は、いわゆる不真正連帯債務の関係にあるところ、当事者間において、少なくともYがXに５万円を弁済したこと、AがXに250万円を弁済したことに争いはない。そうすると、Xは、既にYとの関係で有する損害賠償請求権の全部について填補を受けたものと認められる。」

また、AとYとの責任割合については、東京地判令和３・３・16令和元年（ワ）33046号公刊物未登載〔29063687〕が次のとおり判示しており参考になる。「YとAの不貞関係は、もともとAがYの上司の立場において、違法なセクシャルハラスメント行為を行い、肉体関係を持ったことから発展したものであるが、Aも、Yとの肉体関係を解消することが不可能であったとまでは認め難く、本件和解においてXに対し謝罪しているものであり、こうした経緯や事情を踏まえると、共同不法行為に当たるYとAのXに対する不貞行為の責任割合は、Yが10%、Aが90%と認めるのが相当である。」

31. 示談成立後の弁済とその充当関係

東京地判令和３・10・22令和元年（ワ）30119号公刊物未登載〔29067340〕

事案の概要

① X（平成４年生、女性）とA（同３年生、男性）は平成28年７月23日、婚姻し、同29年に長男B（以下「B」という）が出生し、同30年８月28日、Bの親権者をXと定めて離婚した。

② XとY（同４年生、女性）は、いずれもａ看護科の出身で、同25年３月に看護科を卒業し、ｂ病院に看護師として就職した。ｂ病院には両名のほかにも共通の知人らが３人程度就職していた。Yは、Xを含む看護科の同

窓生とは必ずしも親密な交流をする関係ではなかったが、仕事上での接点があったり、私的な会合で顔を合わせたりするような機会はあった。

③ 同28年３月頃、Ａが理学療法士としてｂ病院に転職してきた。

④ Ｘは、同29年１月頃から産休に入り、同年にＢを出産し、育休を取得後、復職することなくｂ病院を退職した。ＸとＡの婚姻関係は、当初は良好であり、同30年３月３日には新居に転居し、Ｂの１歳の誕生日には家族３人で遊園地に遊びに行き、自宅で誕生日のお祝いをした。

⑤ Ｙは、Ａが転職してきた当時、仕事を通じてＡとよく会話をするようになった。Ｙは、ＸがＡと婚姻したことは婚姻当時から認識していた。

⑥ ＹはＡから、職場で結婚生活についての愚痴を聞くということがあったが、同29年10月頃にＹの異動に伴いＡと仕事上関わる機会が増え、Ａからの愚痴を聞くことも増えてきて、同年12月頃にはＡから２人で飲みに行こうと誘われることもあった。Ｙは、同30年２月頃、ｂ病院の喫煙所でＡから離婚したことを聞かされた。

⑦ 同年３月後半頃、ＹはＡから、Ｘとは同年２月に離婚したが調停で親権を争っているということを説明され、依頼しているとする弁護士の名前を聞き、名刺も見せられた。そのうえで、Ｙは、Ａから付き合ってほしいと告白された。Ｙは一旦は回答を保留し、Ａから見せられた名刺の弁護士の名前をインターネットで検索し、実在する弁護士であると確認するなどし、Ａから聞いた話は本当のようだと思うようになった。

⑧ その後も、ＡとＹは、２人で会うようになり、ＹはＡから、子供の親権者はＸに決まり、養育費も支払うことで話がついたということを聞かされ、再度交際を申し込まれた。

⑨ Ｙは交際を承諾し、同年４月には、Ａとの間で性的関係を持った。ＡとＹとの性的関係はその後も継続し、当初は避妊していたが、同年６月頃以降は避妊しないようになった。

⑩ ＡとＹが交際を開始した後、Ａは頻繁にＹ宅を来訪するようになり、当初は宿泊まではせずに帰宅していたが、同年４月後半頃になると、頻繁に宿泊するようになった。

⑪　同年３月末頃から、ＡのＸ宅への帰宅が深夜になることが生じ始め、同年４月初め頃には、週に１、２回程度は深夜に帰宅するようになり、ＸとＡが口論することがあった。ＡはＸに対し、Ｘはストレスがあるのではないかと気遣うようなことを言い、ゴールデンウィークに合わせてＸの実家に帰省することを勧め、Ｘはこれに応じて、同月21日からＢとともに実家に一時的に帰省した。帰省中、ＸとＡは電話やLINEでやり取りをしていたが、口論をしては仲直りを繰り返すような状況であった。

⑫　同月29日、Ｘが自宅に戻ると、Ｂの写真が伏せてあり、室内が綺麗に掃除されていたため、ＸがＡに事情を聞くと、Ａは女性の友達が子供を連れて遊びに来ただけであるなどと説明した。ＸはＡの浮気を疑ったが、Ａを信じたい気持ちも強く、この時点ではそれ以上問題にはしなかった。

⑬　Ａはゴールデンウィーク頃には外泊をするようになっていたが、次第に外泊の頻度やＸとの口論の頻度も増え、「離婚」という言葉が発せられることもあった。同年５月13日には、ＸがＡの服から遊園地のチケットの半券を発見し、Ａの車のナビを操作すると遊園地やその近郊のホテルなどを検索した履歴が見つかるということがあった。ＸはＡの浮気を間違いないと思うに至ったが、そのうち浮気をやめて戻るかもしれないと考え、しばらく様子を見ることにした。ところが、その後の同月18日、Ａが職場から帰宅した後、夜間に再度自宅を出ようとしたため、Ｘは、Ａに上記の遊園地の件を指摘して浮気について問い詰めたところ、ＡはＹと２人で行ったことを認めるに至った。

⑭　もっとも、ＸはＢのためにも離婚をしたくないと考えており、Ａに浮気をやめるよう迫ることはせず、その後もＡとの間で性交渉を持ち、同月後半頃には２人目の子供を作ることが話題になることもあった。同年６月半ば頃には、ＸとＡは話し合いをし、一旦は２人でやり直すことを決めた。

⑮　同月18日頃、Ｙの母が上京することになり、Ｙにおいて、Ａとの交際についてＹの母に話すかどうかをＡと相談していたところ、Ａが慌ててＹ宅を訪れ、同年２月にはＸとの間で離婚の話がまとまっており、離婚届をＸに渡していたのに、Ｘから離婚届が提出されていなかったことをＹに伝

え、「Ｘと話合いをしてくる」などと言ってＹ宅を出るということがあった。Ｙは離婚届が提出されていなかったことを聞いて不安に思ったが、その後、Ａから「大丈夫」との回答を得て、それまで以上にＡがＹ宅に頻繁に泊まるようになったため、ＸとＡとの間の離婚届が提出されて、問題は解決したものと考えた。

⑯　Ｙは、同年７月５日頃、妊娠検査薬でＡとの間の子を妊娠していることを知り、結婚を前提にＡと同居できる引っ越し先を探すことになり、双方の親も公認の下、Ａとの結婚に向けて準備を進めていたが、同31年１月にＡとの間で口論になり、Ａが一方的に、Ｙに対し、「Ｙが妊娠した子の父が自分ではないのではないか」などと言い出して、Ｙ宅を出て行った。その後、ＡとＹは破局するに至った。

⑰　同30年７月初め頃、Ｘの看護科の同窓生でｂ病院に看護師として勤務していた知人らが、ｂ病院内でＹがＡの子を妊娠したと噂になっていると教えてきた。Ｘはその知人らに依頼してＡとＹに事情を聞いてもらったところ、Ｙは妊娠した事実は認めたが、父親が誰かは話さず、Ａは「自分の子ではないと思う」と答えたとのことであった。

⑱　その後、ＡがＸに、Ｘが生活費のために管理していたＡの給与の振込先銀行口座のキャッシュカードを渡すよう求め、Ｘが応じたということがあり、ＸはＡとの離婚を決意するに至り、仕事や転居先を見つけ、同月26日、Ｂとともに新居に引っ越して、Ａと別居した。そして、同年８月28日、協議離婚した。

⑲　Ｙは、同31年２月25日、Ａとの間の子を出産し、子とともに実家に帰った。

⑳　Ａは、同年３月19日、認知した。

㉑　令和元年５月30日頃、Ｘは代理人弁護士を介して、ＡとＹに対し、両名の不貞行為がＸに対する共同不法行為に当たるとして、慰謝料500万円を連帯して支払うことなどを求める内容証明郵便を送付した。

㉒　同年10月３日、ＸはＡとの間で、ＡがＸに対し、平成30年４月頃にＹと不貞行為をし、これによりＸとＡとの婚姻関係を破綻させたことを認める

こと、Xに対し損害賠償として500万円の支払義務があることを認め、示談成立の日から1か月以内にうち135万円を支払うこと、Aが期限までに上記135万円を支払ったときは、XはAに対し、その余の支払義務（365万円）を免除すること、などを内容とする示談（以下「本件示談」という）をし、Aは、本件示談成立後、Xに対し、上記135万円を支払った。

以上の事実関係の下において、Xは、令和元年11月8日、Yに対し、不貞慰謝料として415万円（弁護士費用含む）の支払を求める本件訴訟を提起した。

争　点

本件では、AがXに対して支払った135万円がXのYに対する不貞慰謝料請求権にどのように影響するのかということが問題となった。

この点について、Xは、「本件示談において、XとAは、YとAの不貞だけでなく、これを原因とする離婚そのものも同時に解決したものである。不貞相手の負担する不貞慰謝料に係る債務と配偶者が負担する離婚慰謝料に係る債務は、共同不法行為に基づく不真正連帯債務の関係に立つところ、通常離婚慰謝料の方が不貞慰謝料より多額になると考えられるから、不貞相手と配偶者は不貞慰謝料の金額の範囲内で連帯債務を負うことになる（一部連帯）。一部連帯の場合に、全損害について賠償責任を負う者が一部弁済した場合には、まずこの者が単独で賠償責任を負う損害について填補され、残額があれば、他の連帯債務について充当されると解するのが、民法の弁済充当の規定と整合し、双方の合理的意思にも適った処理となり、妥当である」と主張した。

これに対して、Yは「本件示談成立後のAによる135万円の支払は、不貞慰謝料（離婚原因慰謝料）の弁済として合意されていたものというべきである。また、民法の法定充当の規定からも、上記135万円は不貞慰謝料に弁済充当されるものと解すべきである。したがって、仮にYにXに対する不貞慰謝料の支払義務が発生する場合であっても、本件示談成立後のAによる135

万円の支払により、135万円全額が、ＹとＡがＸに対して不真正連帯債務として負う不貞慰謝料の支払債務に弁済充当される」と主張した。

要するに、ＡがＸに対して支払った135万円が全額ＸのＹに対する慰謝料請求権に影響するのか否かが問題となったのである。

裁判所の判断

裁判所は、まずＹがＸに対して負う不貞慰謝料の額を200万円（別途弁護士費用20万円）とした。

そして、ＡがＸに対して支払った135万円については、「ＸとＡとの間では本件示談が成立しているところ、本件示談に係る示談書の第４項は、本文において、Ａの期限内におけるＸに対する135万円の支払を条件に、ＸにおいてＡに対するその余の支払義務を免除する旨を、同項のただし書は、上記支払義務の免除によってもＡのＹに対する求償権には何ら影響しない旨を、それぞれ定めており、これらを合理的に解釈すれば、ＡがＸに対して上記135万円を支払うことにより、ＡのＹに対する求償権が発生することが当然の前提となっているものと理解される。また、上記135万円の支払が一部連帯部分（不貞慰謝料に対応する部分）に先に充当される方が、弁済者であるＡにとって利益となり（ＡのＹに対する求償債務の額が少なくなり、ＡからＹに対し求償権を行使することも可能となる。）、弁済者の合理的意思にも合致する。以上の事情を総合考慮すると、本件示談成立後にＡからＸに支払われた135万円については、その全額が、一部連帯部分（不貞慰謝料に対応する部分）に充当されると解するのが相当であり、同額の弁済充当の結果、ＹのＸに対する不貞慰謝料に係る損害賠償債務は、135万円減額される結果となる。……したがって、上記弁済充当後のＸの損害額は、85万円（220万円－135万円）となる」と判示して、135万円全額の充当を認めた。

解　説

本件では、ＸＡ間の示談に基づいてＡがＸに対して支払った135万円がＸのＹに対する不貞慰謝料請求権に充当されるか、充当されるとしてその割合が全額なのか一部なのかということが問題となった。

そして、本裁判例は、本示談書の内容に即して弁済者（A）の合理的意思を検討し、それに合致する解釈として全額の充当を認めるべきとする見解を採用したと言える。

本件は１つの事例判断であり、個々の示談書の書き方、内容によってはまた別の結論に至ることもあり得るだろうが、示談書を交わした者の合理的意思を探究して結論を導くという考え方は訴訟代理人としても身に付けておくべきであろう。

第12章　消滅時効等の抗弁

32. 消滅時効の起算点

東京地判平成28・8・10平成27年（ワ）2298号公刊物未登載
〔29019649〕

事案の概要

① X（昭和44年生）はA（同42年生）と平成11年5月29日、婚姻し、2子をもうけた。

② 医師であるAは、同16年4月、a病院（以下「勤務病院」という）に転勤し、同病院で看護師として勤務していたY（昭和45年生）と出会った。

③ XとAは平成16年7月当時、自宅において、2人の子らを監護、養育しながら婚姻共同生活を営んでいたものであり、その当時、夫婦の間で性交渉はなかったものの、家族4人で寝室を共にするなどして生活していた。

④ Aは、同月、職場の宴会終了後、Yをホテルに誘い、Yと性交渉に及んだ。それ以降、AとYは、Aが勤務病院の当直を担当する日に当直室で性交渉に及ぶなどして、不貞関係を継続させていた。

⑤ YとAが不貞関係を持つようになって以降、夜間、Aの携帯電話にYから電話がかかってきたり、電子メールが送信されたりするようになり（以下、これを「架電・メール送信」ということがある）、不審に思ったXは、この電子メールの内容を確認したところ、Aの名前を呼び捨てにして肉体関係を疑わせるメッセージが当直明けの夜に送信されているのを発見したことから、Aにこれを問いただした。これについて、Aから、Yは精神異常者であるから気にしないよう言われ、Xにおいても、まさか病院の当直室で医師と看護師が性交渉に及んでいるという想像には及ばず、上記メッ

セージもＹの虚言にすぎないと思っていた。Ｘは、こうした迷惑行為について、Ｘの友人で、かつ勤務病院におけるＹの上司に当たる看護師長のＥに相談するなどしていた。

⑥　しかし、それ以降も、Ａの携帯電話にＹから頻繁に架電・メール送信がされる状況が続き、同21年当時、日に幾度となくＹからの架電・メール送信が繰り返されることに不審を募らせていたＸは、Ａとの間で夫婦げんかが絶えないようになっていたが、他方で、Ａにおいても、Ｘや子らの前では、Ｙからの架電・メール送信について迷惑がる態度をみせて着信を拒否するなどしていたことから、Ｘは、ＹのことをＡに対して迷惑行為を繰り返すストーカーと認識していた。しかし、実際には、Ａも密かにＹに架電・メール送信をするなどして連絡を取りあいながらＹとの不貞関係を継続させていたものであった。また、ＹもＡから、Ｘに対しては不貞関係を隠すためＹのことを単なる迷惑行為者にすぎないと装っていることを聞いており、Ｙ自身、Ｘから直接電話や電子メールで苦情や警告を受けたこともたびたびあったが、Ａから、Ｘには自分が対応すると言われていたことから、ＹはＸからの苦情や警告に対しては着信を拒否するなどして一切これを無視する一方で、Ａとの関係を継続するため、架電・メール送信を続けていた。

⑦　Ｙは、同16年12月頃妊娠し、Ａが中絶同意書に署名して中絶するに至ったが、同17年末頃再び妊娠し、同18年、長男を出産した。

⑧　その後、Ａは、Ｙの育児休暇中もＹの居住するアパートを訪れるなどしてＹと密会していたほか、Ｙが同19年３月頃、勤務病院を退職し、福島県の実家に戻って以降も、Ａが月１回当直のアルバイトのため茨城県の病院に出向いた際に当地のホテルでＹと密会するなどして、不貞関係を継続させていた。そうした中、ＡはＹから再び妊娠したことや、その後流産したことを告げられた。

⑨　ＸはＡの通話記録を見て、３、４日に一度ＡからもＹに電話をしていることが判明したほか、Ｙが夏休みに子連れで遊園地に遊びに来た際に宿泊するホテルをＡに予約させていたことが判明し、同22年11月22日、Ｙに対

して送信した電子メールで、ホテルの予約は密会のためではないかなどと追及するとともに、場合によっては探偵や弁護士に依頼するなどして、Yに対し、慰謝料の賠償を求める意向がある旨警告したが、Yから何らの返答もなく、結局このような措置は講じていなかった。他方で、Xは、その頃、Aに携帯電話の番号を変更させたが、実際には、A自身がYの要求により変更後の番号を教えていたことから、再びYから架電・メール送信がされるようになった。

⑩ Aは、同年12月、Yの依頼した弁護士から長男の認知と養育費の支払を求められたことから、Xへの発覚をおそれるあまり、精神的に不安定となり、自殺を図ろうとしたこともあった。しかしAは、こうした事態に至っても、Xに対してはあくまでYとの関係を否定するとともに、Yがシングルマザーかつ精神異常者でかわいそうな人だから、無視していればよいなどと述べていたほか、Xに二度と勝手に携帯電話を見ないよう約束させ、その約束を破ったら離婚すると告げていた。Xは、なぜAがYを擁護するのか理解できず、また、Aのあまりの変貌に強いストレスを感じて、Aに対して離婚を申し入れたこともあったが、Aから改めてYとの関係を否定されるなどして、思いとどまっていた。

⑪ Xは、その当時相談相手となっていたE看護師長の助言で、同月29日、Yの架電・メール送信による迷惑行為について警察署に相談へ行き、警察からストーカー行為又は迷惑防止条例違反に当たる可能性があると指摘され、着信時間をメモすることなどを勧められたが、警察沙汰を望んでいなかったAからは、これ以上騒ぎを大きくするなら離婚すると釘をさされた。一方で、Xは、その頃、E看護師長との間で取り交わしていた電子メールの中で、警察に相談する関係で、Yの名と住所等を勤務病院から聞いてほしいと依頼していたが、他方で、E看護師長からは、Aに不倫関係はなく、単に良い人として好かれているだけだと思うなどという助言を受け、X自身も、夫が絶対不貞関係はないと言うので、信じたいなどと述べるとともに、夫の性格から女にのめり込んだりするとは思わないが、携帯電話の番号を変えてもYがストーカー行為を繰り返すから、夫を乗っ取ら

れるのではないかと心配であるなどと述べていた。その後、ＸがＥ看護師長に送信した電子メールの中でも、警察への相談に反対する夫の態度に理解ができず、夫がＹをかばう態度を続ける限り、離婚も仕方がないと思っているが、家庭円満のためには自分が知らない顔をするしかないかなどと戸惑いの心情を述べていた。

⑫　ＹとＡの不貞関係は、同年８月から同23年４月までの間には終了していた。その後、Ｘは、同24年11月14日、家庭裁判所から認知等調停の通知がＸ方に届いた際、これを開封してその内容を知るに至ったが、現在までＡとの婚姻共同生活を続けている。結局、Ａは、認知等調停において長男の認知をした。

⑬　Ｘは、同27年１月29日、慰謝料300万円の支払を求めて本件訴訟を提起したが、Ｙは、本件口頭弁論期日において、Ｘに対し、損害賠償請求権の消滅時効が完成したと主張して、これを援用する旨の意思表示をした。

以上の事実関係の下において、ＸがＹに対し、不法行為による損害賠償請求権に基づき慰謝料300万円の支払を求めて提訴した。

争　点

本件の争点は多岐にわたるが、ここで主題にしたいのは消滅時効の完成の成否である。すなわち、Ｙは本訴において、次のとおり主張した。

> Ｘは、平成16年７月の時点で既に、ＹからＡの携帯電話に、性的関係を疑わせる内容め［筆者注：原文ママ］電子メールが当直明けの夜に送信されていることを知っていたほか、その後も頻繁にＹからＡに電話がかかってきたり、電子メールが送信される状況が継続する中で、ＡがＹのためにホテルを予約するなどしていたことを知り、平成22年11月、Ｙに対して送信した電子メールにおいて、ホテルの予約は密会のためではないかなどと追及しつつ、探偵や弁護士に依頼して損害賠償を請求しうる状態にあることを警告していたほか、同年12月に

は、こうした親密な関係を目の当たりにしてAに離婚を申し入れるなどしていたことから、遅くともその時点で、YとAが不貞関係にあることを認識していたことは明らかである。その上で、Xは、平成23年1月には、勤務病院側から、Yの名や住所等の情報を得るに至った。これらによると、Xは、平成23年1月ころには、Yに対する本件損害賠償請求が事実上可能な状況のもとに、その可能な程度にこれを知ったということができるから、その時点から起算して3年後の平成26年1月の経過をもって消滅時効が完成した。

裁判所の判断

裁判所は次のとおり判示して、Yの主張を認めなかった。

民法724条にいう「損害及び被害を知った時」とは、被害者において、加害者に対する賠償請求が事実上可能な状況の下に、その可能な程度にこれらを知った時を意味するものと解するのが相当である（最高裁昭和48年11月16日第二小法廷判決・民集27巻10号1374頁参照）。そして、被害者が、損害の発生を現実に認識していない場合には、被害者が加害者に対して損害賠償請求に及ぶことを期待することができないが、このような場合にまで、被害者が損害の発生を容易に認識し得ることを理由に消滅時効の進行を認めることにすると、被害者は、自己に対する不法行為が存在する可能性のあることを知った時点において、自己の権利を消滅させないために、損害の発生の有無を調査せざるを得なくなるが、不法行為によって損害を被った者に対し、このような負担を課すことは不当である。他方、損害の発生や加害者を現実に認識していれば、消滅時効の進行を認めても、被害者の権利を不当に侵害することにはならない。こうしたことに照らすと、同条にいう被害者が損害を知った時とは、被害者が損害の発生を現実に認識した時をいうと解する（最高裁平成14年1月29日第三小法廷判決・民集56巻

1号218頁参照)。

……これを本件についてみると、……Xは、平成16年7月以降、Aの携帯電話にYから頻繁に架電・メール送信がされるようになったことから、不審に思い、この電子メールの内容を確認したところ、Aとの性交渉を疑わせるメッセージがAの当直明けに送信されているのを発見し、Aに問いただしたが、Aからは、Yは精神異常者だから気にしないよう言われ、Xにおいても病院の当直室で医師と看護師が性交渉に及んでいるという想像には至らなかったことから、Yの虚言にすぎないと認識していたのである。それ以降も、日に幾度となくYの架電・メール送信が続いたが、A自身がXや子らの前では迷惑そうな態度をみせながら着信を拒否するなどしていたことから、Xにおいては、YのことをAに対して迷惑行為を繰り返すストーカーにすぎないと認識していたのである。その後、Xは、Aの通話記録を見て、AからもYに電話をしていることが判明したほか、AがYのためにホテルを予約していることが判明したことから、平成22年11月、Yに対し、Aと密会しているのではないかなどと追及するとともに、探偵や弁護士に依頼するなどして慰謝料を求める意向がある旨警告したのである。しかし、この時点でも、Aは、あくまで不貞関係の存在を否定し、Yのことをシングルマザーかつ精神異常者で、かわいそうな人だから、無視していればよいなどと述べていた。Yにおいても、Aから、Xに不貞関係を隠すため、Yが単なる迷惑行為者にすぎないと装っていることを聞いており、Xから直接苦情や警告を受けても、その関係を明かさず、一切これを無視しながら、Aへの架電・メール送信を繰り返すなど、Aの偽装に同調していたとみられるのである。こうしたことから、Xは、上記のとおりYとAの関係を疑いながらも、実際には、探偵や弁護士に依頼するなどして不貞関係の調査をすることもなく、あくまでYが迷惑行為者であるという認識のもと警察署にかかる迷惑行為の相談をしたにとどまるのである。そのころ、Xが相談相手であるE看護師長との間で取り交わしていた電子メールの中でも、Ｙの勤務先の上司であったＥ看護師長から、ＡとＹとの間に不貞関係はないと思われるとの助言を受けて、Ｘ自身も、不貞関係はないと信じたいと述べるなどしていたほか、その当時、Ｘが一旦は離婚を覚悟するまでに至ったのも、あくまでＡがＹをかばう態度をとることが理解できなかったことによるものであって、両者の間に不貞関係があるとの確証を得ていたからではないとうかがわれる。実際、Ａによるホテルの予約についても、Ｙが夏休みに子供連れで遊園地に遊びに来る際に宿泊するホテルを予約したというにとどまり、それ自体は、両者の間に何らかの関係があることを疑わせるものであるとしても、直ちに不貞関係の存在を裏付けるものではなく、他に、その当時、Ｘにおいて、不貞関係の存在を示す確たる事実や証拠を把握していた形跡はみられないのである。こうした状況の下で、上記のとおりＸがＡの不合理な弁解を疑いながらもＹとの間に不貞関係はないと信じていたのは、妻の心情として無理からぬところがあるというべきであり、直ちにこれが不自然であると断じることはできない。

……以上で検討したところによれば、平成24年11月に認知等調停の通知がＸ方に届く以前の段階で、Ｘにおいて、ＹとＡの不貞関係に係る事実を現実に認識していたものと認めるに足りない。そうすると、Ｘが上記の際に認知等調停の申立書を見て不貞関係の存在を知った時から起算して本件訴訟の提起まで３年が経過していないから、消滅時効は完成していない。

解　説

不貞慰謝料請求訴訟において、本件のように、Ｙから消滅時効の抗弁が提出されることは少なくないと言える。本件の判断を前提にすると、ＸがＡＹ間の不貞行為の存在を知った時が消滅時効の起算点ということになる。

本件の事実経過からすると、ＸはＡＹ間に不貞関係があることについての確証が持てない期間が一定程度続いていたことは理解できるから、その段階で消滅時効の起算が始まるというのでは確かにXには酷であろう。

そして、本裁判例は、平成24年11月に認知等調停の通知がX宅に届いた時点をもって、AY間の不貞関係の事実をXが知ったとして消滅時効の起算点としたのである。

しかしながら、これについても、あくまでもX宅に届いたのは調停の通知であり、この通知によってAY間に不貞行為が存在したということが確定するわけではない以上、この時点をもってXが「AY間の不貞行為の存在を知った時」と認定するのは1つの擬制にすぎないように思われる。

このように、消滅時効の起算点である「知った時」（民法724条）というのは、当事者の主観である以上、その認定は極めて微妙でありかつ困難であると言えるだろう。

いずれにしても、Xの側からすれば、AY間の不貞行為の存在を疑い、これを知った時点から提訴までの間の時間が空きすぎていると、Yからこの抗弁が提出されることを覚悟しなければならなくなるという点で要注意であろう。

33. 不貞訴訟と除斥期間

東京地判令和2・6・11平成30年（ワ）31871号公刊物未登載〔29060392〕

事案の概要

① Xは昭和12年生の女性であり、Aは同年生の男性である。

② X及びAは、同37年4月10日、婚姻し、長女（昭和38年生）、二女（同40年生）及び三女（同47年生）をもうけたが、平成28年1月19日、離婚した。

③ Yは昭和23年生の女性であり、同53年から平成6年までの間、松山市内において、「b」という名称の接待飲食店（クラブ）を、昭和62年から平成元年頃までの間、同市内において、「c」という名称の京懐石を提供する飲食店を、それぞれ経営していた。

④　Ａは、昭和57年頃の約２年間、株式会社ａ（以下「本件会社」という）松山支店に単身で赴任して勤務していた。Ａは、その頃Ｙと知り合い、不貞行為（本件不貞行為）に及ぶようになった。

⑤　Ａは、同59年、住宅ローンによる借入れを行って、Ｘ肩書地所在の居宅（以下「本件居宅」という）を建て直し、以後、そのローンの返済を行っていた。

⑥　Ａは、本件会社の松山支店から離任した後も、少なくとも年に数回、「ｂ」を訪れて飲食するなどし、その際にＹと会っていた。

⑦　Ｙは、同63年、Ａとの間の子であるＥを産み、同年末頃、Ａに対し、Ｅを認知することを求めたが、Ａはこれを拒否した。

⑧　Ａは、同年４月26日から平成29年３月13日までの間、Ｙに対し、別紙送金一覧表の「年月日」欄に記載の各年月日に、これに対応する「金額」欄に記載の各金員を送金した（なお、具体的な金額については不詳）。

⑨　Ｘの父は同元年に死亡し、Ｘは、同４年頃、亡父の遺産として約6000万円に相当する株式と約4000万円の現金を取得した。ＡがＸに対し、光熱費を含めて１か月10万円程度の生活費を渡すにとどまったことから、Ｘは、亡父の生前、同人から生活費の援助を受けており、同人の死後も、取得した上記遺産を取り崩して生活費に充てていた。

⑩　Ａは、同８年頃、Ｙに対し、Ｅにしっかりとした教育を受けさせたい、Ｅと会う機会を作りたいなどと述べて、Ｅとともに市川市に転居することを求めた。これを受けて、ＹはＥとともに市川市に転居した。Ｙの当初の転居先はＡが指定した賃貸住宅であったが、Ｙは１年程度が経過した後、同市内に一軒家を購入し、同所においてＥとともに生活するようになった。

⑪　Ｙは、松山市から市川市に転居する際、手持ちの財産を処分しており、3000万円程度の現金を有していた。Ｙは、市川市に転居後、就職したことがない。

⑫　Ａは、同９年に本件会社を定年により退職した後、同社に再就職して同11年頃まで勤務していたが、同12年頃、別の会社に就職した。Ａは、同20

年頃、給与収入を全く得なくなり、以後、年金及び雑収入を得ていた。

⑬　Ａは、同９年４月４日、Ｙに対し、1200万円を送金した。

⑭　Ｙは、同17年頃、上記⑩の一軒家を売却した。

⑮　Ｙ及びＥは、同27年10月頃、Ａに対し、Ｅを認知することを求め、Ａは、同年11月６日、Ｅを認知した。

⑯　Ｘは、同年12月頃、本件居宅において、ＡがＹに送金していたことを示す資料を発見した。その後、ＸはＡの戸籍を取得して、Ａが上記⑮のとおりＥを認知したことを知り、同時期に、Ａが銀行のカードローン等により多額の債務を負っていることも知った。

⑰　ＸがＡに離婚を求め、Ａが直ちにこれに応じたことから、Ｘ及びＡは、同28年１月19日、離婚した。

⑱　Ａは、Ｘと離婚した後も本件居宅においてＸと同居していたが、同29年４月、老人ホームに入居した。

以上の事実関係の下において、Ｘは、主位的に、ＡとＹとの不貞行為により、予備的に、Ｙにおいて、Ａには扶養すべき妻と３人の子があることを知りながら、漫然と、Ａから過大な送金を受け続けていたことにより、精神的苦痛を受けた旨を主張して、Ｙに対し、不法行為による損害賠償請求権に基づき、慰謝料1000万円の支払を求めて提訴した。

争　点

本件においては、ＡＹ間の不貞行為がいつ終了したのかということが争点となり、Ｘは「本件不貞行為は、Ｘ及びＡが離婚した平成28年１月19日まで継続した。Ｙは、Ａに惚れ込み、自ら経営していた飲食店を閉めて、Ａの居住する首都圏（千葉県市川市……）に転居し、Ａは、定期的にＹの住むマンションを訪れ、時には宿泊もして、Ｙとの交際を継続した。ＡがＹに対し継続的に多額（総額9420万8000円）の送金を行っていたことや、Ａ及びＹが両者の関係をＸに対し秘匿し続けていたことは、本件不貞行為が解消されることなく継続していたことを裏付ける事情といえる」と主張した。

これに対して、Yは「本件不貞行為は、遅くとも昭和63年末頃には、Y及びAが不貞関係の解消を合意したことにより、終了した」と主張した。

裁判所の判断

本裁判例は、次のとおり判示して、Xの主位的請求を認めなかった。

> ……A及びYは、昭和58年頃、性交渉又はこれに準じる行為に及ぶようになったところ、Xは、A及びYのこのような関係が、Xの離婚時まで継続していた旨を主張する。これに対し、Yは、上記関係が昭和63年末頃まで続いていたことは認めるものの、それ以降も続いていたことを否認し、当該主張に沿うYの陳述書……の記載及び本人尋問における供述……もある。
>
> そこで検討するに、Xは、AがYに対し多額の送金を継続的に行っていたことがA及びYの不貞関係の継続を裏付けるというが、Aにとって男子がEのみで、Y及びEの市川市への転居がAの働きかけによって実現したという事情に照らすと、AにおいてEの養育費を含む生活費をYに送金し続けたことが不自然であるとはいえず、AがYに対し多額の送金を継続的に行っていたことをもって、AとYとの間に性交渉又はこれに準じる行為が継続していた事実が推認されるものとは評価できない。(中略)
>
> そうすると、AとYとの間の通話記録……を含め、本件全証拠及び弁論の全趣旨によっても、平成元年初め以降、AとYとの間に性交渉又はこれに準じる行為があったことを認めるに足りず、この点に関するXの主張は、採用することができない。
>
> ……本件不貞行為は、A及びYのXに対する共同不法行為となるものであるが、その終期は、昭和63年末頃であると認められる。そうすると、当該時期が、民法724条後段所定の除斥期間の起算点である「不法行為の時」に当たることから、上記共同不法行為に基づく損害賠償請求権は、20年の除斥期間が経過したことにより、消滅したこと

が明らかである。

次に、予備的請求、すなわち、ＹがＡから過大な送金を受け続けていたことがＸに対する不法行為となるか否かについても、次のとおり判示して、Ｘの請求を認めなかった。

……ＡのＹに対する送金の原資は、Ａの収入や借入金であったと認められ、ＡがＸから横領等によって取得した財産やその変形物が、送金の原資となったものではない。また、Ｙが、Ａに対し、Ｘとの夫婦共有財産を減少させることを積極的に働きかけたなどの事情も認められない。

ＡのＸに対する扶養義務の履行に関し、ＹがＸに対し何らかの法的義務を負うものということはできず、ＡのＹに対する送金に関し、ＡのＸに対する何らかの不法行為責任をＹが共同して負うものということもできないから、ＹがＡから過大な送金を受け続けていたことがＸに対する不法行為となる余地はない。この点に関するＸの主張は、採用することができない。

解　説

不貞慰謝料請求権は、不貞行為という不法行為を根拠にするものである以上、民法724条（判決当時）の除斥期間（20年間）の適用を受ける。

なお、「民法の一部を改正する法律」（平成29年法律44号）に基づく改正民法724条（令和２年４月１日施行）は、除斥期間ではなく時効期間となったが、いずれにしても、本件では最終の不貞行為が昭和63年末というのであるから、その時から20年を経過していることは明らかである。

したがって、不法行為債権（不貞慰謝料請求権）が消滅していると本裁判例は判断したのである。

Ｘは、ＡがＹに対して送金を続けたことをもって、それをＡＹ間の不貞行為と結び付けようとしているが、裁判所はその主張を認めなかった。

また、Xは、予備的に、AからYへの送金自体をもって不法行為であるとも主張しているが、本裁判例が述べているように、YにはXの財産を減少させることについての故意はない以上、この行為に不法行為が成立する余地はないと言うべきであろう。

前記「事案の概要⑯」にあるように、Xが真実を知ったときのショックは計り知れないほど大きかったかもしれないが、民法上の不法行為が成立するのかというとやはり消極的に解すべきであろう[7)]。

時効期間（旧法における除斥期間）と不貞慰謝料請求訴訟の関係を知るための裁判例として参考になるのではないかと考え、紹介した次第である。

7）この点に関しては次の指摘が参考になる。「……有名人が殺害された場合には、その熱心なファンが多大な精神的苦痛を感じることは自明であるが、当該ファンがその加害者に対して慰謝料請求権を有しないことに争いはない……。このように、精神的苦痛、ショックがあったというだけでは不法行為は成立しない……。」（平沼大輔「不貞の相手方への『離婚慰謝料』を否定した平成31年最判と『不貞慰謝料』の帰趨」原田剛ほか編『民法の展開と構成―小賀野晶一先生古稀祝賀』成文堂（2023年）445頁）。

第13章　不貞行為と損害賠償の範囲

34. 治療費等を損害として請求できるか

東京地判平成29・3・16平成28年（ワ）3998号公刊物未登載〔29046493〕

事案の概要

① Xは昭和23年生の女性である。18歳の時にAと内縁関係になり、その後同44年に入籍した。事実婚と入籍後の期間を通じ、Aと約50年にわたる夫婦関係がある。

② Xは「b」、Aは「a」という名称で、いわゆる水商売の店を経営しており、Aにおいて、X以外の女性と付き合っていた時期もあった。

③ 平成22年頃、Yは「a」の客として同店を訪れ、Aと親しくなり、男女関係を持つようになった。Aにおいては、Yから洋服をもらったり、金銭を受領したりすることもあった。

④ Yは、XとAが夫婦であり、子や孫などとともに一家団欒の時を過ごしていることは知っていたが、Aから、XとAとの間に性的関係がないことを聞いていた。

⑤ XとAは、十数年前から性的関係はなくなり、寝室も別にしていたものの、内縁関係を開始してから下記⑥まではずっと一緒に生活し、子や孫を含めて行き来があり、親族等との関係もよく、円満に過ごしており、X宅のローン代や電気料、水道代はAが出し、日常の費用はXが負担するなどして、生活費もそれぞれ出し合うなどしており、Xは、Aの女性関係については、「b」の客などから噂として聞くことはあったが、Aが否定するため、特に追及することもなく過ごしていた。

⑥　Ｙは、同27年１月７日、Ａと口論になり、Ｘ方に電話をし、ＹとＡとの関係をＸに話した（以下、これを「本件暴露」という）。

⑦　ＸとＹは、同月８日、話し合いをしたが、ＹはＸに謝罪し、弁護士を立てれば慰謝料を払うなどと言う一方で、ＹとＡが男女関係にあることやその性的関係の様子などについて詳細に述べるなどした。

⑧　ＹとＡは、その後も「ａ」などで会っていた。

⑨　Ｘは、同26年12月から同27年６月にかけて三叉神経痛の治療を受けたり、同年４月に通院治療を受けたり、同年６月に腸間膜脂肪織炎症で入院したり、クリニックを受診したりした。なお、三叉神経痛では、Ｘの尋問予定が入っていた同28年秋頃には手術を受けた。

⑩　Ｘは弁護士に依頼し、Ｙに対して慰謝料を請求したが、Ｙは、同弁護士との面談時には請求に応じなかった。

以上の事実関係の下において、Ｘは、Ｙの違法な行為により、50年という長きにわたるＸとＡとの夫婦関係を破壊され、なおかつ、Ｙは前非を悔いたように装い、弁護士をつければ慰謝料を支払うと約束しておきながら、Ｘが弁護士を立ててもこれを逃避する態度であり、Ｙの行為によって惹起されたＸの損害は、通院及び入院に要した費用18万2671円と相当な慰謝料500万円であるとして、本件訴訟を提起した。

争　点

本件における争点は、Ｘが負担した治療費・通院費は損害賠償の対象になるのかという点であり、Ｙはこれを争った。

裁判所の判断

裁判所は次のとおり判示して、Ｘの治療費等の賠償請求を認めなかった。

> ……Ｘは、本件暴露の後、体調に変調をきたしたと主張する。しかしながら、……Ｘは「三叉神経痛」「腸間膜脂肪織炎」で入通院をし

たと認められるが、これらの症状がストレスから生じるかどうかについては必ずしも明確になっているとはいえず、三叉神経痛においては、本件暴露があった平成27年１月より前から治療が始まっており、外科手術も受けていることや、腸間膜脂肪織炎についても、抗生剤が使用されていることに加え、Ｘの年齢も考慮すると、歯科への受診を含むＸの症状と本件暴露（その前提となるＹとＡとの関係）との間に相当因果関係があるとは認められない。

よって、診療費・入院費にかかる費用は、本件と因果関係のある損害とは認められない。

……一方、Ｘは、未だ離婚はしていないものの、現在、ＸとＡとは別居しており、本件暴露がされるまでの生活と変わってしまったこと、Ｙが、当初は慰謝料を支払う旨述べていたこと、Ａにおいて、Ｘとの間に性的関係がなくなって久しく、Ｙ以外にも女性関係があり、それらのことにつき、Ｙは、Ａから聞いていたこと、その他本件に顕れた一切の事情を考慮すると、本件における慰謝料額は100万円が相当である。

解　説

ＡＹ間の不貞行為の結果、Ｘが精神的苦痛を受け、精神疾患等一定の病気に罹患することは一般的にあり得る。Ｘとしては、ＡＹ間の不貞行為がなければそのような病気に罹患することはなかったと考え、その賠償をＹに対して求めたくなる気持ちになることは、一般論としては十分に理解することができる。

問題は、それが法的に見て不貞行為と相当因果関係のある損害と言えるのかどうかという点であるが、本裁判例をはじめとして、多くの裁判例は相当因果関係を否定している。

例えば、東京地判令和元・10・10平成30年（ワ）33596号公刊物未登載〔29056271〕は、「Ｘは、本件不貞行為による損害額として左側急性低音障害型感音難聴の治療費等も主張するところ、本件全証拠によっても、Xの当該難聴の罹患が、本件不貞行為が発覚したことによるものと認めるには足りない」と判示した。

ただし、相当因果関係を肯定する裁判例が皆無ということでもない（その例として、東京地判平成28・2・1平成26年（ワ）31004号公刊物未登載〔29016819〕があり、治療費6万2263円を損害と認めた）。

不貞行為と発症時期の近接性、罹患の要因が不貞行為以外に考えられないこと、既往症がないこと、等の条件を満たせば、認められる余地はあると言えるのではないかと思う。

35. 調査費用を損害として請求できるか

東京地判平成30・1・17平成29年（ワ）7948号公刊物未登載〔29048681〕

事案の概要

① XとAは、平成20年5月頃から同居し、同26年3月29日に婚姻の届出をした。

② Yは、同27年春頃、Yがソムリエ兼店長を務めていたワインバルでAと知り合い、同店の料理長と3人でワイン店を開く話をするようになった。

③ その後、上記3人は開店の準備を進め、料理長が抜けたが、同28年8月には、Aが代表取締役を務めるa社が本件各店舗を開店した。Xは、a社が本件各店舗のスペースを賃借する際に、連帯保証人となるなどした。

④ Aは、a社の代表取締役として活動する際、婚姻後の氏である「A」という名刺を使用するほか、婚姻前の氏である「A1」という名刺も使用していた。

⑤ Xは、同年6月30日以前に自宅において本件宿泊❶（平成28年6月21日から同月23日まで静岡県のホテルにおける同宿）に係る領収書等を発見し、また、Aが、本件宿泊❷（同年7月8日から同月11日まで山形県の旅館での

同宿）の予約をしていることを知った。

⑥　そこで、Xは、調査会社にAの行動調査を依頼し、同月30日の深夜、同社調査員は、空港付近のタクシー乗り場において、YがAをエスコートしてタクシーに乗車している場面や、その際にYがAの臀部に触れている場面などを撮影した。

⑦　その後、本件宿泊❷の際にも、同社調査員がYとAの行動を監視調査し、宿泊先の部屋の前で2人が抱き合って、YがAの頬にキスをする場面などを撮影した。

⑧　Xは、上記調査費用として、調査会社に356万5400円（調査料金及び印紙代を含む）を支払った。

⑨　上記の報告を受けたXは、精神的にショックを受け、同年7月17日以降、Aと別居し、X代理人弁護士らに委任し、Yに対する損害賠償請求をし、同代理人弁護士らは、同年12月7日、Y代理人弁護士に対し、同月14日までに856万5400円の賠償金を支払うよう求めた。

⑩　X代理人弁護士らは、同29年3月6日付けで、Y代理人弁護士に対し、Yが提示した100万円に対するXの対案（450万円）について回答するよう求めたが、Y代理人弁護士は、同月7日付けで、対案には応じられないとして、100万円の支払を再度提案した。

以上の事実関係の下において、XはYに対し、不法行為（民法709条）に基づき、賠償金680万7312円（慰謝料500万円、調査費用の一部118万8466円及び弁護士費用61万8846円）を求めて提訴したというのが本件である。

争　点

本件における争点は不貞行為の有無、及び損害の額であった。

前者について、Yは、宿泊は事実だが業務のためのものであり不貞行為はなく、本件不貞があったとするXの主張は妄想にすぎないとして争った。

裁判所の判断

まず、不貞行為の有無については、下記のとおり判示して、Ｙの反論を排斥した。

> ……［筆者注：本件の］事実関係に照らせば、ＡとＹがいわゆる男女としてかなり緊密に交際していたことは明白であって、その状況に照らせば、本件宿泊❶及び❷の際に性交渉を持った事実は容易に推認され、本件不貞があったと認められる。
>
> ……これに対し、Ｙは、本件宿泊❶及び❷についてはいずれも会社の出張であり、本件宿泊❷に際しても同宿したが、性交渉等を持っていないと主張し、その旨述べる……。しかしながら、本件宿泊❷の際のＡとＹとの親密な状況などに照らせば、両者が単なる雇用関係等にあったとは考えられず、その弁解は措信しがたい。また、平成28年６月30日のエスコートの状況などをみても、男女としての緊密な関係があったと考えるのが自然であり、これらの状況に鑑みると、仮に、当初は、本件宿泊❷の際に４人での出張が予定されていたとしても、結果、ＹとＡのみで出張し、同宿している状況に照らしても、本件不貞があったことを認めざるを得ない。

次に、損害の額については、次のとおり判示して、200万円（弁護士費用は別途20万円）を認めた。

> ……本件不貞によるＸの損害等について検討すると……Ｙは、Ａと以前から知り合いであり、本件各店舗の立上げに関与するなど、相当……親密であって、Ａが旧姓を記載した名刺を用いていたことからしても、本件婚姻関係を知りながら、本件不貞に及んだこと……本件不貞の直後にＸとＡは別居しており、本件不貞が本件婚姻関係に重要な影響を与えたことは明らかであること、……Ｙが本件不貞を認めていたかどうかは明確ではないにせよ、100万円という少なくない金額を

提示していたことなども考慮すると、本件不貞に係る慰謝料は200万円が相当である。
　他方、Xが主張する調査費用等は、証拠収集のための費用であり、本件不貞と相当因果関係がある損害とはいえず、認められない。

解　説

　本件では、XがＡＹ間の不貞行為の事実を突き止めるために調査会社に対して調査を依頼し、その費用が356万5400円であったことが認定されている。
　不貞行為が通常隠密裏に行われることが多く、Xにとってはそれを立証することは困難であることからすると、本裁判例が言うように、調査費用を「証拠収集のための費用」という一般論を根拠に不貞行為と相当因果関係がないとして、一律にその損害賠償を認めないという結論を採用することは、Xに酷ではないかとも考えられる。
　これに対して、裁判例の中には、上記のような一般論ではなく、事案ごとの個別の事情により調査費用の請求を認めないものもある。例えば、①調査依頼よりも前に別の証拠をXが入手していた場合、②調査の内容に専門性が認められない場合、③調査が不貞行為の立証に役立たなかった場合などである。
　したがって、これを逆に言えば、上記①～③の事情がない場合には、調査費用を損害として認めてもよいということになる。
　このように、現在の下級審においては、調査費用の請求が認められるかどうかは流動的で、その事件を担当する裁判官によって認められたり認められなかったりするということであろう。
　いずれにせよ、調査費用は本件のように高額になることが多く、現実に裁判所が認める慰謝料の額を上回ることも少なくないことからすると、この種の訴訟は、それに要するお金と裁判にかかる時間の問題で言えば「割に合わない訴訟」であるとも言えなくはないと思われる[8)]。

8）要するに、これは「時間対効果」の問題であり、いまどきの言葉で言えば、裁判は「タイムパフォーマンス（タイパ）が悪い。」ということであろう。

36. 子による（不貞）慰謝料請求の可否

東京地判令和元・10・28平成31年（ワ）7735号公刊物未登載
〔29056445〕

事案の概要

① X（夫）とA（妻）は、平成24年9月30日、婚姻し、同31年1月23日、離婚した。

② X1はXAの長男（平成24年生）、X2は長女（同25年生）、X3は二男（同26年生）である。

③ XとYは旧知の間柄であり、XがYの先輩に当たる関係にある。両名は同29年頃再会し、しばしば交流するようになった。

④ Aは、同24年初め頃、覚せい剤取締法[9)]違反等で執行猶予の判決を受けていたが、同30年6月13日にXの父が死亡した後、XはAから、同人が同29年9月頃からYとその交際相手であったBから覚せい剤を入手し使用していたことを聞き及んだ。AはXに謝罪したものの、Xはすぐには許せる気にはならなかったが、子らもいるため、離婚等の話にまでは至らなかった。

⑤ 同30年9月10日、Xとともに仕事をしていたCが覚せい剤取締法違反容疑で逮捕されたところ、Xは、同年11月16日、Aから電話で警察署から自宅に捜査員が来たとの連絡を受けた。そこで、Xは、捜査に際してAが覚せい剤を使用していることが発覚することをおそれ、これを回避するため、A及び子らとともに、同日から同月26日までホテルに宿泊し、その後、Xの父の墓参りの目的もあり、北九州市を訪問し、同月30日に東京へ戻った。

⑥ Xは持病の拡張型心筋症のため体調が悪くなり、同年12月1日、入院した。Xが入院していた間、Aは毎日のようにXを見舞った。

9）「覚せい剤取締法」は令和元年法律63号の改正により、「覚醒剤取締法」に題名が改められるとともに、「覚せい剤」等の表記についても「覚醒剤」に改められた。

⑦　Ｘは同月７日に退院したが、同日から同月18日まで、覚せい剤取締法違反容疑（覚せい剤の譲り渡し）で逮捕され、身柄を拘束された。その間、ＡはＸの面会には訪れなかった。その期間中、Ａ及び子らはＹ宅に滞在していた。

⑧　Ｘは、ＡがＹの家にいると聞き不審に思い、上記覚せい剤取締法違反容疑に関し被疑者国選弁護人として選任されたＤ弁護士等を介して、Ａに対し、Ｙの家を離れるよう伝えた。

⑨　Ｘは、同月18日、Ｙ宅にＡと子らを迎えに行き、その際の部屋の様子等から、ＹとＡが不貞関係を持ったものと認識した。

⑩　ＸはＹやＡを怒鳴り付けるなどしたものの、Ｙ及びＡを含めて外食した。ＸはＡと子らを先に自宅へ帰したが、その後、自宅の様子をＩＰカメラで確認すると、Ａが現金をリュックに詰めている様子を認めた。Ｘが帰宅した時点では、Ａは自宅からいなくなっていた。

⑪　同月24日、ＹがＸの自宅を訪れ、ＹがＸに貸していた携帯電話の返還を求めた。その際、Ｘは、同携帯電話の履歴にホテルからの着信があったことから、同ホテルに連絡をしたところ、Ａが同ホテルに宿泊し、荷物をＹ宅に宛てて発送するようにしていたことが発覚し、Ａの失踪にＹが関与し、ＡがＹ宅にいることが判明したため、ＸはＹ宅へ赴いた。

⑫　Ｘは、一旦、Ａを自宅に連れ戻したところ、ＡがＹに250万円を預けたと述べたため、Ｂと連絡を取り、同人を連れて再びＹ宅を訪れた。

⑬　Ｙは、Ｘが再びＹ宅を訪れたことから恐怖を感じ、逃走した。ＸはＹ宅に上がり、鴨居から血液と白い粉末が付着した注射器を発見した。

⑭　同月26日、Ｘが警察署へ白い粉末などに関し情報提供したところ、同署の警察官がＹ宅を訪れ、Ｙの母から上記注射器の任意提出を受けた。Ａは、同日、離婚届に自らの署名をしたうえ、自宅を出ていった。

⑮　Ｘは、同31年１月４日、区役所に上記離婚届を提出しようとしたが、Ａから不受理の申出がされていたため、受理されなかった。

⑯　その後、ＹとＡは行動を共にし、ホテル等に宿泊していたが、同月15日、大阪のホテルにいたＡからＸに対し一方的で取り乱した様子の電話が

あり、その後、大阪府の警察署からAがタクシーの防犯遮蔽板を蹴り割って同警察署にいる旨の連絡を受け、Xと子らは自動車でAを迎えに行き、東京の自宅へ連れ帰った。その後、XはAに前記離婚届の不受理の申出を取り下げさせた。

⑰ Aは、同月23日、X 3を連れて自宅から失踪した。

⑱ Xは、同日、離婚届を提出し、X 3が連れ去られたこと等を警察へ届け出て、同月25日、X 3が保護された。

⑲ Yはその後もAと行動を共にし、同人と一緒に暮らしている。

⑳ Yは、同年4月、警察署がYの母から注射器の任意提出を受けた件で逮捕されたが、8日程度で釈放され、起訴には至っていない。

㉑ Yは、就業先である会社を無断欠勤したとされて退職するに至った。

以上の事実関係の下において、XはYに対し、慰謝料400万円、X 1、X 2、X 3はYに対し、各自慰謝料800万円の支払を求めて訴訟を提起した。

争点

本件訴訟において、「Yは、何ら落ち度のないXらの家庭内に不当に介入し、違法薬物を用いてAを籠絡し、違法薬物を使った性交渉に及び連れ回した挙句離婚に至らしめ、Xらの家庭を壊滅させた。Yのかかる行為は、Xはもとより、子らから母親を奪うというものであり、不法行為を構成する。子らは、何ら落ち度がないにもかかわらず、母親を失った上、今後の人生における不利益や情緒教育上の不利益を受けるものであり、これを慰謝するに足りる金額は、それぞれ800万円を下らない。また、Xの被った精神的損害を慰謝するに足りる金額は、400万円を下らない」と主張した。

このように、本件においては、XAの子ら（X 1、X 2、X 3）のYに対する不貞慰謝料請求が認められるか否かという点が問題となったのである。

裁判所の判断

子らは、Ｙの行為により母親を失ったと主張するが、子らの主張する侵害利益は、母親であるＡから愛情を注がれ、その監護、教育を受ける利益であると解される。

ところで、夫及び未成年の子のある女性と不貞関係を持った男性の行為により、その子が日常生活において母親から愛情を注がれ、その監護、教育を受けることができなくなったとしても、母親がその未成年の子に対し愛情を注ぎ、監護、教育を行うことは、他の男性との関係にかかわりなく母親自らの意思によって行うことができるのであるから、同男性の行為は、その男性が害意をもって母親の子に対する監護等を積極的に阻止するなど特段の事情のない限り、未成年の子に対して不法行為を構成するものではないというべきであるが（最高裁昭和51年（オ）第328号同54年３月30日第二小法廷判決・民集33巻２号303頁、最高裁昭和53年（オ）第1267号同54年３月30日第二小法廷判決・裁判集民事126号4423頁参照）、本件において、Ｙは、Ａと子らを自宅に滞在させるなどして、Ａと子らの関係を熟知していると解されるにもかかわらず、平成30年12月18日以降は、Ａとホテルを転々とするなど同行し、覚せい剤を使用した上で不貞行為を継続していたものであり、子らの上記法的利益を害することを容認しつつ、Ａが子らに対する監護等を行うことを積極的に阻止しているということができるのであって、Ｙの行為は、子らに対する不法行為を構成するというべきである。

もっとも、Ｙは、本人尋問において、Ａに対し、子らと連絡を取るよう伝える旨述べていることも考慮すると、Ｙの行為により子らが受けた精神的損害を慰謝するに足りる金額は、それぞれ80万円を下らないというべきである。

解　説

一般的に不貞慰謝料請求訴訟において原告となるのは、被害配偶者（不貞行為を行った者の配偶者）であるが、不貞行為によって被害を受けるのは配偶者のみではなく、子もまた被害者と言うことができるだろう。そこで、子もまた不貞相手（Y）に対し法律上不法行為責任を追及できるのかという点が問題となる。

この点については、本裁判例において触れられている昭和54年最高裁判決（最判昭和54・3・30民集33巻2号303頁〔27000202〕）が出されるまでは、これを肯定する裁判例と否定する裁判例とに分かれていた。

すなわち、肯定する裁判例としては、例えば広島地判昭和48・9・21判時726号80頁〔27424824〕は子らは、「Yの行為によってAから母としての愛情を受けることができず父母との共同生活によって得られる精神的平和を乱され、その人格的利益を侵害されたものということができる」と判示した。

これに対して、否定する裁判例としては、例えば東京地判昭和37・7・17下級民集13巻7号1434頁〔27421011〕は、「第三者が未成年の子をもつ夫婦の一方と情交関係を結び又はこれと同棲し、その結果その夫婦の一方が未成年の子を夫婦の他方の監護教育に委ね自らはこれをつくさなくなつた場合、右第三者は右未成年の子の当該親から監護教育を受ける権利を違法に侵害したというべきか否かといえば、未成年の子とその親との関係はたんに前者が後者に対し扶養、身上監護を要求しうる権利を有するにすぎず、又後者が前者に対し右職務をつくすか否かは専らその意思のみに依存し、たとえ後者が第三者と前記のような関係を結んだからといつて、そのことにより後者に対する右身上監護義務を履行しえなくなるというものではないから、右問題は通常は消極に解すべく、ただ第三者が当初から未成年の子に対し苦痛又は損害を加える意図の下に行動したとか或いは積極的に誘惑的な挙指を用いて当該親の無知又は意思薄弱などに乗じて当該親と未成年の子との間の親子的共同生活を破壊したといいうるような特別の場合にのみ、未成年の子に対する不法行為が成立するものと解するのが相当である」と判示して、子による慰謝料請求を原則として否定する立場を採用した。

その後、本裁判例が指摘するとおり、この問題点について昭和54年に最高裁が判断を示し、「その女性が害意をもつて父親の子に対する監護等を積極的に阻止するなど特段の事情のない限り、……未成年の子に対して不法行為を構成するものではないと解するのが相当である」とした。これにより、子の不貞相手に対する慰謝料請求は「子に対する監護等を積極的に阻止するなど特段の事情」がない限り認められないという、いわば原則否定説の立場が定着した。

そして、現実のこの種の訴訟類型において、この「特段の事情」が存在する事案はまれであり、また、仮にそれが存在する事案であったとしても、その立証が不可能であれば、それは結局のところ、この「特段の事情」が存在しないのと同じであるから、子による不貞相手に対する慰謝料請求は認められないとする裁判例が多かった。

例えば、東京地判平成22・1・14平成20年（ワ）1722号公刊物未登載、東京地判平成24・6・12平成23年（ワ）32685号公刊物未登載、東京地判平成26・5・19平成25年（ワ）21945号公刊物未登載〔28250646〕などはいずれも子を原告とした慰謝料請求を認めなかった。

これに対して、本裁判例は、ＹがＡが子らの元を離れ行動するのを助長したと評価し、上記特段の事情があるとして、子を原告とする慰謝料請求を認容した裁判例であり、事案としてはまれであり、また判例実務上、例外的事象を認めたものとして有益であると思われたので紹介した次第である。

37. 不貞行為に基づく離婚慰謝料請求の可否

最判平成31・2・19民集73巻2号187頁〔28270649〕

事案の概要

①　夫Ｘと妻Ａは平成6年3月に婚姻し、長男（平成6年生）と長女（同7年生）をもうけた。

②　Ｘは婚姻後、Ａらと同居していたが、仕事のため帰宅しないことが多

く、AがYの勤務先会社に入社した同20年12月以降は、Aと性交渉がない状態になっていた。

③ Yは、同月頃、上記勤務先会社においてAと知り合い、同21年6月以降、Aと不貞行為に及ぶようになった。

④ Xは同22年5月頃、AとYの不貞関係を知った。Aはその頃、Yとの不貞関係を解消し、Xとの同居を続けた。

⑤ Aは、同26年4月頃、長女が大学に進学したのを機にXと別居し、その後半年間、Xのもとに帰ることも、Xに連絡を取ることもなかった。

⑥ Xは、同年11月頃、横浜家裁川崎支部に対し、Aを相手方として、夫婦関係調整の調停を申し立て、同27年2月25日、Aとの間で離婚の調停が成立した。

以上の事実関係の下において、原審は、AとYの不貞行為によりXとAとの婚姻関係が破綻して離婚するに至ったものであるから、Yは両者を離婚させたことを理由とする不法行為責任を負い、XはYに対し、離婚に伴う慰謝料を請求することができるとし、Xの請求を一部認容した。

これに対してYが上告したのが本件である。

争 点

本件においてXがYに対して請求したのは不貞慰謝料ではなく離婚慰謝料であるという点が重要である。前者は不貞行為によって受けた精神的苦痛を慰謝するためのものであり、後者は不貞行為の結果離婚したことによって受けた精神的苦痛を慰謝するためのものであり、両者は区別されている。

Xが前者を選択せず後者を選択した理由としては、前者の請求権は既に消滅時効にかかっていたため、これを請求してもYから消滅時効の抗弁を主張されるとX側が考えたからであると思われる。

Xからの離婚慰謝料の請求に対して、Y側は、個々の夫婦の離婚の理由は様々であり、不貞行為が必ずしもその原因とは言えないのではないか等として、因果関係の存否を争ったのである。

裁判所の判断

裁判所は次のとおり判示して、Xの請求を棄却した。

……夫婦の一方は、他方に対し、その有責行為により離婚をやむなくされ精神的苦痛を被ったことを理由としてその損害の賠償を求めることができるところ、本件は、夫婦間ではなく、夫婦の一方が、他方と不貞関係にあった第三者に対して、離婚に伴う慰謝料を請求するものである。

夫婦が離婚するに至るまでの経緯は当該夫婦の諸事情に応じて一様ではないが、協議上の離婚と裁判上の離婚のいずれであっても、離婚による婚姻の解消は、本来、当該夫婦の間で決められるべき事柄である。

したがって、夫婦の一方と不貞行為に及んだ第三者は、これにより当該夫婦の婚姻関係が破綻して離婚するに至ったとしても、当該夫婦の他方に対し、不貞行為を理由とする不法行為責任を負うべき場合があることはともかくとして、直ちに、当該夫婦を離婚させたことを理由とする不法行為責任を負うことはないと解される。第三者がそのことを理由とする不法行為責任を負うのは、当該第三者が、単に夫婦の一方との間で不貞行為に及ぶにとどまらず、当該夫婦を離婚させることを意図してその婚姻関係に対する不当な干渉をするなどして当該夫婦を離婚のやむなきに至らしめたものと評価すべき特段の事情があるときに限られるというべきである。

以上によれば、夫婦の一方は、他方と不貞行為に及んだ第三者に対して、上記特段の事情がない限り、離婚に伴う慰謝料を請求することはできないものと解するのが相当である。

……これを本件についてみると、……Yは、Xの妻であったAと不貞行為に及んだものであるが、これが発覚した頃にAとの不貞関係は解消されており、離婚成立までの間に上記特段の事情があったことはうかがわれない。したがって、Xは、Yに対し、離婚に伴う慰謝料を請求することができないというべきである。

解　説

ＸのＹに対する離婚慰謝料の請求の可否についての最高裁の重要判例である。

現在の裁判実務においては、ＡＹ間の不貞行為の存在を証明できれば、Ｙに対して不貞慰謝料を請求することは容易に認められるが、離婚慰謝料については原則としては認められないということになる[10)]。

すなわち、前者の場合には、不貞行為によってＸが相応の精神的苦痛を受けるであろうことは経験則上理解できるのに対し、離婚慰謝料となると、離婚の原因は不貞行為以外にも様々なものがあり得る以上、Ｙにおいて、ＸＡを離婚させる意図を有していることなどの特段の事情が必要ということになる。

しかしながら、Ｙにおいてそのような意図を有していることは極めてまれであろうし、またそのことをＸにおいて立証することもまた至極困難である。

したがって、ＸがＹに対して、不貞行為を理由として離婚慰謝料の請求を行っても大半の場合には認められないということになるので、Ｘとしては要注意である。

ただ、この点に関連して、不貞慰謝料請求訴訟において、Ｘが離婚したという事情を慰謝料の増額事由として認めることは許されるという考え方が主流ではないかと思われる。

しかしながら、長野史寛は「不貞慰謝料の算定において単純に離婚慰謝料を上乗せすることは許されないが、離婚に至ったことを慰謝料の増額要素として考慮すること自体は許されるとする。しかし、単純な上乗せと増額要素としての考慮とを区別できるとは思われず、矛盾があると言う他ない」（同「不貞相手方に対する『離婚に伴う慰謝料』請求の要件（最判平成31・２・19民集73巻２号187頁）」道垣内弘人＝松原正明編『家事法の理論・実務・判例４』勁草書房（2020年）152頁）と指摘しており、筆者も同感である。

10）離婚慰謝料と不貞慰謝料（離婚原因慰謝料）との相違については、拙著『判例にみる離婚慰謝料の相場と請求の実務』学陽書房（2022年）39頁以下を参照していただきたい。

第14章　不貞慰謝料の算定要素と方法

38. 不貞慰謝料の算定と不貞行為の継続

東京地判令和３・１・29令和２年（ワ）6604号公刊物未登載
〔29062288〕

事案の概要

① Xは、平成21年９月26日にAと婚姻し、同23年に長男をもうけた。

② Yは、同29年11月頃から、職場の同僚であったAとの間で不貞関係にあった。

③ Xは、同30年２月12日、Aの携帯電話に記録されたYとのLINEのやり取りを見て、YとAとが不貞関係にあるのではないかと疑い、同年３月30日にAに対し事実を確認すると、AはYとの不貞関係を認めた。

④ Xは弁護士に委任をして、XとYとの間で、YがAとの間で不貞関係にあったことを前提として、同年９月28日付けで合意書が作成された（以下、この合意書に基づく合意を「本件合意」という）。

⑤ 本件合意において、Yは、YとAとの間の不貞行為に関する問題につき、❶Xに対し慰謝料100万円を支払うこと、❷Aに対し求償権その他の名目を問わず金銭請求をしないこと、❸合理的理由なく方法のいかんを問わずAと職場外での面会その他プライベートでの一切の接触・連絡をしないことを約束し、X及びYは、この件に関し、互いに何らの債権債務のないことを確認した。

⑥ その後、YはXに対し、本件合意に基づき100万円を支払ったが、うち50万円はAが出捐した。

⑦ Xは、同31年３月半ば頃、酒に酔って帰宅したAに対し、Yとの関係が

続いているのではないかとの疑念を伝えたところ、Aと口論になった。

⑧　その際、Aが自身の携帯電話を投げ付けてきたことから、XはAの携帯電話に記録されたAとYとのLINEの通信履歴を確認し、自身の携帯電話の内蔵カメラで撮影した。

⑨　このときにXが確認したLINEの通信履歴には、以下のとおり記載されていた。

・同月10日、Yが「大好き」「昨日会えて良かった」「幸せだよ」などとメッセージを送ったのに対し、Aが「うん。幸せな時間スゴセタ」「過ごせた～」とメッセージを返信し、引き続きYが「あっという間」「3時間もいだなんて嘘だね（笑）」（原文ママ）とメッセージを送ると、Aは「ね。あっという間に過ぎちゃった」「4回したからそんなもんか！笑」と返信し、Yが「あー、4回（笑）」と応じた。

・同月16日、YはAに対し、「とにかく、あの同意書にサインして返したから会っちゃいけない、は気にしなくて良い」とメッセージを送信した。これに対し、Aが「でも」「やはり怖いな」と応じると、Yは「例えば、また俺に弁護士から手紙が届いて」「俺が無視して、何ヶ月か無視して」「家庭裁判所から調停の申し入れがあり」「そのタイミングで俺も弁護士頼んで」「のらりくらり認めずにまた少し期間が経って」「向こうが俺とAさんの関係を立証できて、裁判所から100万円程度の支払い命令がくる」「が、最悪のシナリオ…くらいだと思うよ。そのために多分向こうは頑張らないと思うけど。」とメッセージを送信した。

・また、日時不明だが同時期頃、Aが「あ、生理が来てなくて」「来ないなら火曜まで来ないで欲しいなー」と送信し、Yは「確かにー！」と返信した。

・同月23日、Aが「Y'くんの余韻」「そのまま寝ようか迷ったけど」と送信したのに対し、Yは「こんなに好きだよ」「俺もA'さんのこと考えてた」「舐め回したから流して欲しかったよ（笑）」などと応じ、Aは「気持ち良かったし」などと返信した。

⑩　Xは、令和2年3月11日、本件訴訟を提起し、同月30日、Yに訴状が送

達された。本件訴訟では、同年４月17日に第１回口頭弁論期日が指定されていたが、新型コロナウィルス感染症の拡大に伴う緊急事態宣言の発令を受け、当裁判所は同月８日に同期日を取り消した。

⑪　同年５月30日、Ａがオンラインを通じて開催される懇親会に自宅から参加し、酒に酔って寝込んでしまった際、ＸがＡの携帯電話の画面を確認し、ＹとＡとのLINEの通信履歴を発見した。

⑫　同履歴において、Ｙは「旦那との訴訟のやつはどう対応したらいいのかな」と問い、Ａが「彼との訴訟、前と変わったのかな」と応じると、Ｙは「何も変わってないよ？ 330万円払えって。今は裁判所止まってるけど動いたら出廷しなきゃいけないよ」「出廷しなければ330万払う、で欠席裁判みたくなるかな。」などと送信し、これに対し、Ａが「ごめんね、以前の通りでいいけど、気持ち変わった？」「知らない、連絡とってないし会ってないって言うと言ってたと思う」と返信すると、Ｙは「そもそも出廷したくないし、お金も払うつもりないよ。」「言ってたと思うけど、払えって言われたものについても、Ａさんに払ってもらうつもりでいるよ。Ａ'さんのために東京まで行って出廷して減額するように頑張るつもりでいたけど、どうなのかなって。」と応じた。

⑬　Ｘは、同LINEの通信履歴が表示されたＡの携帯電話の画面を、自身の携帯電話に内蔵されたカメラで撮影した。

⑭　ＸとＡとは、同年９月末にＡが自宅を出る形で別居し、同年11月27日に長男の親権者をＸと定めたうえで協議離婚した。

以上の事実関係の下において、ＸはＹに対して、本訴において、慰謝料300万円（別途弁護士費用として30万円）の支払を求めた。

争　点

Ｘの主張に対して、Ｙは「本件合意後にＹがＡと不貞行為に及んだ事実はない。Ｘが証拠として提出するLINEの通信履歴は、ＹがＡに送ったものではなく、Ｙの不貞行為を裏付けるものではない。また、ＸとＡとの間の婚姻関係が破綻したのは、ＹとＡとの不貞関係が原因ではない。時期は不明だが、Ａから、同人の妊娠中にＸがＡ以外の女性と不貞関係にあったと聞いており、ＸとＡとの間の婚姻関係は、ＹがＡと不貞関係を持つ以前に既に破綻していた」等と反論した。

裁判所の判断

本裁判例は、ＡＹ間の不貞行為の存在を認め、かつ、Ｙの婚姻関係破綻の抗弁の主張も否定し、Ｙに不法行為が成立することを認めた。

そのうえで、不貞行為に基づく慰謝料の額については、次のとおり判示した。

> Ｙは、本件合意においてＡと接触・連絡しない旨を約しながら、Ａに対し、「とにかく、あの同意書にサインして返したから会っちゃいけない、は気にしなくて良い」などと、本件合意にかかわらず不貞関係を継続するよう積極的に働きかけるなどして……、再び不貞行為に及んだものと認められる。Ｙが、本件合意を無視して、再度、Ａと不貞行為に及んだ態様は悪質であり、かかるＹの行為の結果、ＸとＡとの婚姻関係は破綻し、離婚に至ったものと認められるから、Ｙの不貞行為によりＸが被った精神的苦痛も大きかったと認められる。Ｙが、本件訴訟でも謝罪の言葉を述べることなく、不誠実な対応に終始していることは、Ｘの精神的苦痛を大きくするものといわざるを得ない。他方、本件合意に基づき解決金100万円が支払われた点は、Ｘが本訴で請求する本件合意後の不貞行為による慰謝料に対する弁済には当たらないものの、本件合意前後を通じて継続されたＹとＡとの不貞関係につき、一定の被害回復措置がとられたという限度で事情として考慮することができること、その他、本件に顕れた一切の事情を考慮し、Ｘの精神的苦痛に対する慰謝料としては150万円が相当であり、弁護士費用のうち15万円を本件と因果関係のある損害と認めるのが相当である。

解　説

一般論として、ＡＹ間の不貞行為について、ＸがＹに対してそれをやめるよう伝えているにもかかわらず、Ｙがそれを無視して不貞行為を継続した場合には、一般の不貞行為の場合よりも不貞慰謝料の額は高額となる。

これに対して、本件では、ＸＹ間において、本件合意により「一切の連絡等をしない」ことについての明確な約束が成立しているにもかかわらず、Ｙがそれを平然と無視しているのであるから、その悪質性は際立っていると言えるだろう。

現在の不貞慰謝料の相場観からも本件における慰謝料額150万円は妥当であろうと筆者は考える[11)]。

39. 不貞慰謝料の算定と婚姻期間の長短

東京地判令和元・10・30平成30年（ワ）35365号公刊物未登載〔29056413〕

事案の概要

① Ｘ（妻）は、平成25年頃からＡと交際し、同30年２月11日に婚姻し、同年６月11日から同居したが、同年８月11日に離婚した。

② Ｙは、Ａと10年以上前に知り合った後、同28年９月頃に同人から連絡がきたことをきっかけに、同年10月頃再会し、同年11月頃同人と交際を開始した。

③ Ａは、Ｙとの交際当初から、Ｙが既婚者であることを前提として交際し

11）宗宮信次はこの慰謝料の算定に関して次のとおり述べている。「此等の賠償額につきては、原告が誘惑を受けた配偶者に対し従来愛情濃かなりしや、或いは冷淡にして、長く別居し居りしや否や、又被告の誘惑を受くるまでは、その配偶者は貞淑なりしや、または素行修らざりしや否や、等の事実は、原告の受けたる精神的痛苦の程度、並びに被害者の過失を認定する状況として参酌される。殊に姦婦が働きかけ、その相姦者が有夫の婦たるを知らざりしとき、例えば、女優に正式の夫ありしも別居していた為め、有夫の婦たるを知らずして、過失により侵害したとの如きは、慰藉料は減少されるであろう」（同「貞操侵害の損害賠償」日本法學32巻１号（1966年）48頁参照）。

ていた。また、Ａは、交際開始後間もなく、Ｙに対し、Ｙ以外にも少なくとも３名の女性と交際していると伝えていた。一方でＡは、交際期間中、Ｙに対しても、Ｙと結婚したいとかＹとの間に子がほしいなどと話していた。

④　Ａは、同29年８月頃、Ｘに対し、Ｘと結婚すると約束した。

⑤　Ａは、同月頃、Ｙと通話している際の様子をＸに不審に思われたことから、Ｙに対し、電子メールで、交際相手の１人と結婚する話があるが、同人にＹとの交際を疑われていることを伝え、疑念を解消するために、ＹにＡの結婚を祝福するメッセージを送信してほしいと依頼し、Ｙはこれを承諾して、Ａの指示に従って電子メールを送信した。Ａは同メールをＸに見せた。

⑥　Ａは、同年９月上旬頃又はそれより前の時期に、Ｙに対し、交際している他の女性の１人がＸであること、Ｘ又は別の女性のどちらかとの結婚を考えていること、Ａは子をもうけることを望んでいるが、Ｘと結婚した場合、年齢的な問題で出産が難しいのではないかと悩んでいることなどを伝えていた。同じ頃に、ＡはＹを妊娠させ、Ｙは妊娠中絶手術を受けたことがあったが、Ａは同手術には立ち会わなかった。

⑦　Ｘは方角が運勢に与える影響を信じており、運勢の専門家から、ＡがＸ宅で同居するに当たり、当時Ａが居住していた実家のある埼玉県川口市から直接転居するのではなく、一旦東京都の吉祥寺を経由した方がよいと言われた。これを受けて、Ａは、同年10月、実家から吉祥寺のウィークリーマンションに転居し、一人暮らしを始めた。Ｙは、Ａと会うために同マンションをしばしば訪れていた。

⑧　Ａは、同30年２月11日にＸと婚姻した後も、吉祥寺のウィークリーマンションに居住し続け、Ｙは従前同様Ａを同マンションに訪ねていた。Ａは、同年６月11日になってＸ宅に転居し、Ｘと同居を開始した。ＸとＡが婚姻後すぐに同居しなかったのも、Ｘが前記専門家のアドバイスした方違えを信じており、これに従ったためであった。

⑨　Ｘは、Ａと同居開始後、同人の言動に不審な点が多かったため、同年７

月頃、Aの携帯電話等を確認し、AがYを含む複数の女性と関係していることを知った。Xは、同月12日及び13日に他の女性との関係をAに問い詰め、AはYとの交際を認めた。

⑩　そこで、Xは同月14日、AにXの眼前でYに電話をかけるよう命じ、Aは複数回通話を試みたが、Yは応答しなかった。ただし、AがXとの婚姻期間中にY以外の女性と不貞行為を行ったことがあったとは認められない。

⑪　AはYに対し、同日、Xと結婚することになった旨を伝え、さらに、同月16日、Xと既に入籍していることを伝えた。

⑫　Xは、本件について、Aに対し、不法行為に基づく損害賠償を請求する意思を有していない（ただし、Yの責任を免除する意思ではない）。

以上の事実関係の下において、XはYに対して300万円（別途弁護士費用として30万円）の支払を求めて提訴した。

争　点

Xの主張に対して、Yは、平成28年11月頃からAと交際し、同人と継続的に性交渉を伴う関係にあったことについては認めるが、同30年７月16日までXとAの婚姻を知らず、その後両名が同年８月11日に離婚するまでの間はAと性的関係を持ったことはない等と主張して争った。

裁判所の判断

本件の主な争点は、①Yが、XとAが婚姻していることを（少なくとも未必的に）認識したのはいつか、②①より後に、XとAの婚姻期間中に、YとAの間に性交渉ないしこれに類する性的関係（以下「不貞行為」という）があったか、③YとAの不貞行為が認められる場合、これと因果関係のあるXの損害の有無及び額、の３点であった。

本裁判例は、まず①について、「YがXとAの婚姻を認識した時期は、Aにその旨告げられた平成30年７月16日であったと認められる」と判示した。

次に、②については、「Ａは、平成30年７月28日、Ｘに秘して、午後１時頃から午後４時頃までの間に、わざわざ実家の自動車を借り出してＹと会っていたこと、その間、Ａの母からの着信に応答しなかったこと、当時、ＹとＡは、依然として相互に強い好意を示していたこと、後に、ＡがＸからの追及に対し、同日の不貞行為を認めたことが認められ、これらを総合すると、同日、ＹとＡとの間に不貞行為があったと推認することが相当である。……そうすると、ＹとＡは、同月16日以降ＸとＡが離婚に至るまでの間において、同月28日に不貞行為を行ったと認定することができる」と判示した。

最後に、③についてであるが、これが本章の主題である。すなわち、「ＸＡ間の婚姻期間の長短が不貞慰謝料算定に影響するか」という点であり、本裁判例は次のとおり判示した。

……Ｙは、ＸとＡの婚姻を知りながらＡと平成30年７月28日に不貞行為を行ったものであり、これがＸとＡの夫婦関係の平穏を害し、両名の離婚の一因となったと認められるから……、Ｙは、Ｘが被った精神的苦痛に対し、不法行為に基づく損害賠償として慰謝料を支払うべき義務を負う。もっとも、ＸとＡの離婚には、婚姻前からいわばＸと平行する形で行われ、かつ、婚姻期間全体にわたるＹとＡの交際が影響を及ぼしていると見るべきところ、Ｙに法益侵害及び故意の不法行為の要件が認められるのは、平成30年７月28日の不貞行為についてのみであること、ＸとＡの婚姻期間は半年間、うち同居期間は２か月間であり、婚姻期間が長期にわたるとは評価できないこと、その他前記不貞行為の前後の諸事情を総合的に考慮すると、本件におけるＸの精神的苦痛に対する慰謝料として、40万円を認めることが相当である。

解　説

本件では、ＡＹ間に不貞行為があったことを前提にＸがＹに対して請求し得る慰謝料額として40万円（弁護士費用は別途４万円）が認められた。

同種の不貞慰謝料請求訴訟において認められる不貞慰謝料の額に比べれば、この40万円という金額は低廉だが、その認定の際に重視された事実としては、不貞行為が１回であること、ＸＡ間の婚姻時よりも前にＡＹの関係が続いていたこと、ＸＡ間の婚姻関係が約半年間（うち同居期間は２か月間）であったことが重視されていることが判旨からわかる。

このように、婚姻期間の長短は、不貞慰謝料の算定に当たって考慮される要素であるから、この種の訴訟においてはそれについての主張は必須であろう。

また、この判旨が言及しているように、婚姻期間と同居期間は必ずしも一致しない。本件のように、婚姻届の提出を先に済ませ、同居はその後ということであれば、婚姻期間よりも同居期間が短いということになるし、婚姻届の提出以前に一定の同棲期間があれば、婚姻期間の方が同棲期間よりも短いということになる。

したがって、Ｘ、Ｙのいずれかからも訴訟委任を受ける可能性がある弁護士としては、その立場に応じて、婚姻期間と同居期間のいずれを基礎にして主張するべきなのかということも考える価値があると言えるだろう。

40. ＡのＹに対する経済的給付と慰謝料額との関係

東京地判平成28・２・26平成26年（ワ）4712号公刊物未登載〔29017985〕

事案の概要

① ＸとＡは、昭和44年３月14日に婚姻し、長男（昭和45年生）、長女（同46年生）、二男（同48年生）及び二女（同53年生）をもうけ、東京都江東区内の自宅で同居していた。

② Ａは株式会社ａ（以下「ａ社」という）の株式の２分の１を所有し、同社の代表取締役であったが、平成22年頃に退任し、以後同社の会長と呼ばれる地位にあった。

③　Ａは大韓民国（以下「韓国」という）の国籍を有する外国人で、特別永住者の在留資格を有していたが、同25年３月25日に日本国に帰化した。

④　Ｙは昭和37年に韓国のソウル市内で出生した外国人であり、平成５年８月に来日し、同25年12月以降は永住者の在留資格を有している。

⑤　Ａは、同15年頃からａ社の事務所建物（以下「本件建物」という）に泊まり込むなどして、帰宅しない日が多くなり、同18年頃以降はほとんど自宅に帰らなくなった。

⑥　Ｙは、遅くとも同年頃までにはＡと知り合った。

⑦　Ｙは、同年頃、しばしば、午後５～６時頃、本件建物２階につながる外階段を登って社長室に訪れ、Ａとともに社長室やその隣室で夜を過ごし、翌朝、上記外階段を降りて出ていくところが、ａ社の従業員に目撃されるようになった。その頃、ａ社の取締役として本件建物１階で勤務していたＤは、夜間残業中、本件建物２階からＡと女性のあえぎ声が聞こえてくることがあった。

⑧　Ａは、同20年６月９日、Ｙに対し、50万円を送金した。

⑨　Ｙは、同23年７月１日、ａ社に入社したとして、以後、同27年11月頃まで、ａ社から給与名目で月額25万円を受け取っていた。また、Ｙは、同23年７月１日以前にも、ａ社ないしＡから月額20万円を受け取った。

⑩　Ｙは、同年４月15日、Ａとともに韓国に帰国し、Ａの墓参りに同行して釜山を旅行するなどした。上記旅行には、Ｙのほかにもａ社の従業員が複数名同行したが、ＹはＡと同じ部屋に宿泊した。Ａは、同月18日、日本に再入国したが、Ｙは、数日間韓国内にとどまり、同月23日、日本に再入国した。

⑪　ＹとＡは、同24年３月18日から同月23日までハワイに旅行し、同25年２月４日から同月15日まで南米に旅行した。いずれの旅行においても、ＹとＡは同じ部屋に宿泊した。

⑫　Ａは脳腫瘍に罹患したことから、同年９月３日、入院し、同年10月頃、手術を受けた。病院が作成した「特別療養環境室使用承諾書」の申込書欄には、患者であるＡの親権者等として「甲山Ｙ美」の名が記載され、Ａと

の関係について「妻」と記載された。また、同病院看護部に提出された看護計画に係る同意書にも、患者本人の署名下に「ご家族」として「甲山Ｙ美」の名が記載された。

⑬　Ｙは、同26年３月12日、Ａから1000万円を送金によって受け取った。

⑭　ＹはＡの上記入院時から同27年11月頃まで、継続してＡの身の回りの世話や介護をしていた。

⑮　Ａは、同月、死亡した。

以上の事実関係の下において、ＸはＹに対して1000万円の慰謝料の支払を求めて提訴した。

争　点

Ｘの主張に対して、Ｙは不貞行為の存在を否認するとともに、仮に不貞行為があったとしてもＸＡ間の婚姻関係が破綻した後のことであるとして争った。

裁判所の判断

本裁判例は、不貞行為の有無について、次のとおり判示して、これを認めた。

> Ｙは、Ａと男女関係にあることを否定し、平成23年７月から、外国人の実習生をａ社に呼び寄せる担当者として、ａ社に入社し、以後、従業員として勤務していたこと、平成25年９月、Ａが脳腫瘍に罹患し、手術を受けた後は、……Ａの介護業務に従事していたことなどを供述する。しかしながら、Ｙは、ａ社に対して、外国人実習生の候補生を年間20人程度しか紹介していないと供述し、しかも、ａ社での勤務時間は決まっておらず、事務机も与えられていなかったとも供述しており、Ｙの供述を前提としても、Ｙとａ社との間に雇用契約の実態があったとは認め難い。……しかも、Ｙは、Ａと共に、韓国、ハワイ

及び南米に訪れ、同じ部屋に宿泊するなどしている……ものであって、このことからも、AとYとの関係が、単なるA社の会長と従業員という関係ではなかったことは明らかである。

次に、Yの主張する婚姻関係破綻の抗弁については、次のとおり判示して、排斥した。

Aは、Xとは、平成6年頃から家庭内別居の状態になっていたものであり、平成16年頃から別居してa社の社長室で生活し、Xに対して、離婚の申入れをするなどしていたなどと供述するが、これを裏付ける証拠は何もなく、採用できない。他に、平成18年頃以前に、XとAの婚姻関係が既に破綻していたことを認めるに足りる証拠はない。

そのうえで、慰謝料額の算定については、次のとおり判示した。

……YがAと知り合い、交際を開始した頃から、Aは、本件建物に泊まり込み、平成27年11月に死亡するまで、ほとんど自宅に戻らなくなったというものであるから、Yの不貞行為によって、XとAの婚姻関係が破綻したものであるということができる。そして、YとAが不貞行為を行っていた期間、XとAの婚姻生活の期間及び状況、破綻に至る経緯など、本件において認められる一切の事情を考慮すると、Yの不貞行為と相当因果関係のあるXの損害（慰謝料）は、250万円であると認めるのが相当である。

解　説

本件では、不貞慰謝料として250万円が認容されており、同種の訴訟と比較すると高額と言える。

この判旨の慰謝料算定の部分を読む限りでは明確な指摘はなされていない

ものの、本件では、事案の概要の⑬にあるように、ＹがＡから1000万円もの金員を受け取っている点が特徴的である。

Ｘにしてみれば、かかる事実はその精神的苦痛を増大させるものと言え、これが判旨にある「一切の事情」の１つの事情として評価されたのではないかと考えられる。

このように、ＡからＹに対してなされた経済的給付は不貞慰謝料の増額事由として評価されることがあり、同種の裁判例としては、東京地判平成28・12・22平成28年（ワ）8956号公刊物未登載〔29020518〕がある。この裁判例では、「Ｘは本件不貞行為やＹのマンション購入資金を夫（Ａ）が援助したことなどを知り大きな衝撃を受け、これらを一因とする過度のストレスから自律神経等に不調をきたすようになったこと」と指摘しており、この事情を慰謝料の増額事由として評価している。

41. 生活費不支給と不貞慰謝料

東京地判平成21・４・８平成18年（ワ）25901号公刊物未登載

事案の概要

① Ｘ（妻）とＡ（夫）は昭和55年10月４日に婚姻し、長男、二男をもうけた。

② ＡとＹは、平成元年かその翌年頃に知り合い、遅くとも同４年頃には継続的に不貞関係を有するに至って、Ｙは、同５年11月１日にはＡとの子を生んだ。

③ ＡはＹとの不貞関係が深まるのに応じて、同年頃からしばしば帰宅しなくなり、同６年頃にそれまで勤めていた会社を退職してｅ社の代表取締役に就任した後はさらに帰宅する頻度が減っていったが、「コンピュータセンターに寝泊まりする。」「出張で日本全国を回る。」などと嘘を言ってＹとの不貞関係が発覚しないように取り繕っていた。さらに、ＡとＹは、同７年４月頃からはｅ社名義で賃借したマンションで同居するようになっ

た。

④　Ａは、同８年には「税理士から、税金の関係上、現在の住所を会社の事務所住所に移した方がよいとアドバイスされたので、自分だけ住民票を移した。」などと言い出し、Ｘが当時中学３年生であった長男の高校受験に不利になると非難したにもかかわらず、それを改めなかった。

⑤　そして、Ａは、同15、16年頃になると、１か月に１回程度しか帰宅しなくなった。

⑥　Ｘは、同17年９月、二男がパスポート申請のために取り寄せた戸籍謄本を見て、その戸籍謄本にＸの記載がなく、かえって、妻としてＹが入籍となっていること、同８年９月４日にＡとＹが婚姻したこと、ＡＹ間に２人の子がいることなどを知るに至った。

⑦　Ｘは、同年10月７日、東京家裁に対して離婚無効の調停を申し立て、また、その際、ＸとＡとの離婚届（以下「本件離婚届」という）の写しも取り寄せた。

⑧　そうしたところ、上記調停事件の第１回期日の前にＡが帰宅したことから、前記の戸籍謄本と本件離婚届の写しを示して事情を問いただしたところ、ＡはＸに対し、Ｘの署名を偽造して本件離婚届を提出したことを認めたうえで、「Ｙの関係者から融資を受けるために、Ｙの長男が平成18年３月に小学校を卒業するまで一時的にＹを入籍させただけで、それ以降は元に戻す約束になっている。自分はＹやその子供たちと面識はなく、住所も知らない。今、事を起こせば、5000万円の借金を返さなくてはいけなくなるので、調停を取り下げてほしい。」などと申し入れた。

⑨　しかし、Ｘは上記調停事件を取り下げず、かえって、同月31日にＡＹ間の婚姻無効の調停も申し立てたが、ＡとＹは前後３回開かれた調停期日に出頭せず、調停は不調に終わった。

⑩　Ａは同18年３月を過ぎても戸籍を元に戻さず、Ｘが、同年９月２日に、その当時登記簿上ｅ社の代表取締役とされていたＹの自宅を訪れた際、実際にはＡＹが同居して生活していることを知るに至った。なお、ＡＹの自宅の土地建物は、Ａが同13年４月27日に約8000万円で購入したものであ

る。

⑪　同18年９月３日、Ｘは友人とともに喫茶店でＡＹと面談したが、その際、ＡはＸに対し、それまでにＸに対して説明していたことは全て嘘であると告白した。

⑫　Ａは、Ｙとの不貞関係が始まる前には、Ｘに対し、生活費として毎月25万円を渡していたほか、自宅（借家）の家賃として毎月21万円を家主に対して直接に支払い、さらに、Ｘとの間の子２人の学費を負担するなどしていたが、Ｙとの不貞関係が深まった同５、６年頃以降は、ｅ社の経営が悪化していることを理由に、Ｘに対して生活費を月に12、３万円程度しか渡さなくなった。しかも、Ｘは、同13年の後半以降、Ａの指示により、Ａから渡された生活費の中からｅ社の経費を支払わざるを得なくなったため、Ｘと子２人の生活状況は一層困窮するに至った。

⑬　さらに、Ａは、同14年以降はＸとの間にもうけた二男の学費を一切負担しなくなったほか、自宅家賃の支払も滞納しがちとなり、結局Ｘと子２人は、同16年６月末にそれまでの自宅を退去して、家賃の安い借家に転居することを余儀なくされたが、その際、Ａがその借家を自らの名義で賃借することを拒絶したことから、その頃既に就労していた長男が上記借家を賃借することになった。また、その頃になると、ＸがＡから受け取る生活費は、月々２、３万円にすぎなくなっていた。

⑭　そして、以上のような状況であったことから、Ｘはしばしば母に対して経済的援助を求めざるを得なくなり、Ｘの母が出損した金額は、現在までに合計1000万円を優に上回る金額となっている。

⑮　一方、Ｘの母からは、Ａも事業資金に充てるという名目で多額の借入れをしていたところ、同４年から同15年までの間の借入分は、現時点で明らかになっているだけでも合計1934万円となっているが、Ａは、これらの借入金を全くＸの母に対して返済していない。

以上の事実関係の下において、ＸはＡに対し、慰謝料2000万円の支払を、ＡとＹに対し連帯して慰謝料1000万円の支払等を求めて提訴した。

争　点

Ｘの主張に対してＹは次のとおり反論した。

……Ｙは平成４年ころにＡと出会ったが、Ａから「宗教に夢中となり、子育てもままならない妻に嫌気がさし、離婚した。」と聞かされ、一度結婚に失敗した男性ならば、その失敗を生かして良い結婚生活が送れるのではないかと思い、Ａとの結婚を決意した。なお、婚姻届出が平成８年まで遅れたのは、Ａから、ｅ社の経営が波に乗るまでは入籍を控えようと言われたからにすぎない。また、Ｙは、Ａの両親には会っていないが、それも、Ａから、両親から勘当されていると言われたからにすぎない。Ｙは、同18年９月２日にＸの訪問を受けるまでは、本件の事態をまったく認識していなかったものであり、本件離婚届の提出についても、一切無関係である。

したがって、ＹがＸに対して精神的苦痛を与えた事実はない。

裁判所の判断

裁判所はＹの反論を認めず、「Ａ及びＹは、Ｘに対し、連帯して800万円を支払え」との判決を下した。

そして、慰謝料額の算定については、次のとおり判示した。

Ａは、遅くとも平成４年ころから現在に至るまでの約17年間、Ｙとの不貞関係を継続し、その間にＹとの間に２人の子までもうけたというのであるから、Ａが、不法行為による損害賠償責任に基づき、Ｘに対する慰謝料の支払義務を免れるものでないことは、いうまでもない。

そこで、その慰謝料の相当額について検討すると、Ａは、Ｙとの不貞関係が深まるにつれて、ＸやＸとの間でもうけた２人の子のの［筆者注：原文ママ］もとへ帰宅することが少なくなり、しかも、その間、

> Ｘに対して十分な生活費等を渡さなかったというのであって、Ｘが長年にわたって精神的に極めて辛い日々を送り、また、その間の経済的困窮も著しいものであったことは、想像に難くない。そして、Ｘは、Ｙとの不貞関係を隠蔽しようとしたＡの嘘を、ＸがＡＹの自宅を訪れた平成18年９月２日までの長期間にわたって信じ続け、……精神的にも経済的にも多大な苦しさを耐え続けていたのであって、そのＸが真実を知った際に受けた精神的衝撃の強さは、察するに余りある。しかも、Ｘは、ＡがＸの署名を偽造して本件離婚届を提出したことにより、現在、戸籍の記載上、Ａの妻たる地位を喪失しているのである。

また、ＡとＹの責任の軽重については、次のとおり判示した。

> ……Ｙは、ＡがＸと婚姻していることを認識していながら、あえてＡと不貞関係を有していた上、本件離婚届が偽造に係るものであり、ＸとＡの離婚が無効であることを当初から認識していたものと推認されることに照らすと、Ｙの責任と、Ａのそれとの間には、軽重の差はないというべきであるから、Ｙも、Ａと連帯して、Ｘに対し、800万円の慰謝料の支払義務を免れないというべきである。

解　説

本件では、同種事案に比べて800万円という高額な慰謝料（損害賠償）が認められたが、その最も大きな理由はＡがＸの離婚届の署名を偽造したという点であり、かつＹがその事実を知っていたという点であろう。

また、ＡがＸに対して「十分な生活費等を渡さなかった」という点も慰謝料の増額事由として考慮されていることがわかるだろう。

なお、Ｙの責任をＡの責任と同視して800万円もの高額な慰謝料を認めたことについては異論もあり得るところであろう。なお、筆者はＹの責任はＡと同等ではなく、それよりも軽い責任を認めれば足りると考える。

42. 不貞慰謝料の算定における謝罪の有無

東京地判平成23・２・24平成21年（ワ）42791号公刊物未登載

事案の概要

① Ｘはシステムエンジニアとして会社勤務をしており、Ｙは空調関係の仕事をしている。

② ＸはＡと平成19年１月に婚姻した。

③ Ｙは、ＸがＡと交際する前からＡと友人関係にあり、ＸとはＡを介して知り合った。

④ Ｙは、同20年４月11日午後、Ｘが出勤してＡだけしかいないＸ宅（Ｘと同居していた自宅）において、Ａに夫であるＸがいることを知りながらＡと性的関係を持った（以下、この行為を「本件不貞行為」という）。

⑤ ＸとＡは、同21年10月13日、協議離婚した。

以上の事実関係の下において、ＸがＹに対して300万円の慰謝料の支払を求めて提訴した。

争　点

Ｘの請求に対して、Ｙは、本件不貞行為の経緯や同行為の直前にＹとＡが布団の上で交わした会話の中に、Ａが「結婚しなければよかった。」と漏らした一言があり、これらによれば、本件不貞行為当時、ＸとＡとの婚姻関係は破綻していたと反論した。

また、Ｘは「Ｙによる本件不貞行為は、その当時Ａが体調を崩して横臥していた状況の下で、同人の意に反してあえて同人を姦淫したものである」と主張したのに対し、Ｙは「本件不貞行為は、ＹがＡから誘われ、両名の合意の上で行われたものである」と反論した。

裁判所の判断

本裁判例は、まず婚姻関係破綻の抗弁については、「Ｙは、本件不貞行為前にＸとＡとの婚姻関係が破綻していたと主張するが、仮にＹ主張の事実があるとしても、本件不貞行為当時、ＸとＡとは同居していたのであり、また、婚姻関係が実質的に破綻していたことを外形的に窺わせる証拠もないことからすれば、Ｙの上記主張は認めるに足りない」と判示した。

次に、姦淫の有無については、「……、本件不貞行為の経緯としては、本件不貞行為の前日のＹとＡとのメールのやり取りの中で、Ｙが明日（平成20年４月11日）は勤務先の会社が非番であることを伝えたところ、ＹがＸ宅（当時ＡがＸと同居して婚姻生活を送っていた家）に遊びに行くことに決まり、Ｘが出勤していないＡ宅にＡはＹを入れているという事情があること……、Ａは、Ｘに対し、Ｙから強姦されたことを本件不貞行為の翌々日になって打ち明けていること……、Ｘは、Ａからそのことを告白されるやその日中に警察に110番電話をし、その後警察からＸとＡが別々に事情聴取を受け、警察官もＸ宅を捜査したりしたが、その結果、事件にしないことになり、Ｙはその件で取調べを受けていないこと……が認められる。以上の事情に加えて、ＹとＡとは、ＸとＡとが知り合う前からの友人関係にあった上に、本件不貞行為前は電子メールを交換し合う関係であった……ことからすれば、本件不貞行為は、ＹとＡとの当日における言動の自然の流れの中から発展した蓋然性が高いと認めるのが相当であり、少なくとも強姦に当たる事実を認めることができないことは明らかである」と判示し、Ｘの主張を排斥した。

最後に、不貞慰謝料の額については、以下のとおり判示した。

> ……本件不貞行為は一度だけである上に、ＸとＡが後日協議離婚した原因は、これだけではなく、これを契機として、当時体調を崩していたＡをいたわる反面、本件不貞行為についての警察の捜査に協力を強いたり、同不貞行為の原因の一部にＡがＹをＸ宅に入れたことがあるとして、Ａを責めたり、本件裁判に証人として出頭することをＡに強く求める等の行為が繰り返されたことがＡの陳述書……から窺わ

れ、本件不貞行為だけではなくこれが一因ともなってXとAとの別居、さらには協議離婚に至らせた可能性も否定することはできない。この点は、配偶者に対する貞操権を侵害され、重大な精神的ショックを受けたXの心情を察すればあながち理解できなくもないところではあるが、逆に上記行動はAとの信頼関係の回復を希望するのであればかえってそれを困難にしかねない行動にも発展しかねないものであり、これがAとの婚姻関係の破綻に繋がる一事情であったといえなくもない。したがって、本件不貞行為のみによりXとAとの婚姻関係が破綻し、協議離婚に至ったとまでは認めることができない。加えて、XとAとの婚姻関係は約1年9箇月であり、本件不貞行為が行われるまでの期間でいえば、約1年3箇月程度の比較的短期間であったこと、Yは本件不貞行為について自己の非を認め、一応Yに陳謝していること……をもしんしゃくすれば、本件不貞行為による慰謝料額としては70万円をもって相当であると認められる。

解　説

本件では不貞慰謝料額の算定について比較的詳細に述べられており、参考になると言える。重視されている事実としては、XAが協議離婚した原因は本件不貞行為だけではないこと、XAの婚姻期間が短かったこと、Yが陳謝していることが挙げられている。

このように、YがXに対して不貞行為に関して謝罪することは慰謝料減額事由として評価されることが多いと言えよう。

そして、本件とは逆に、例えば東京地判平成23・3・17（平成21年（ワ）37659号公刊物未登載）が「YからXに対する謝意は表されていないこと」を慰謝料の増額事由と評価しているとうかがわれることからも対照的に理解できる。

43. 不貞行為の場所

東京地判平成29・6・30平成28年（ワ）22398号公刊物未登載
〔29049937〕

事案の概要

① Xは、Aと平成18年10月1日に婚姻し、同人らの間には小学生の長男（平成19年生）がいる。

② Aは、日中は輸入業者であるa社で働くほか、派遣会社に登録して、週2から4回、夜間に物流の仕事に従事している。

③ Yは、Aの上記物流の仕事の元同僚である。

④ Yは、同25年11月25日、派遣先において、同じ派遣先の同僚としてAと知り合った。

⑤ YはAと、同人に妻子がいることを知りながら交際を始め、複数回にわたり不貞行為に及んだ。

以上の事実関係の下において、XはYに対して不貞慰謝料として200万円（別途弁護士費用20万円）の支払を求めて提訴した。

争　点

本件における争点は、不貞行為の開始時期、婚姻関係破綻の抗弁の成否、Yの故意・過失の有無、損害額の算定であった。

裁判所の判断

裁判所は、第一に、不貞行為の開始時期について、「YとAは、平成26年3月以降、キスをするなどして男女としての交際を開始し、同年4月下旬頃から、性的な関係を持つようになり、その関係は、少なくとも、平成28年2月4日時点まで継続していたものと認めるのが相当である」と判示した。

第二に、婚姻関係破綻の抗弁については、「Yは、XとAの間に婚姻当初から性交渉はなかった、長男は人工授精によるものであった、Xが、長男に暴力を振るい、Aには止められない状況があったと主張するが、これらを認めるに足りる的確な証拠はない」などと判示して、Yの主張を認めなかった。

第三に、Yの故意・過失については、「……Yが、不貞行為に及んだ時点で、Aに妻子がいることについて知っていたことは当事者間に争いがないところ、Yは、そのような認識がある中で、Aが、自身の携帯電話に残るYとのメールを削除していたということを知っていたというのである……。婚姻関係が破綻しているのであれば、Xにおいて、Aが誰とメールをしていようが構わないと考えても不自然ではなく、Aにおいても、メールを削除する理由はないはずであり、メールを削除しなければならないというのは、婚姻関係が破綻していないからこそその必要があることになるのであって、そのような事情を認識していながら、Yにおいて、XとAの間の婚姻関係が破綻していると考えたのであれば、余りに軽率である。また、Yは、Aが、友人らから車を借りて、Xや長男を空港まで送っていっていたことも認識していたのであり……、上記の認識と併せて、子との関係のみならず、夫婦間の関係についても、問題がないのではないかと考えるべきであり、仮にそのような認識に至らなかったのであれば、やはり、軽率な判断というほかない」と判示して、Yの故意・過失を認めた。

第四に、慰謝料額の算定については、次のとおり判示して、慰謝料額は150万円（別途弁護士費用は15万円）とした。

……XとAの婚姻関係は、同人とYによる不貞行為が行われる以前に破綻していたとはいえず、そのような中で、不貞行為が行われていたことを知ったXの精神的苦痛は法的保護に値するものといえる。しかも、不貞行為は、……平成26年4月下旬頃から平成28年2月4日頃までと、相当期間、継続的に行われていたのであり、そのうち、Xの自宅においても複数回にわたり性行為が行われたというのであるから（争いない）、その苦痛は相当なものと考えられる。

……一方、現状においても、ＸとＡは、正式には離婚しているわけではなく、本件の不貞行為によって、既に婚姻関係が完全に破綻したとまで言い切れるか、疑問なしとはいえない。しかし、……ＡがＸに対し、離婚を求めたこと、ＸがＡに対しても慰謝料請求を考えていることが認められ、本件の不貞行為の結果、同人らの婚姻関係は相当悪化しているということはいえる。

解　説

本件においては、慰謝料額の算定に当たって、不貞行為の場所がＸの自宅であったことが重視され、これが慰謝料増額の事由と評価されている。

本件判旨が指摘しているように、不貞行為の場所がＸの自宅であるということを知ったＸの精神的苦痛は相当なものと考えられる。

不貞慰謝料の算定事由として、不貞行為の場所が影響する場合もあるので留意しておくべきであろう。

なお、本件と類似の問題点を扱った裁判例として、東京地判令和２・７・21平成30年（ワ）31523号公刊物未登載〔29060533〕があり、「本件不貞行為の頻度は、週２、３回以上に及び、ほぼ毎日不貞行為を重ねた週もある（平成29年12月17日から23日まで）こと、ＹとＡは、平成30年５月までに、数度の宿泊を伴う旅行に赴いたほか、頻繁に自宅の最寄り駅で待ち合わせ等を行い、３回ないし４回程度は自宅において密会を重ねたことが認められ、これらの際には、上記最寄り駅においてＸとＹが遭遇することもあったものと認められる」と判示した。

44. 不貞行為と自殺未遂①

東京地判平成30・8・8平成30年（ワ）55号公刊物未登載
〔29053820〕

事案の概要

① X（昭和38年生）とA（同38年生）とは平成元年10月4日に婚姻した夫婦であり、両名の間には長男（平成4年生）と長女（同10年生）がいる。

② Aは、昭和62年4月1日、a社に入社し、平成13年4月以降、同社の破綻後に業務を継承したb社に引き続き勤務し、同26年以降、グループ会社のc社で勤務している。一方、Xは専業主婦である。

③ Y（昭和46年生）は、b社において派遣社員として勤務していた独身女性であり、Aが婚姻していることを、遅くとも同14年1月頃には知っていた。

④ AとYは同年12月頃から不貞関係になった。

⑤ AとYが不貞関係にあった約14年の間、逢瀬を重ねていた頻度は、多いときで月2回程度であったものの、同27年頃以降は会う頻度が極端に減っていた。

⑥ AとYが不貞行為に及んだ場所は、基本的にホテルやY宅であったが、その際のホテル代や食事代その他の遊興費は、基本的にはAが小遣いの範囲で負担していた。もっとも、Aは、同15年頃、自社の保険商品を購入すると称して、Xに対してドル建ての書類を見せたうえ、家計から100万円を拠出させたことがあったが、実際にはYとの遊興費にもこれを充てていた。

⑦ 同26年9月12日の朝、Xの父親が死亡したが、Aは、そのような中、Yに対してXの父親が亡くなったことを伝える一方で、卑猥な内容のメールを送信しており、後にそのことがXの知るところとなった。

⑧ Aは、同27年の初め頃、Yから別れを切り出されたが、これを拒絶し、頻度こそ減ったものの、Yとの不貞関係を続けていた。もっとも、同28年

1月頃から同年10月頃までの間は、一時期Yとの間で連絡を取らなくなり、Aとしては自然消滅かと思っていた。

⑨　Yは、同29年1月15日、X宅の固定電話に架電し、Xの長男に対し、相手をよく確認することもなく、「Yだけど。」「メールにも電話にも出ないのは、どういうこと。」「あなたの家族にも私と同じような目に合わせてやるから。」と言い放って電話を切った。Xが、この件につきAに尋ねたところ、Aは「昔、自分が付き合ってた女だ。あ、あなたと結婚してからの話だけどね。」などと説明した。

⑩　Xは本当のことが知りたいと思ったものの、Aにはぐらかされてばかりであったことから、同年8月10日から同月12日にかけてYの携帯電話に架電したが、Yがこれに出ることはなかった。そこで、Xは、同日、自分の気持ちを全てさらけ出すつもりで、便せん10枚にAとYの不貞問題について考えをまとめ、家族の前で読み上げたものの、家族の反応が薄かった。そのため、Xは自暴自棄になり、同月13日、自宅の2階で首を吊って自殺しようとしたが、未遂に終わった。

⑪　Xは、同年9月30日以降、夫婦関係に起因すると考えられる全身倦怠感、意欲低下、不安・焦燥、不眠、食欲低下等の抑うつ症状が出現したことから、心療内科で検査の結果、抑うつ状態（重度）との診断を受け、薬物治療及び精神療法を受けるようになった。

⑫　Xは興信所に依頼してYの住所を突き止めたうえ、同年11月28日、同月29日、同月30日とYの自宅を訪問し、玄関チャイムを鳴らしたり、大声で、自分がYの不貞相手であるAの妻であることを名乗るなどして面会を求めたが、Yが姿を現すことはなく、最終日にYから110番通報を受け、警察官から押しかけ行為として事情聴取と説諭を受けることとなった。

⑬　Yは、同年12月6日、Xに対して、概要、「大変失礼だと思いますが、こんな事で自殺未遂を起こすなんて、本当に幸せな人だと思いました。本当に死のうとしたのか疑わしく思ってます。関心が欲しかっただけでは？探偵を雇える程ですから、お金に困った経験も無いのでしょう。」で始まり、「私はあなたがた夫婦を憎み恨んでいます。もし自殺したら、その原

因はあなたがたです。」で締めくくる、Ａとの不倫の経緯や自分の境遇等を記載した手紙を送付した。

⑭　Ａは、不貞関係がＸに発覚した以降も、Ｙの要望に従い、同年３月から同年10月まで２か月に１回、５万円ずつ渡していたが、それは、前記のようにＹがＸ宅の固定電話に電話をして来たことがあったため、再度そのようなことをさせたくなかったからであり、また、Ｙに会って直接渡していたのは、Ｙが生活保護を受給していたことから、預金口座への振り込みによって支給停止となることを避けるためであり、不貞関係を継続するためではなかった。

⑮　Ａは、同８年頃にも、Ｂなる女性と不貞関係になったことがあり、今回が２回目の不貞関係であったのみならず、同19年頃には、会社の宴席で他の女性派遣社員に対するセクハラ行為に及んだことにより急きょ異動となったこともあった。

⑯　Ｘは、提訴当初こそＡと離婚すべきかどうか逡巡していたものの、今般、最終的に、Ａとの離婚を決断するに至った。

以上の事実関係の下において、Ｘは、Ａ及びＹに対して500万円の損害賠償を求めて提訴した。

争　点

本件における主な争点は慰謝料の金額をいくらとすべきかという点であった。

すなわち、Ｘの慰謝料500万円の主張に対し、Ｙは「Ｘの家庭は、とても恵まれた家庭であり、Ａの収入があってこその豊かな暮らしができている。Ｙのせいで、ＡがＸとその子供たちを犠牲にすることは一度もなかったはずであり、それにもかかわらず、自分自身の自殺未遂をやたらと強調し、本件提訴という行動に出たＸは、苦労知らずで、とても粘着質で狭量な人物であり、Ａに対する今までの生活への恩はないのか、自分自身は何も反省すべきところはなかったのか、疑問である。Ｘは、現在もＡの購入した自宅で共に居住し、Aの給料で生活しているにもかかわらず、金銭を要求するというのは理解できない。Xの精神的苦痛は、Yの人生に比べたら、甚だ大げさである」等と反論した。

裁判所の判断

裁判所はおおむね次のとおり判示して、慰謝料を300万円とした。

……ＡＹは、ＸとＡとの婚姻期間の半分近くに及ぶ約14年間という長期間にわたって断続的に不貞行為に及んでいたのであり、それ自体、行状として芳しくない。また、Ｘは、ＡＹらの不貞行為により、30年近く築いてきた家庭を破壊され、精神に変調を来して自殺未遂を図ったり、抑うつ状態（重度）により通院加療を余儀なくされている上、職にも就くことができていない状況下で、今般、Ａとの離婚を決断せざるを得なくなったのであり、その受けた精神的苦痛は大きいものというべきである。（中略）

……平成27年以降はＡＹが会う機会が極端に減ったこともあり、年数の割に、不貞行為を重ねた回数は多いとはいえないこと、不貞関係の発覚までの期間が長かったこともあるが、現在、ＸとＡの子らはいずれも成人しており、ＸとＡの離婚によって、子らの養育の問題が残るわけではないこと、Ａにおいて、記憶が不鮮明な点を除き、提訴当初から事実関係を概ね認めていること、小遣いの範囲内における金銭の費消の限度においては、Ｘとその子供たちの生活に影響を及ぼしているわけではないこと、Ｙにおいて、Ｘが自宅に３日連続で訪れて面会を求めてきた際のＸの言動に恐怖を感じたとしても不思議ではないと思われ、その際の110番通報には無理からぬ点もあったと評価するのが相当であることなど、酌むべき点があることを考慮してもなお、ＡＹがＸの被った精神的苦痛を慰謝するには、300万円をもって相当と認める。

解　説

本件において裁判所が認めた300万円という慰謝料額は、今日の同種の裁判例に比して高額の部類に入ると言えるだろう。

そして、その判断に至った事情としては、やはりＸがＡＹ間の不貞行為発覚後に自殺未遂を図っているという点が挙げられよう。

高額な慰謝料が認められた裁判例として参考になると考え、紹介した次第である。

なお、本件と類似した裁判例として山形地判昭和44・11・６判時 584号95頁〔28233680〕がある。これは、夫婦間の離婚請求事件であるが、夫の不貞を知った妻が世をはかなみ、将来子が夫の元に引き取られ虐待を受けるのではないか、そして、これを避けるためには子とともに死んだ方が子のためになると考え、睡眠薬を使って心中を図ったところ、子が死亡し自らは死にきれなかったという事案であった。

そして、裁判所は、妻が夫に対して請求できる離婚の慰謝料額として70万円を認めた。

なお、昭和44年当時の大卒公務員の初任給は約２万8000円であったというから、当時の70万円というのはかなりの高額と言えるだろう。

45. 不貞行為と自殺未遂②

東京地判令和２・１・30平成30年（ワ）20298号公刊物未登載〔29058858〕

事案の概要

① Ｘ（昭和35年生）とＡ（同45年生）とは、平成10年５月３日に婚姻をした夫婦であり、同11年、その間に長女が生まれた。

② Ａは、共働きであったにもかかわらずＸがほとんど家事をしなかったことや、発達障害を持つ長女の養育に苦労したことなどが心的ストレスとなり、うつ、過呼吸などの症状が出始めたため、心療内科への通院を始めた

ものの、その症状は改善しなかった。かえって、長女がＡに攻撃的な態度を示すようになったことに伴い、Ａの症状が深刻化したことから、Ａは医師の助言も受け、同24年７月頃、自宅を出て、Ｘ及び長女との別居を開始した。

③　その後、症状の改善があったことなどから、Ａは自宅に戻り、１回目の別居は２か月ほどで解消された。しかしながら、Ａと長女との関係は改善せず、長女が包丁を持ち出したり、部屋に引きこもって自殺を図るなどしたことから、Ａは、同26年秋頃、再び自宅を出て、Ｘ及び長女との別居を開始した。

④　Ｙは、遅くとも同27年２月以降、Ａに夫があることを知りながら、Ａとの間で性的関係を持った。

⑤　Ａは、同年１月ないし２月頃、自殺を図った。その知らせを受けたＸはＡの元に駆けつけ、Ａに付き添って病院に行くなどした。その後、Ａはうつ状態と診断され、入院ないし通院による加療を受けた。

⑥　Ａは、同月以降、Ｘと２人で、二度、宿泊を伴う旅行をしたことがあったほか、週に２、３回の頻度で食事等を共にしていた。また、Ａは、２回目の別居期間中もSNSを用いて頻繁にＸとやり取りをしており、その内容もごく普通の夫婦間におけるものであった。

⑦　同28年７月末に長女が自宅を出たこともあり、Ａは、同年11月頃、Ｘとの同居を再開した。

⑧　Ａは、同居の再開後も、それまでと同様、SNSを用いてＸとやり取りをしていたほか、週に２、３回の頻度で食事等を共にしていた。

⑨　Ａは、同30年２月22日、Ｙとの不貞行為がＸに発覚したことから、Ｙとの関係を解消するとともに、Ｘと再び別居した。

以上の事実関係の下において、ＸはＡ及びＹを被告として、両名に対して500万円の慰謝料の支払を求めて提訴した。

争　点

本件においては、ＡＹ間の不貞行為時点においてＸＡ間の婚姻関係が破綻していたかどうかという点が問題となった。すなわち、Ｙは「ＸとＡとの婚姻関係は、平成26年の秋以降破綻していた。すなわち、Ａは、その頃、自宅を出て、家族との別居を開始したが、この時点で、ＡとＸとの婚姻関係は完全に冷え切っており、ＸはＡの別居について何も意見すら言わなかった。また、Ａは、平成27年１月ないし２月頃、精神的に追い詰められて自殺未遂までしており、Ｘとの関係が円満な状態であれば、このような深刻な状況に陥るはずがない」と主張した。

これに対して、Ｘは、「Ａが、平成26年の秋頃に自宅を出て、別居を開始したことは認めるが、それは、長女との折り合いが悪かったからであって、夫婦関係が悪かったからではない。また、Ａの別居後も、Ｘは、Ａと頻繁に食事をし、SNSでやりとりをするなど、夫婦関係は良好であった」と反論し争った。

裁判所の判断

裁判所は、次のとおり判示して、Ｙの主張（婚姻関係破綻の抗弁）を認めなかった。

> ……ＡＹの不貞行為が始まった平成27年２月頃において、ＸとＡとは別居しており、円満な夫婦としての共同生活を送っていたとは認定できないものの、その頃、２人は、SNSで頻繁にやりとりをし、食事を共にすることが多かったことに加え、別居期間中に２人で宿泊を伴う旅行をしたこと、その後同居を再開させていることに鑑みると、ＸとＡとの婚姻関係が修復不可能な程度に破綻していたとまで認めることはできない。
>
> したがって、平成27年２月頃にＡＹが交際を始め、これを継続したことは、Ｘに対する不法行為に該当することになる。

そのうえで、Xの慰謝料額については、次のとおり判示した。

> ……Yは、AがXと婚姻関係にあることを知りながら、遅くとも平成27年2月頃から約3年にわたり、ほぼ月3回の頻度でAとの間で性的関係を伴う交際を続けていたこと、Xにおいては、思いがけず自分の妻の卑猥な画像等を目の当たりにさせられたこと、AYの不貞行為によってXとAとの20年にも及ぶ婚姻関係が完全に破綻したことが認められる。他方……AYの不貞行為が開始された平成27年2月頃において、XとAとが円満な夫婦としての共同生活を送っていたとまでは認められないこと、Yは、事実を認めてXに謝罪し、Xからの慰謝料の請求に対しても支払う意思を示していたことなどの事情も存在する。
>
> 以上の諸事情を総合考慮すると、Xが被った精神的苦痛を慰謝するには100万円をもって相当というべきである。

解　説

本件では、「**44. 不貞行為と自殺未遂①**」（前の裁判例）とは異なり、不貞行為の当事者であるAが自殺未遂を行っており、これは、上記判示部分にははっきりとは述べられてはいないものの、AY間の不貞行為時点においてXA間の婚姻関係が必ずしも良好ではなかったことを示す1つの事情と言える。

また、Yが謝意を示していることも慰謝料の減額事由として評価されていることもわかる。

結論として、慰謝料100万円というのは妥当な金額であろうと思う。

46. 離婚後の事情と不貞慰謝料

東京地判令和２・10・７令和元年（ワ）11782号公刊物未登載
〔28283263〕

事案の概要

① 妻Ｘと夫Ａは、平成25年４月頃、ａ社の内々定者懇親会で知り合い、同年11月頃から交際を開始し、同26年３月には、結婚を前提として、Ａの両親及びＸの両親のそれぞれと顔合わせをするなどした。

② 同年４月、ＸとＡは上記会社に入社した。

③ 同28年２月頃、Ｘの妊娠がわかり、同年４月、両家の顔合わせをしたうえ（ただし、Ａの母は出席しなかった）、同月24日、婚姻届を提出した。ＸとＡは、婚姻届提出の前後を通じて、数か月に一度は旅行（双方の実家へ行くことも含む）に行くなどしていた。

④ Ｘは妊娠後、Ａに飲み会やプロ野球観戦などの頻度を控えるよう求めることがあり、これに対してＡが不満を持つことがあった。

⑤ Ｘは、同年８月頃、里帰りをしたうえ、Ａの立会いの下第１子を出産し、同年11月頃、東京の自宅に戻った。

⑥ ＸとＡは同29年３月10日頃から20日頃にかけて、親戚まわりをした。なお、ＸはＡの祖母から、同女が信仰している宗教の参拝に子供を連れて同行することを求められたときに、これを断ったことがあった。

⑦ Ｙは同27年４月にａ社に入社し、Ａと同部署に配属され、営業担当であるＡをサポートする事務の立場にあり、また、ＡはＹの教育係的存在でもあった。なお、ＸとＹは同年９月頃の社内行事の際に知り合った。Ｙは、ＸとＡが婚姻したこと、Ｘが妊娠、出産したことを知っていた。

⑧ Ｙは、同28年６、７月頃、Ａから誘いを受けるようになり、同年11月には、４人での会食という名目で誘われたものの、結果として２人で食事に行ったことがあった。その後、ＡはＹに対する態度が優しいものになり、また、Ｙに対して性的関係を求めるようになった。

⑨　ＹはＡとの関係からこれを拒絶することができず、同年12月19日、性的関係を持った。さらに、ＡとＹは、同29年１月13日の千葉旅行の際にも性的関係を持ち、同月中旬頃及び同年２月第２週にも性的関係を持った。加えて、ＡとＹは、同年３月４日及び５日に２人で沖縄旅行に行った際に性的関係を持ち、同月第３週及び第４週にもそれぞれ性的関係を持った。

⑩　Ｘは、以前からＡが浮気をしているのではないかと疑っていたところ、同月、自宅のパソコンを操作していた際に、Ａが同月４日に誰かと沖縄に旅行に行った航空券の予約を見つけた。そこで、Ｘは、株式会社Ｃ（以下「Ｃ」という）との間で同月31日付け調査委任契約を締結し、103万6800円を支払った。Ｃは同年４月５日及び12日に調査を行ったが、ＡとＹがデートしていたこと及びＹの自宅住所を突き止めたものの、不貞の証拠を得ることはできなかった。

⑪　そこで、Ｘは、同月21日に実家に帰省する予定であったことから、この日に宿泊して不貞の証拠が得られる可能性が高いと考え、Ｃとの間で同月18日付け追加調査委任契約を締結し、51万8400円を支払った。Ｃは、同日、調査を行い、ＡとＹがホテルに宿泊したことを突き止め、Ｘへ報告した。

⑫　ＸとＡは、同年５月29日頃から別居した。

⑬　Ｘの代理人は、同年６月２日付けでＹに対し、ＡとＹとの不貞行為による損害賠償として、離婚に伴う慰謝料600万円の支払を求める通知を内容証明郵便で送付し、その頃Ｙに到達した。

⑭　Ｙは代理人を通じて、同年７月頃には、Ｘに対して、多大な迷惑をかけたことを深く反省していること、直接謝罪をしたいことなどを記載した書面を送付するなどし、Ａと性的関係があったことを否定することはなく、相当額の金員の支払をする考えがあることなどを伝えていた。

⑮　Ｘは、不貞の内容などの事実関係が記載されていないため反省しているかどうかわからないと考え、これを受け入れなかった。

⑯　ＸとＡは、同年10月23日付けで離婚した。

⑰　Ｙは、同30年１月頃、Ｘに対し、300万円の示談金を提案したが、Ｘは

これを拒絶した。

⑱　Ｙは話し合いによる解決を模索して、同年に民事調停を申し立てるとともに、調停手続外でＸに対して、ＹがＸに直接面会することを申し入れた。ＸはＹと直接面会することは拒絶したが、同年６月19日、Ｙの姉と直接面会し、謝罪を受けたものの、Ｙが会社を辞めることを求めた。さらに、Ｙは、同年７月頃、Ｘに対し、不適切な行動により、Ｘ自身やその家族をはじめ関係者に多大な迷惑をかけていることを深く反省していること、女手一つで仕事と子育てを両立することの大変さはＹの想像をはるかに上回るものだと思っていること、他方、Ｘが希望していると思われる、Ｙが会社を退職することについては、受け入れることができないことなどを記載した手紙を送付した。

⑲　調停手続においては、Ｙは200万円の支払を提案したが、Ｘがこれを拒絶し、調停は不調に終わった。

⑳　Ｙは、同31年３月26日、本件の紛争の解決を企図し、Ｘに対し、損害賠償債務の不存在確認を求める訴訟を提起した。

これに対し、令和元年５月10日、ＸがＹに対して不貞慰謝料350万円、調査費用155万5200円及び弁護士費用50万5520円等の支払を求めて反訴を提起したのが本件である。

争　点

Ｘは慰謝料の算定に当たって、「離婚の結果、ひとり親となり、Ｘの両親が関西在住であるため、Ｘの負担が急増した」ことを増額の事由として考慮すべき旨主張した。これに対してＹは、慰謝料の額について、「Ａは、同じグループの教育係という地位を利用し、関係を拒むＹに対し、執拗に関係を迫った。Ｙは、直属の上司に当たるＡの誘いを断ると自身の社内での立場に悪影響があり得ると懸念したことから、関係を持ってしまった。したがって、Ｙの責任は副次的なものであり、このことは慰謝料の減額事由とされるべきである」などと反論し、調査費用について、「探偵を使った高額な調査をする必要はなかった」などと反論した。

裁判所の判断

裁判所は、以下のとおり判示して、認容する不貞慰謝料の金額を200万円とした。なお、調査費用については相当因果関係がないとして否定しつつ、慰謝料の増額事由として評価した。

> ……Xは、本件の不貞行為が原因でAとXが離婚に至ったこと、離婚によってひとり親となりXの負担が急増したこと、……会社における今後のキャリアに影響が出ている、あるいは出る可能性があることを主張する。しかしながら、夫婦の一方は、他方と不貞行為に及んだ第三者に対し、当該第三者が、単に不貞行為に及ぶにとどまらず、当該夫婦を離婚させることを意図してその婚姻関係に対する不当な干渉をするなどして当該夫婦を離婚のやむなきに至らしめたものと評価すべき特段の事情がない限り、離婚に伴う慰謝料を請求することはできないところ（最高裁平成……31年2月19日第三小法廷判決・民集73巻2号187頁参照）、本件において、Xは、上記特段の事情を主張して離婚に伴う慰謝料を請求するものではなく、不貞行為に伴う慰謝料を請求するものである。ところで、上記のXの主張のうち、本件の不貞行為が原因でAとXが離婚に至ったという主張は、本件の不貞行為がXに与えた衝撃が、離婚を決意させるほどに大きなものであったという意味において、不貞行為に伴う慰謝料額を定めるにあたって考慮事由となり得るものである。しかし、離婚をしたこと自体や、離婚をしたことによってXに生じた様々な変化、負担は、正に離婚に伴う影響であるから、離婚に伴う慰謝料額を定めるに当たり考慮事由となることはともかく、不貞行為に伴う慰謝料額を定めるに当たり考慮すべき事情ではない。（下線筆者）

解　説

上記「裁判所の判断」のポイントは下線部分である。すなわち、離婚後の事情は不貞慰謝料額の算定のための考慮事由にはならないと明言した点であろう。

筆者はこの見解に賛成であるが、これとは逆に、離婚の事実を不貞慰謝料の増額事由として処理する裁判例も多い[12)]。

しかしながら、この裁判例が指摘するように、最高裁がXのYに対する離婚慰謝料の請求の可否について原則としてこれを否定する立場を採った以上、離婚の事実を不貞慰謝料の増額事由として評価することもまた消極的な立場を採るべきであろう。

本裁判例で示された考え方が今後主流になることを期待したい。

47. 不貞行為を知った時期と慰謝料額との関係①

東京地判平成15・8・29平成13年（ワ）27193号公刊物未登載

事案の概要

① XとAは、昭和28年1月12日に婚姻し、長男（昭和32年生）をもうけるなど、約50年間、婚姻生活を継続している夫婦である。

② Aは、同58年に定年退職するまで都の職員として勤務し、測量、設計等の職務に従事した。

③ Yは同6年に出生し、地元での結婚に失敗して同33年に上京し、それ以来、独身として生活を送ってきた女性である。

④ YはAと、同年に仕事の関係で知り合い、Aから製図等について教示を

12）具体的な裁判例としては、例えば、東京地判令和4・9・30令和3年（ワ）25064号公刊物未登載〔29074568〕があり、「AがXに対して……離婚申出をしたのが本件不貞行為及びこれによるYの妊娠を契機としたものであることは明らかであるから、本件離婚は本件不貞行為に起因するものと認められる。なお、XとAが最終的に本件離婚に至ったという事実を不貞に伴う慰謝料を算定する基礎事情として考慮するにとどまり、離婚に伴う慰謝料を認容するものではない」と判示した。

受けるようになって親しくなり、同34年４月頃には、Ａに誘われるまま肉体関係を持つようになった。その際、ＹはＡに妻子がいることを知っていた。

⑤　ＸとＡとの家庭には、この頃、特に問題はなく、ＡがＹと関係を持ったのは、Ｙを性的欲求のはけ口としたためであり、Ａは当時、このことをあまり重大なことと考えていなかった。

⑥　ＡはＹと関係を持つようになってから、月に１、２回程度、Ｙのアパートに出かけては酒を飲み、夕食をとり、さらには関係を持って時間を過ごし、帰宅することが多かったが、たまにそのまま寝込んでしまい、Ｙ宅に宿泊することもあった。Ａは、その場合、Ｘに対して徹夜で麻雀をしていたなどと言い訳した。

⑦　ＹはＡとの交際において、同35年頃と同42年頃、合計２回、Ａの子を身ごもり、いずれも中絶している。

⑧　Ｙは、同41年５月頃、測量図面等の作成を専門とする会社を設立して独立し、それからは、毎日朝９時から夜中の１時まで働くようになった。そして、仕事が忙しいことから、Ａをアルバイトとして雇うようになった。ただし、Ａは当時、都職員だったことから、週末を利用し、土曜日に会社事務所を訪れて作業を始め、日曜日の夜まで一緒に作業してその夜に帰宅するのを常としていた。なお、ＹはＡに対し、このアルバイト代として月額２万円程度を支払った。

⑨　Ｙは、同43年３月頃、自己の蓄え、銀行からの借入れなどを資金としてアパートを建て、アパートの賃料収入をもって生活費の一助とした。

⑩　さらに、Ｙは、同50年１月頃、自己の蓄えや親戚の援助をもとに自宅マンションを購入した。なお、その自宅マンションは、同61年１月頃、同じ建物の異なる区画と買い換えている。

⑪　Ａは、Ｙが最初に自宅マンションを購入した同50年１月頃から、Ｙを月３、４回程訪問するようになり、泊まったりもした。

⑫　Ｙは、同57年頃、仕事が少なくなったことや年齢的にも限界を感じるようになったことから廃業を決意し、その後は仕事に就くこともなく、現在

に至っている。

⑬　ＹとＡとの間では、同46年頃から、Ａが都職員として勤め上げて退職金が入った場合、そのうちの1000万円をＹに渡すとの話がなされるようになった。そして、同58年12月頃、Ａの退職金が都から支払われると、ＡはＹに対し1000万円を渡した。

⑭　また、Ａは、同38年頃から、Ｙに対し、Ｙ宅で飲食をする費用として月額1000円程度を渡すようになり、Ａが都職員を退職して民間企業に転職した後の同61年からは、Ｙに仕事による収入がなかったこともあって、その金額が増えて、平成12年までには月額７万円程度となった。

⑮　さらに、Ａは、証券会社の管理、発行する金融商品の契約申込み、解約及び出入金についてＹに委ねていたところ、同11年７月頃、Ｙに預けていた830万円分の金融商品又は同商品に係る現金をそのままＹのものにするものと認めた。

⑯　このように、ＹがＡから金銭の提供を受けながら２人の関係は維持されていたところ、ＡとＹとは時に大げんかをすることもあり、その際には、ＡがＹからＡの自宅に放火する旨のことを言われたり、別れる別れないの話になったりもした。しかし、ＡとＹとの関係は切れることなく続き、肉体関係も同12年まで続いた。

⑰　ＹがＡから受領した現金は、その大半が信用取引を含む株取引に費やされたが、その取引は失敗し、Ｙは、せっかくＡから譲り受けた財産を失った。

⑱　ＹとＡは、同年になってもめることが多くなった。また、Ａは、Ｘが自分とＹとの関係を薄々感づいているのではないかと思うようになり、また、それを隠し通すのもいかがなものかという気持ちになり、同13年２月14日、酔った勢いで長年に及ぶＹとの関係を告白した。

⑲　Ｘは多少疑ってはいたものの、Ａから告白されたことで精神的に衝撃を受け、Ａに対して激怒した。

⑳　Ａは、Ｘが余りに機嫌が悪いことから自宅に居られず、翌15日、自宅を出てＹ宅を訪ね、宿泊を求めた。そしてＡは、同年４月９日までＹ宅に滞

在した。

㉑　Aは、同年２月21日頃、予想を超えるXの怒った様子をみて、離婚もやむを得なく、その際にはYに自分の面倒をみてもらおうと考えて、Yの意向に沿うようなXとの財産分与案を作成し、Xにそれを提示したが、Xはそれに応じなかった。

㉒　Yは、同年３月28日、X代理人からAとの交際をやめることを求めるとともに、慰謝料5000万円の支払を求める通知書を受け取った。

㉓　YはY代理人と相談し、同代理人からAとの男女関係を否定する通知書を送ってもらった。また、この際、Aを自宅に留め置くことはよくないとの指示を受けた。

㉔　X代理人から通知書を受け取る前から、YはAに対し、自宅に戻ることを促し、Aも何度か自宅に戻ろうとしたが、ドアチェーンが掛かり、また、鍵が替えられており、Xに家に入れてもらえず、Y宅に戻っていた。

㉕　しかし、Aも、上記通知書が送付されてきたことで自宅に戻ることを決意し、事前にXと交渉し、同年４月９日、自宅に戻った。

㉖　Aは、この頃、Yに対し、交際を絶つとの態度を表明した。

㉗　Xは、AからYとの関係を告白された後、精神的に不安定な状態となり、自殺を図ろうとし、同月13日夜、15日夜には、多量の睡眠薬、アルコールを飲み、16日未明には病院に搬送された。Xは、その後も精神科医の投薬治療を受け続けている。

㉘　XとAは同居するようになったものの、XがAとの生活を嫌い、同年５月以降、自宅の１階と２階とを間仕切りして、１階にX、２階にAがそれぞれ暮らすようになった。

㉙　しかし、家庭内別居には限界があり、XとAが自宅内で顔を合わすこともあり、その場合には、XがAに対してYの所に戻ることを求めるなどして大げんかとなった。

㉚　そして、XとAは、同15年２月24日夜も大げんかとなり、XはAと揉み合って倒れた際に、後頭部を打ち大けがをし、それから26日間入院を余儀なくされた。

㉛　その後、ＸとＡは、同じ家に住んでいては、２人がけんかして暴力事件も起きかねないということになり、同年３月22日、Ａが自宅を出て別居するに至った。

以上の事実関係の下において、ＸはＹに対して慰謝料5000万円の支払を求めて提訴した。

争　点

Ｘの主張に対してＹは、「Ｙが、Ａと仕事の関係で知り合い、その後、妻がいることを知りながら肉体関係を含め親しく交際するようになり、２度もＡの子を身ごもったことは認める。しかし、ＡがＹに対して、退職金から1000万円を渡したのは、Ｙが物心両面にわたってＡを支え続け、Ａが無事に都職員を定年退職できたことに対する謝礼であって、当時、ＡがＹと別離を決意し、そのために慰藉料として1000万円を渡したわけではないし、Ｙが、Ａに対し、関係継続を強いた事実もない。また、Ｙが、平成13年２月15日から、Ａを自宅に泊めたのは認めるが、それは、ＡがＸに自宅を追い出されたため、Ａから宿泊所の提供を求められたため、やむを得ず泊めただけであり、Ａを自宅に呼び入れて同棲生活を始めた事実はない」などと主張して争った。

裁判所の判断

本裁判例は、まず不法行為の成否について、次のとおり判示して、その成立を認めた。

> 前記認定事実によれば、Ａは、責められる点の何もないＸに対して、自分の無責任で勝手な行動により、不貞行為をはたらき、しかも、自らそれを告白することで、Ｘの平穏な家庭生活を一方的に破壊し、精神的に不安定な状態をもたらし、自殺未遂に至らしめ、また、Ａとの別居に至らせたことになり、Ｙも、長年の不貞行為に加担して

いたと認められる。
　そうすると、Yにも、不法行為に基づく損害賠償義務が生じると謂わねばならない。

次に、慰謝料額の算定に当たっては次のとおり判示し、慰謝料額を300万円とした。

　……不貞の被害者となった配偶者が不貞行為の第三者に対する損害賠償請求を認める場合の賠償金額を算定するに際しては、次のことを留意する必要がある。
　すなわち、貞操義務（民法752条）は、婚姻の基本であるが、それは、本来、夫婦間の問題であり、価値観の多様化した今日にあっては、性という勝れて私的な事柄については法の介入をできるだけ抑制して、個人の判断、決定に任せるべきであるし、その貞操義務は婚姻契約によって生じ、一方配偶者の他方配偶者に対する一種の債務不履行の問題であって、貞操請求権は対人的、相対的な性格を有し、夫婦の一方の他方に対する貞操請求権を侵害するか否かは、他方の自由意思に依存するものであるから、ここで問題となるような一方配偶者の護られるべき利益は、他方配偶者によって護られたり害されたりするものであり、法によって第三者の侵害から上記利益を護るべきであるというのは、些か筋違いと謂うべきである。そして、価値観の多様化等をふまえ、学説上も、一方配偶者から、不貞の第三者に対する賠償請求は制限すべきであるというのが多数説となっている。
　特に、本件事案においては、本件全証拠によっても、Yが、Aに対し、Xへの告白を働きかけたとは認めがたいところ、それがなければ、Xの平穏な家庭生活を破壊し、精神的に不安定な状態に至らせることはなかったと容易に推認することができるのであり、この点において、Yの責任は、Aに比して軽い。
　また、Xが、長年に亘り、Aと築き上げてきた夫婦関係を一瞬にして失い、それまで裏切られていたことに気づいた苦しみ、悔しさは察するに余りあるところではあるが、同種事案において、妻が夫の不貞行為を知りながら、その状態を長年受忍しなければならなかった場合と比較した場合には、Xが受けた精神的苦痛は低く評価せざるを得ない。

解　説

上記判旨の特徴としては、次の2点を指摘することができるだろう。

第一は、Yの責任をAのそれよりも軽いと判断している点であり、筆者はこれを正当と考える。特に、上記判旨の中で述べられている「一方配偶者の護られるべき利益は、他方配偶者によって護られたり害されたりするものであり、法によって第三者の侵害から上記利益を護るべきであるというのは、些か筋違いと謂うべきである」という点は至極当然というべきであろう。

第二に、本件の不貞行為はかなりの長期間に及んでいるが、本裁判例は、Xがそれを知った時期が不貞行為の初期ではなく、長年それを受忍しなければならなかった場合に比べれば、Xの精神的苦痛は低く評価されるべきであるとしている点である。

この点についての考え方は分かれるだろう。不貞期間が長いということは客観的事実であり、Xの知情時期とは無関係に不貞行為としての違法性は大きいと考えれば、本裁判例とは逆の結論になるだろう。

なお、現在の不貞慰謝料請求訴訟における慰謝料の相場観からすると、本件において300万円の慰謝料を認容したのは高額にすぎるように筆者には思える。

48. 不貞行為を知った時期と慰謝料額との関係②

東京地判平成30・10・30平成29年（ワ）43499号公刊物未登載〔29051977〕

事案の概要

① X（昭和30年生）とA（同29年生）とは、昭和52年1月に婚姻をした夫婦である。

② AとYは同じ高校の同学年という間柄で、遅くとも平成25年12月頃に開かれた同窓生の食事会で再会した。

③ その後、Yは、同26年2月頃、同年4月頃にも食事会でAと顔を合わせ、同月下旬には、Aに妻があることを知りながら、Aと2人で食事をするようになった。

④ その頃、Yは両親の介護のために疲労困憊していたところ、そのような境遇をAがひたすら黙って聞いてくれたため、Aに対して非常に安らぎを覚え、好意を抱いた。

⑤ YはAとの間で、同年5月8日から同年7月1日までに、次のようなメールをやり取りした（なお、括弧内の文言は原文のままであるが、絵文字や顔文字は省略した)。

(ア) 5月8日

A「何行っているの。また自分で考え過ぎていますよ。今度朝までいっしょ居られ日があれば教えて。2人で愛を確かめ会おう　早くお休み」

Y「何とか出かける口実を考えてみるね！あなたをほんとに深く愛してる」

(イ) 5月11日

Y「愛してる！って言ってくれれば、よく眠れると思うから言ってくれる！？」

A「ごめん　メールくれたの気が付きませんでした。もちろんYの事大大好きだよ。また愛し会おうね。」

(ウ) 5月21日

A「一人で飲んで何してるの　酔っ払っぱらっちゃうよ　白い馬を引いている恋の奴隷より　ところで奴隷の名前はAだよ。じゃあね」

A「今日は夢の中で愛し会おう。愛しいY。追伸返事はいいよ。気持ちはわかっているから。」

(エ) 5月30日

A「今日3時に四ツ木斎場にスクーターで行くのでもし時間があれば近くで昼食でもどうですか。1時半頃かな」

(オ) 5月31日

Y「明日も暑いそうだから、気を付けてゲームしてね！それからまた不謹慎だけど、京葉道路沿いのHOTELネットで調べておいてくれると迷わな」

(カ) 6月1日

Y「今、目が覚めた！メールの返事が来てないじゃん！たまには愛してるくらい積極的に言いなさい！私は君の都合のいい女じゃない！！」

Y「バカ！熱中症に気を付けて！ HOTELの件よろしく！」

(キ) 6月5日

Y「あたしがあなたを好き好き過ぎてるからこういう事になっちゃうのよ！もっと他の人が出てくればA君も楽になるかもね」

(ク) 6月7日

Y「私も死んでもいいほどあなたを愛してる！」

(ケ) 6月10日

A「了解しました。また会って愛し会おう　約束　今日も楽しかった　おやすみ」

(コ) 6月11日

Y「きつく抱きしめてあっためてあげたい」

A「シャワーでも浴びて温まります。それとも温めてくれる　やだね。

今度ね！」

(サ)　6月12日

Y「でも、Aくん一緒ならどこでいいのよ！ほんとのところ」

(シ)　6月14日

Y「寝ようと思ってベッドに入ったけど、今日はなかなか寝られない！Aくんに抱かれる夢みたいなあ　愛してる、私のダーリン」

(ス)　6月22日

Y「ゆっくり寝てね　私とベッドに入ってる夢みてもらいたいなあ」

Y「家に着きました！今日もA君最高」

(セ)　6月28日

Y「車で行ったら　飲めないし。錦糸町の裏のホテルなら歩いて行けるけど」

Y「私は飲みに行くのでも、ドライブでも、ホテルでも何でもいいのよ」

(ソ)　6月30日

Y「…メールと着信履歴全部消したほうがいいわ！女は開き直ると全て追求するから！奥様もそうだと思う」

(タ)　7月1日

Y「お疲れ様でした！今朝、血尿が出たやったんで、昔から通ってる婦人科で抗生物質をもらってきました」

Y「でも、make loveしちゃいけないとは言われませんでした」

⑥　Yは、同年（Aの誕生日）、Aと2人で宿泊する予定で河口湖に出かけた。

⑦　しかしながら、XがYとAとのメールのやり取りを写した写真をホテルに送り、Aがホテルの従業員からその写真を手渡されたため、YとAは、それ以上のトラブルに発展することをおそれて、宿泊をせずに帰宅した。

⑧　Yは、同30年3月10日、ラブホテルにて、Aとの間で性的関係を持った。

以上の事実関係の下において、ＸはＹに対して慰謝料500万円の支払を求めて訴訟した。

争　点

Ｘは本訴において、「ＹがＡと不貞行為に及んだことにより、ＸとＡとの円満な夫婦関係が破壊された。Ｙの不貞行為によりＸは精神的苦痛を被ったが、その苦痛を慰謝するに足りる金額は500万円を下らない」と主張した。

これに対してＹは、「Ａから、Ｘが飲食店を経営し、朝帰りが多かったため、ＸとＡとの間に会話はなく、家庭内別居の状態にあったこと、平成26年５月頃には別居したことを聞かされており、ＸとＡとの間の婚姻関係は破綻していたのであるから、Ｙの行為によって婚姻共同生活の平和の維持という保護法益は侵害されていない」などと反論した。

裁判所の判断

本裁判例は、ＡＹ間に不貞行為があったこと、そして、その時点でＸＡ間の婚姻関係は破綻していなかったことを認定し、Ｙに不貞行為に基づく不法行為責任が発生することを認めた。

そのうえで、その慰謝料額については次のとおり判示して、300万円とした。

> ……Ｙは、ＡがＸと婚姻関係にあることを知りながら、平成26年５月頃から現在に至るまで、Ａとの間で性的関係を伴う交際を続け、今後もその関係が解消される見込みはないこと、ＹとＡとの関係の形成及び維持によってＸとＡとの35年にも及ぶ婚姻関係が修復困難な状態に陥ったこと、ＹとＡとの関係が発覚したことにより、Ｘは、複数回にわたり自殺を図るほど大きな衝撃を受けたこと（特に、Ｘの母親が亡くなって間もない時期に性的関係をもっていたことを知った際の衝撃は察するに余りある。）に加え、Ｙの本人尋問における供述態度などにも鑑みると、Ｘの被った精神的苦痛は多大なものであり、これを慰謝

するには300万円をもって相当というべきである。

解　説

本件では、不貞慰謝料として比較的高額と言える300万円が認められている。

その判断材料として、ＡＹ間の不貞行為が現在も続いていること、ＸＡ間の婚姻期間が35年と長期であること、Ｙの尋問の際の供述態度が良好でないこと、Ｘが不貞行為を知って自殺未遂を図るほど大きな衝撃を受けたことに加えて、「特に、Ｘの母親が亡くなって間もない時期に性的関係をもっていたことを知った際の衝撃は察するに余りある」という点が指摘されている点が注目される。

このように、この裁判例は、同じ不貞行為であっても、それがＸにとっていつ行われ、Ｘがそれをいつ知ったのかという点も慰謝料額に影響し得ることを示唆していると言えるだろう。

なお、本件と類似の裁判例として、東京地判平成25・9・12平成24年（ワ）4562号等公刊物未登載〔28250479〕がある。これはＸの妊娠中にＡＹ間の不貞行為が継続していたという事案であり、その事情は慰謝料増額の事由として考慮されたと言える[13)]。

13）同裁判例は、「ＸはＹに対し不法行為に基づき精神的苦痛について損害賠償を請求できるところ、Ａとの関係を継続するに当たってＹも積極的に振る舞っていたといえること、Ｘが妊娠中から出産前後の時期に当たり、その精神的負担は大きいものがあったといえること、Ｘは離婚してＡとの子を引き取ったことなど本件に表れた一切の事情を総合考慮する」と判示した。

49. 不貞行為と不合理な弁解

東京地判令和2・1・21平成31年（ワ）2660号公刊物未登載
〔29059027〕

事案の概要

① X（昭和55年生）とA（同60年生）は平成19年2月8日に婚姻し、長男（平成19年生）、長女（同20年生）、二女及び三女（同22年生）、二男（同27年生）をもうけた。

② YとAは同29年8月頃までに勤務先で知り合い、同年12月頃にはLINEで「愛してる」「会いたい」などといった親密な関係にあることをうかがわせるメッセージをやり取りしていた。

③ Yは、同月29日頃、夜間にAと2人で会って飲酒した。

④ 同月31日、Yは、A及びその友人らと、AがX及び子らとともに住んでいた自宅にて飲酒していたが、同日午後11時半頃にXが帰宅後、Y、A及び友人らは外出した。

⑤ YとAは、Aの友人らが帰宅して2人になった後、同30年1月1日未明から同日午後1時頃までの間、ラブホテルに滞在した。

⑥ Aは、同日午後2時頃に帰宅すると、Xに対し、当初、カラオケ店に滞在していた旨嘘を述べたが、Xに追及され、Yとラブホテルに泊まったことを認めた。もっとも、AはYと肉体関係に及んでいないと述べた。

⑦ Xは、同月7日、Yと面会し、Aとの関係等について問いただしたところ、YはAとラブホテルに滞在したことは認めたが、肉体関係には及んでいないと述べた。

⑧ Yは、同月17日、Aと「平成29年11月頃より平成30年1月頃まで不倫交際していたと思われても仕方のない行為をした（ラブホテルで一晩宿泊）事実を認め、貴殿に多大なご迷惑をお掛けしたことを深く反省し、お詫び申し上げます」などと記載されたX宛ての謝罪文に署名押印した。

⑨ XとAは、その後も同居を継続していたが、同年3月中旬頃、Aが子ら

を連れて自宅を出る形で別居し、同年５月18日に協議離婚に至った。

以上の事実関係の下において、ＸはＹに対して慰謝料300万円（別途弁護士費用として30万円）の支払を求めて提訴した。

争　点

Ｘの主張に対してＹは、「ＹはＡと不貞行為に及んでいない。Ｙは、平成29年12月31日、Ａ及びその友人らと飲酒していたが、最終的にＡと２人になり、Ａの具合が悪くなったため、近くにある休憩できる場所としてラブホテルに泊まったに過ぎない」などと反論した。

裁判所の判断

本裁判例は不貞行為の有無について、次のとおり判示して、Ｙの主張を排斥し、不貞行為があったと認定した。

……Ｙは、平成30年１月１日未明から同日午後１時頃までの間、Ａと共にラブホテルに滞在したことが認められ、滞在場所の性質に加え、Ａが当時32歳であり、Ｙも同年代と見られること……に鑑みると、上記滞在時、ＹとＡは不貞行為に及んだものと認められる。

Ｙは、上記滞在時にＡと不貞行為に及んだことを否認し、Ａの具合が悪くなったため、近くにある休憩できる場所としてラブホテルに泊まったに過ぎない旨主張・陳述するが、仮にＡが体調不良を訴えたとすれば、家族や交際相手ではない異性の同行者としては、自宅に送り届けるか、Ｘ又はＡの親族、友人等に連絡して迎えに来るよう依頼するのが通常の対応であると考えられ、やむを得ず外出先で休憩するとしても、深夜営業の飲食店等、人目のある場所を選ぶことは可能であったはずなのに、そうした行動をとらず、肉体関係を持つ目的がないにもかかわらず、２人だけでラブホテルに入ったというのは不合理であり、ラブホテルに滞在中の過ごし方について具体的な説明がないことからも、Yの上記主張・陳述は採用できない。

なお、慰謝料額の算定については、次のとおり判示した。

……Yは、Aが婚姻していることを知りながら、平成30年1月1日にAとラブホテルで不貞行為に及び、同不貞行為によってXとAとの婚姻関係が悪化し、別居及び離婚に至ったものと認められる。

Yは、XとAは、YとAとの関係が原因で離婚したのではない旨主張・陳述するが、その根拠は、AからXとの婚姻生活に関する悩みを相談されていたというに過ぎず、本件全証拠によっても、YとAの不貞行為以外に、婚姻関係の破綻を基礎づけるような事情が存在したとは認められず、Yの上記主張・陳述は採用できない。

慰謝料額について検討すると、XとAとの婚姻期間は11年3箇月に及び、両名の間には未成年子が4名いること、他方において、証拠上認定できる不貞行為は平成30年1月1日の1回のみであることなど、一切の事情を考慮すると、YがXに対して支払うべき慰謝料額は100万円が相当である。

また、本件訴訟の経緯に照らすと、相当因果関係のある弁護士費用は10万円を相当と認める。

解　説

本件においては、「Aの具合が悪くなったため、近くにある休憩できる場所としてラブホテルに泊まったに過ぎない」とのYの弁解が信用できるかという点が問題となり、本裁判例はその弁解を信用できないとした。

本件に限らず、この種の事案においてYからこのような反論がなされることは少なくない。一例を挙げれば、「Aが憔悴して突然泣き出しそうになり、具合も悪そうなので、他人に聞かれないようにホテルに入り、話合いをしたに過ぎない」（東京地判平成21・8・31平成21年（ワ）615号公刊物未登載）、

「ラブホテルでは世間話をしただけである」（東京地判平成22・1・14平成20年（ワ）1722号公刊物未登載）、「雪のため帰宅することができなかった」（東京地判平成29・2・15平成27年（ワ）20607号公刊物未登載〔29045762〕）、「単に椅子で休んだり、楽器を教えてもらっていた」（東京地判平成29・9・1平成29年（ワ）1938号公刊物未登載〔29031742〕）、「相談に乗るなどしていた」（東京地判平成29・6・30平成28年（ワ）8195号公刊物未登載〔29050083〕）などがある。

そして、当然のことながら、裁判所は各弁解をいずれも認めていない。

最終的な慰謝料額の算定に当たっては、このようなYの態度が慰謝料の増額事由として評価されることが多いので、Y及びその代理人としては、その覚悟をもってその種の反論を行うべきであろう。

50. 過失相殺の主張の可否

東京地判令和3・10・8令和元年（ワ）27251号公刊物未登載〔29067126〕

事案の概要

① Xは医師であるA（夫）と平成18年5月5日に婚姻し、平成21年に長女をもうけた。

② Yは助産師兼看護師であり、その夫B（以下「B」という）との間に2人の子がいる。

③ AとYは勤務先のa病院で知り合い、遅くとも同30年10月頃から性交渉を含む交際を開始するようになった（以下、AとYの同交際を「本件不法行為」という）。

④ 同31年1月16日頃、XはAに対し、Yと不貞関係にあるのではないかと問いただしたところ、AはXに対し、Yとの接触を断つ旨約した。

⑤ Xは同月17日、Yに対し、Aとの不貞関係を深く反省して、今後Aとの接触を断つことを誓約するよう求めるメールを送信した。これを受けてY

は、同日、Xに対し、謝罪するとともに、今後Aと接触しないことを約する旨返信した。

⑥　XはAの行動に不審を覚えたため、探偵事務所に対し、同年2月6日、Aの行動調査を依頼し、同月7日、調査費用として321万3000円を支払った。

⑦　上記探偵事務所による調査により、XはAとYが、同年2月8日に熱海市内のリゾートホテルに、同年3月2日から同月3日にかけて横浜市内のホテルにそれぞれ滞在したことをその頃に知り、同月11日頃、そのことが記された調査報告書を同探偵事務所から受領した。上記調査の結果、AとYが上記④及び⑤の約束後にも性交渉を持っていたことが判明した。

⑧　Xは、同年2月下旬頃、妊娠していることがわかり、同年3月22日、人工妊娠中絶手術を受けた。当時、Yも妊娠しており、同月13日頃、Xはそのことを知った。

⑨　Xから依頼を受けた弁護士（本件のXの代理人とは別の弁護士。以下「Xの元代理人」という）は、同月29日、Yに対し、本件不法行為について誠意をもって謝罪すること、Yが妊娠中の子につき、Aの子である可能性が完全に払拭できていないため、DNA親子鑑定を受け、その結果を報告すること、本件不法行為に係る慰謝料として500万円の支払を求めることなどを内容とする文書を送付した。

⑩　これを受けてYの代理人は、同年4月9日、Xの元代理人に対し、本件不法行為の存在に間違いはなく、深く反省して謝罪すること、出生前DNA親子鑑定を行い、その結果を開示すること、80万円の損害賠償金を支払うことなどを内容とする文書を送付した。

⑪　Xの元代理人は、同月23日、Yの代理人の要望を受け、Xの人工妊娠中絶に関する資料（同意書、診療明細書等）を送付した。

⑫　Yの代理人は、同年5月14日、Xの元代理人に対し、DNA親子鑑定について、Yが医師から絶対安静で外出不許可とされているため、私的鑑定の方法によること、提案のあった慰謝料200万円の支払については検討していることなどを内容とする文書を送付した。

⑬　Ｙの代理人は、同月21日、Ｘの元代理人に対し、慰謝料200万円の支払については同意可能である旨連絡したところ、Ｘの元代理人は、同月29日、DNA親子鑑定について、客観性に欠ける私的鑑定ではなく法的鑑定の方法によってもらいたいため、絶対安静の指示が解かれてからの出生後DNA親子鑑定をしてもらいたい旨返答した。

⑭　これを受けてＹの代理人は、同年６月10日、Ｘの元代理人に対し、法的鑑定の方法によることについて、Ｂの協力を得ることが困難であるため、Ｘの元代理人立会のうえで検体を採取し、Ｘの元代理人に持ち帰ってもらって鑑定をするという方法はどうかと提案した。

⑮　Ｘの元代理人は、同月24日、Ｙの代理人に対し、Ｘの代理人を辞任した旨通知した。

⑯　Ｘは、同年７月６日、Ｂに対し、その勤務先に宛てて、ＹとＡが本件不法行為を行っており、また、Ｙが妊娠中の子がＡの子である可能性がゼロではないことから、不法行為の再発防止と親子鑑定について相談したいので連絡がほしい旨記載した手紙を送付した。上記手紙には、Ｘの氏名及び連絡先電話番号が記載されていたが、封筒には差出人の記載がなかった。

⑰　Ｂからの連絡がなかったため、同月12日、Ｘは、本件不法行為の存在を裏付ける資料を送付するので、折り返し連絡してほしい旨記載した手紙に、探偵事務所が調査中に撮影したＡとＹの写真及びＡとＹがやり取りしたメールの写しを同封し、Ｂに対し送付した。上記手紙もＢの勤務先に宛てて送付されたものであり、封筒には差出人の記載がないものであった。

⑱　これに対してもＢからの連絡はなく、Ｘは、同月19日、Ｂの勤務先に架電し、電話に出た者に対し、「最近Ｂさんと連絡がとれないのですが」「ａ病院の関係でお世話になっているＸです。Ｂさんに回してください。」などと話した。

以上の事実関係の下において、ＸがＹに対し、Ａと不貞行為に及んだとして慰謝料500万円等（別途弁護士費用50万円、調査費用321万3000円）の支払を求めた。

争　点

Xの主張に対して、Yは過失相殺の主張を行った。具体的には以下のとおりである。

> Xは、Yに代理人が就いていることを知りながら、Yの夫であるBの勤務先に宛てて、Bに対し、差出人を記載することなく、AとYの不貞関係及びYが妊娠中の子がAの子である可能性がゼロではないことなどを内容とする手紙を送付し、更に、その後にも、差出人を記載することなく、探偵事務所による調査結果とみられる写真、AとYのメールのやり取りを添付した不貞に関する手紙を送付したり、Bの勤務先の代表電話に架電して、Bにつなぐように求めたりした。

要するに、Yは、自らに代理人が就任しているにもかかわらず、XがB（Yの夫）に直接手紙を出すなどした行為を問題としたのである。

裁判所の判断

裁判所はこのYの主張について、次のとおり判示して、排斥した。

> ……そもそも、過失相殺は、不法行為による損害の発生や損害の拡大について被害者にも過失があった場合には、公平の見地から、損害賠償の額を定めるに当たってその過失を考慮すべきであるというものであるところ、Xの上記行為は……損害額の算定に当たって考慮した①～③［筆者注：①本件不法行為が開始された当時のXとAの婚姻期間が12年余りに及んでおり、その間には学齢期にある長女も存在していること、②Xに対する約束を違えて、YとAは本件不法行為を継続したこと、③Xが人工妊娠中絶手術を受けたことは、本件不法行為によるところが大きいといえること］の事実が生じた後のものであるし、④の事実［筆者注：Xは、本件不法行為を認識した後、抑うつ状態及び自律神経失調症と診断されていること］が生じたことについても、Xの同行

為が何らかの影響を与えたと認めるに足りる証拠はない。
　そうすると、上記行為がXの過失行為であると評価できるかどうかを措くとして、この点に関するYの主張は採用できないというほかない。

解　説

判旨が述べているとおり、「過失相殺は、不法行為による損害の発生や損害の拡大について被害者にも過失があった場合には、公平の見地から、損害賠償の額を定めるに当たってその過失を考慮すべきであるというものである」ことからすると、不貞慰謝料請求訴訟における不法行為は不貞行為それ自体である以上、不貞行為による損害の発生や拡大についてXにも過失があった場合にYの過失相殺の主張が認められることになる。
　そうすると、そのような状況はなかなか想定できないであろう。
　したがって、Xの行為に問題がある場合には、過失相殺の主張を行うのではなく、例えば不法行為に基づく損害賠償請求訴訟の反訴を提起する方がよいのではないかと思う。
　なお、関連する裁判例としては、東京地判平成27・7・30平成26年（ワ）22409号公刊物未登載〔29021693〕があり、次のとおり判示した。「Yは、……過失相殺の主張をするが、……過失相殺の主張自体がYの故意による不法行為に基づく損害賠償請求に対する抗弁としては採用できないもので、Yが主張する同人が本件各行為に至った経過や事情については、……慰謝料額の算定における事情の一つとして斟酌されるにとどまるというべきである。」

第15章
加害配偶者と不貞相手の責任の軽重

51. 不貞行為者と相姦者の法的責任の異同・軽重①

東京地判平成30・2・26平成29年（ワ）7349号公刊物未登載〔29048178〕

事案の概要

① X（昭和40年生）とA（同40年生）とは、平成元年10月14日、婚姻し、同3年に長女、同5年に長男をもうけ、東京都内に居住した。

② Y（昭和53年生）は京都府内に居住している。

③ XとAは、同24年4月、Xがその当時の自宅を出て、同自宅の近傍に住居を借りることによって別居を開始した。

④ Aは、同25年頃、大阪府内に転勤となり、京都府内に居を構え、単身赴任をしていた。

⑤ Yは、その後間もなくAと知り合った。

⑥ Aは、Yを上記京都府内の住居に呼び寄せて、AとYとは同居した。

⑦ Y及びAは約3年間にわたって共に暮らすなどしていたが、Aは、同28年7月頃、東京都内に転勤となり、自宅に帰宅した。

⑧ Aは、上記いずれの期間をも通して、Xに対し、婚姻費用の支払をしている。

⑨ Xは、同29年2月、Aを相手方として夫婦関係調整（離婚）調停を申し立てた。

以上の事実関係の下において、XはYに対して不貞慰謝料として500万円の支払を求めて本件訴訟を提起した。

争　点

Ｘの主張に対して、Ｙは婚姻関係破綻の抗弁の主張を行い、また慰謝料の額についても争うとともに、ＡとＹの責任の軽重も争点となった。

裁判所の判断

まず、婚姻関係破綻の有無については、次のとおり判示した。

> 上記認定事実に照らせば、Ｘは、Ａの単身赴任期間中、Ｙも居住しているＡの京都府内の住居に行くことがなかったと推認することができ、かかる事実及び上記一連の経過に照らせば、上記……の別居についても、婚姻関係が一定程度冷却していたことによるものであるということができる。
>
> もっとも、上記のとおり婚姻費用の支払がなされていることに加え、Ａの単身赴任の開始時点においては、ＸとＡの婚姻関係が20年を越える一方、別居期間は１年程度であったことに照らすと、ＸとＡとの婚姻関係が、ＡとＹとの共同生活が開始した時点において破綻していたとまではいうことができず、他にこれを認めるに足りる的確な証拠はない。

次に、損害額については、次のとおり判示した。

> ……ＸとＡとは、平成元年に婚姻し、夫婦関係にあったものであるが、平成25年にＡが単身赴任で関西地方に転居し、ＡがＹとの交際関係に及んだこと等を契機として、Ｘは、平成29年２月には、Ａを相手方として、離婚を前提とする夫婦関係調整（離婚）調停を申し立てるに至るなど、Ｘは、妻としての権利を害され、また、Ａとの婚姻関係の破綻を余儀なくされたものということができる。
>
> もっとも、ＸとＡとの夫婦関係は、ＡとＹとの同居開始に先立つ平成24年４月当時、……一定程度は冷却状態にあったと窺われる。

以上のほか、一件記録により認められるXとYとのやり取りの内容その他本件に顕れた一切の事情を総合すると、150万円をもって、Xの精神的苦痛を慰謝するための慰謝料と認める。

……Xは、上記判断を超えて500万円の慰謝料が認められるべきであると主張する。

まず、X本人は、Aとの平成24年の別居関係は夫婦間の不和によるものではないと供述するが……Aが関西地方に転居した後に、一度もXがAの自宅を訪れていないことに照らせば、長女の平成27年6月の結婚式にXとAとが共に出席したことが窺われることを考慮しても、にわかに上記供述は採用することができない。

そして、XにおいてX本人の申請を行わないこと……等にも起因すると、上記認容額を超えるべきとするだけの主張立証があるということはできない。

よって、Xのこの点の主張は採用することができない。

最後に、本項の主題であるAとYの責任の異同・軽重については、次のとおり判示した。

……なお……［筆者注：不貞行為は］AとYとの共同不法行為によるものであるから、本件についてXに対して賠償義務を履行したときはYはAに対して一定程度の求償請求をし得る。また、AとYとの間の交際についてAの方がYよりも悪質性が高いとしても、それは上記求償請求においては意味のあり得る主張ではあるが、Xとの関係においてYが主張することができるものではない。

解　説

ＡＹ間の不貞行為において、Aに積極性・主導性が認められる場合、YがXに対して負うべき慰謝料額の減額事由として評価すべきか否かという問題点が生じる。

この点については、下級審判例において、減額事由として評価すべきとする見解と評価すべきではないとする見解に分かれている。

そして、本裁判例は後者の立場に立っている。

不貞行為は共同不法行為であり、不法行為の一部にでも関与した者は被害者に対してはその全部の責任を負うべきであるという「一部実行全部責任」の考え方がこの見解の根底にあると言ってよいであろう。

しかしながら、加害者のＡはＸの配偶者であり、いわゆる「被害者側の過失の理論」の考え方をここに及ぼすとすれば、減額を認めた方が合理的であるとも言え、筆者としては減額すべきとする見解が正当ではないかと考える[14]。

52. 不貞行為者と相姦者の法的責任の異同・軽重②

東京地判平成28・３・24平成27年（ワ）28357号公刊物未登載〔29017947〕

事案の概要

① Ｘ（昭和38年生）は、Ａ（同38年生）と平成２年１月８日に婚姻した。

② ＸとＡとの間には、同４年に長男が、同６年に長女がそれぞれ生まれた。

③ Ａは、昭和56年、美容師業を始め、平成10年５月にＸの住所地に美容室「ａ」を開店し、その後、支店を２店舗開店した。

14）上記と同じ考え方を採用していると思われる裁判例として東京地判平成28・９・30平成27年（ワ）26603号公刊物未登載〔29020354〕があり、次のとおり判示した。「東京高裁昭和60年11月20日判決・判時1174号73頁が判示するとおり、婚姻関係の平穏は、第一次的には配偶者相互間の守操義務、協力義務によって維持されるべきものであり、この義務は配偶者以外の者の負う婚姻秩序尊重義務とでもいうべき一般的義務とは質的に異なると解するのが相当であるから、合意による貞操侵害の類型においては、不貞あるいは婚姻破綻についての主たる責任は不貞を働いた配偶者にあり、不貞の相手方の責任は副次的なものと見るべきである。」

④　Ｙは遅くとも同22年頃までに、当時Ｙが勤務していた飲食店（フィリピンパブ）においてＡと知り合った。
⑤　ＡはＹを、同25年11月、美容室「ａ」の本店において雇用し、その数日後、支店に勤務させた。また、ＡはＹに、ネイルケアや装飾の店舗などを持たせた。
⑥　ＡとＹは、遅くとも同年５月頃から不貞関係を持った。
⑦　Ｘは、ＡとＹとの不貞関係を同年12月27日までには知り、Ｙに対し、同月28日、上記不貞関係から精神的苦痛を受けたとして、500万円の慰謝料の支払を求める意思表示をした。
⑧　ＡとＹとの間の不貞関係は、現在は解消されている。
⑨　ＡとＸは離婚に至っていない。

以上の事実関係の下において、ＸはＹに対し、不法行為による損害賠償請求権に基づき、慰謝料500万円の支払を求めて提訴した。

争　点

ＹはＸの主張する慰謝料額が高額に過ぎると主張し、下記の点をその理由として指摘した。

すなわち、第一に、Ｙはフィリピンパブで勤務していたところ、平成22年頃、Ａが客として来店したことから知り合った。Ａは、次第にＹを指名するようになり、同23年頃、Ｙを店の外で食事に誘うようになったこと。

第二に、ＹはＡからの指名を受け続けることを期待して、Ａからの誘いに応じ、同25年頃、肉体関係を持った。このＡから誘いを受けた当時は、Ａが婚姻していることを知らなかったこと。

第三に、Ｙはフィリピンへ帰国した後、ネイルサロンを開業する希望を持っていた。そのため、Ｙは、同年11月頃、Ａから同人が経営するネイルサロンで働かないかと誘いを受けた時、これに応じた。Ｙはこの頃、Ａが婚姻していることを知った。ＹはＡと別れることを考えたが、既にＡが経営するネイルサロンで働くようになっていたため、不貞関係を継続したこと。

これに対して、Ｘは慰謝料額として500万円を主張した。そして、その理由として次の３点を指摘した。

すなわち、第一に、ＸとＡは知人の紹介により知り合って婚姻後、長年円満な家庭を持ち、両者の間には２人の子供も生まれた。ＹとＡとの不貞行為により、この円満な夫婦関係は破綻寸前にまで追い込まれたこと。

第二に、ＸはＹに対し、同年12月28日、Ｘ訴訟代理人弁護士を通じ、Ａとの不貞行為に基づく精神的損害の賠償を求める意思表示をした。しかし、Ｙは、この意思表示を受領した後も、Ｘ訴訟代理人に何ら連絡をしなかったこと。

第三に、Ｙは上記Ｘからの損害賠償を求める意思表示を受領後も、Ａとの不貞関係を継続したこと。

裁判所の判断

……確かにＸとＡとの婚姻関係は、ＡとＹが不貞関係を持つまでに20年以上継続しており、ＸとＡとの間には２人の子供も生まれ、それぞれ成人しているのであるから、ＸとＡの婚姻関係は、法的保護に値する安定した関係であったことが認められる。そして、Ｙの主張を前提としても、Ｙは、Ａに配偶者があることを知りながら、平成25年11月以降、自らの職場（ネイルサロン）を確保するなどの目的もあいまって、Ａと不貞関係を継続したこと及びこの関係がＸの知るところとなったことが認められ、このＹによるＡとの不貞関係によって、Ｘの上記法的保護に値する安定した婚姻関係、家庭生活は、相当程度、その平穏が乱されたと認められる。

しかしながら、他方、本件口頭弁論終結時において、ＸとＡが離婚したことを認めるに足りる証拠はなく、離婚の協議が開始されたことを認めるに足りる証拠もない。Ｘの婚姻関係、家庭生活が、終局的に破壊されたということはできない。

このことに加えて、本件の判決により、Ｙの財産に対してのみ強制執行が可能となって、これが奏功した場合、その後にＹがＡに求償権を行使できるとしても、Ｙは、Ａの無資力（Ｙが事実上、強制執行の対象となりうるＡの財産を発見できない場合を含む。）の危険を負う。結果的に、ＸとＡの婚姻関係は継続されつつ、ＹのＡに対する求償権は充足されないこととなる可能性が拭えない。一方、……本件不貞行為を主導したのはＡと認められる。そうだとすると、上記のように、ＹのみがＡの無資力の危険を負う結果となることは、不公平との評価が避けられない。

さらに、ＸとＡとの婚姻関係が継続すれば、今後、Ｘの受けた損害についても、一定の回復がなされる可能性がある。

これらの点を考慮すると、ＹとＡの不貞行為からＸに生じた損害額は、50万円が相当というべきである。（下線筆者）

解　説

上記「裁判所の判断」の中で重要なのは、下線部分である。

本件において、ＸはＹに対して500万円の慰謝料を請求したが、裁判所はＡＹ間の不貞行為を認めつつ、その賠償額はＸの請求のわずか10分の１の50万円であった。そして、このようにＹに対する慰謝料の賠償額を少なくした最も大きな理由が下線部分において指摘されていることであろう。

要するに、この判決は、ＹがＸに対して賠償額を全額支払った後のＹのＡに対する求償の局面におけるＡの無資力の危険をＹに負担させることの不合理性を指摘し、ＹのＸに対する賠償額を大幅に減額したものと評価し得るだろう。また、紛争の１回的解決という観点からもこの考え方は支持され得る。

そもそも、不貞慰謝料請求訴訟という訴訟類型は、Ａ及びＹの共同不法行為であり、しかもそのうちの一方（Ａ）はＸの配偶者であるから、損害賠償額の算定に当たっては、いわゆる被害者側の過失の理論の考え方が当てはまると言えるだろう（最判昭和51・３・25民集30巻２号160頁〔27000330〕参照）。

この意味において、筆者は、不貞慰謝料請求訴訟におけるXに対するAとYの責任は決して同等ではなく、Yの責任はAよりも軽く評価し、本裁判例のように賠償額を減額するのが妥当と考える。

53. 不貞行為者と相姦者の法的責任の異同・軽重③

東京地判令和2・3・17令和元年（ワ）25321号公刊物未登載〔29060050〕

事案の概要

① XとAは、平成21年3月20日、婚姻し、同23年、長男をもうけた。

② YとAは、同30年当時、同じ出版会社に勤務していた。

③ YとAは、遅くとも同年9月から同年12月までの間、不貞関係にあった。

④ 同31年1月、本件不貞行為がXに発覚し、XとAは同年2月27日、離婚した。

以上の事実関係の下において、XはYに対し、不法行為に基づく慰謝料600万円の支払を求めて提訴した。

争　点

本裁判において、Xは「Xは、A及び長男と穏やかな婚姻生活を送っていたが、本件不貞行為によってその婚姻関係は崩壊し、Aと離婚するに至った。その結果、Xは、引越しを余儀なくされ、長男との日常生活も奪われた。これらの事情に照らせば、その慰謝料額は600万円を下らない。なお、Yは、本件不貞行為に関し、YとAが性交渉に及んだのは神奈川県足柄下郡箱根町、台湾、沖縄県及び愛知県名古屋市への旅行の際のみである旨主張するが、YとAは本件各旅行以外にも深夜等に2人で頻繁に会っていたのであり、その際等にも性交渉があったことは明らかである。また、Yは、本件不貞行為に係る慰謝料はＸからＡに対して分与されるべき財産と相殺される形で清算された旨主張するが、そのような事実はない」と主張した。

これに対して、Ｙは「本件不貞行為は数か月で終了した上、ＹとＡが性交渉に及んだのは本件各旅行の際のみである。しかも、Ａが同僚を通じてＹに対し好意がある旨を告白したことが本件不貞行為の契機となっている。また、Ｙは、Ａから、ＸとＡとの間において、本件不貞行為に係る慰謝料がＸからＡに対して分与されるべき財産と相殺される形で清算された旨聞いている」と反論した。

要するに、本件ではＡＹ間に不貞行為が存在したこと自体には争いがなく、問題となるのは慰謝料額の算定であった。そして、Ｙはその慰謝料の減額事由として、不貞行為が短期間であったこと、不貞行為のきっかけはＡが作ったこと等を指摘した。

裁判所の判断

裁判所は以下のとおり判示して、慰謝料200万円を認容した。

……本件不貞行為の期間は数か月と比較的短いとはいえ、本件不貞行為の発覚により、約10年にわたって続いたＸとＡの婚姻関係は破綻し、離婚するに至っており、本件不貞行為がＸとＡの婚姻関係に与えた影響が大きかったことは明らかである。また、Ｘは、上記離婚において母であるＡが長男の親権者とされたため、離婚後、長男と満足に会うことができない状況に陥るなどしたことが認められる。その他本件に顕れた一切の事情を考慮すれば、Ｘの精神的苦痛に対する慰謝料としては200万円が相当である。

なお、本件不貞行為に関し、ＹとＡが本件各旅行以外の際にも性交渉に及んだか否かについて当事者間に争いがあるものの、いずれにしても本件においてその具体的な頻度は不明であるから、性交渉の頻度はＸの慰謝料額に影響を与えないというべきである。よって、この点は判断の要を見ない。

> また、Ｙは、Ａが同僚を通じてＹに対し好意がある旨を告白したことが本件不貞行為の契機となっている旨主張するが、本件不貞行為はＸに対する関係ではＹとＡの共同不法行為であるから、仮に本件不貞行為の契機がＹ主張のとおりであったとしても、そのような事情はＸの慰謝料額に影響を与えない。
>
> さらに、Ｙは、本件不貞行為に係る慰謝料がＸからＡに対して分与されるべき財産と相殺される形で清算された旨主張するが、Ｘはこれを否認しており、本件においてＹ主張の事実を認めるに足りる証拠はない。よって、Ｙの上記主張は採用できない。

解　説

本件においては、不貞慰謝料として比較的高額と言える200万円が認容されている。その理由としては、不貞行為発覚の直後にＸがＡと離婚していること、不貞行為について落ち度のないＸ（父）が長男の親権を失い、直接子を養育する機会を喪失し、長男と満足に会うこともできない状態に陥っていることが挙げられよう。

また、本章の主題としたＡとＹの責任の軽重については、この裁判例は、仮にＡに不貞行為に関する積極性が認められたとしても、それはＸのＹに対する慰謝料額には影響しないという立場をとった。

ただ、この点については逆の結論を採用した裁判例があることは、既に解説したとおりである。

このように、この論点については裁判所の判断が統一されていないことが大きな問題であろう。つまり、同種の不貞訴訟における法律上の論点において、担当する裁判官によって異なる判断が下され、法適用の平等が実現されていないからである。

したがって、この点については上級審が統一的な判断を示すことが期待される。

なお、この点に関連してイギリスの法諺にも「法律上、最も許しがたいことは、類似の事件に対して別異の法律的見解が適用されることである。」（Nothing in law is more intolerable than that the same case should be subject to different views of the law.）とか「適用は法則の生命である。」（Application is the life of a rule.）というのがあり、参照されるべきである。

第16章
不貞訴訟における立証（証拠）

54. 不貞慰謝料請求訴訟における不貞行為の証拠①

東京地判平成19・3・19平成17年（ワ）17129号公刊物未登載〔28243561〕

事案の概要

① X（昭和36年生）とA（同38年生）は、平成15年10月23日に婚姻届出をした夫婦である。

② Aは会社員であり、業務の必要から英語の能力を維持する必要があるため、英会話学校に通っていた。

③ Y（昭和43年生）は看護士（師）として勤務しており、同13年10月から英会話学校に通っていたが、同16年9月12日に日本を出発して、アメリカに留学している。

④ 同15年5月11日、X（当時41歳）とA（当時39歳）は、ロイヤルパーティー倶楽部という会社が主催したお見合いパーティーに参加して知り合った。

⑤ XとAは、その後交際を始め、同年9月30日からはサイパンに婚約旅行に出かけ、AがXに対し、婚約の印としてブレスレットを購入して贈った。

⑥ XとAは、同年10月23日に婚姻届出をし、同日からA所有のマンションに同居した。

⑦ 婚姻後、XとAは夫婦で、同年11月には西伊豆、同年12月末には沖縄にそれぞれダイビングをするために旅行し、同16年1月には1泊のスキー旅行に出かけたほか、月に1、2回程度、レストランで外食をするなどして

いた。

⑧　同年２月中旬には、Ａの友人が駐在しているアブダビに夫婦で旅行に行く計画も立てたが、実現はしなかった。

⑨　同月15日、ＸとＡは、結婚式の下見会として結婚式場やホテル等が開催しているブライダルフェアに同行した。

⑩　同月22日にも、ＸとＡは、夫婦でブライダルフェアに行ったが、帰宅後の深夜、ＡがＸに対し首を絞める暴行（以下「本件暴行」という）を行ったため、Ｘが110番通報して警察署に保護され、翌23日にＸは実家に戻り、Ａと別居した。

⑪　同年４月23日、Ｘは警察署に対し、Ａから受けた本件暴行につき傷害事件として被害届を提出し、同年11月26日、東京区検察庁は、東京簡裁に対し、Ａに対する略式命令を請求した。

⑫　同年５月６日、ＡがＸを相手方として申し立てた夫婦関係調整調停事件の第１回調停期日が開かれたが、Ａの申立ては、Ｘが家事をしないので離婚を求めるというものであった。

⑬　同事件の進行中、同年９月３日の調停期日には、Ａが離婚慰謝料として500万円を支払うとの提示がされた。これに対し、同年10月１日の期日でＸが離婚慰謝料1000万円及び今後３年間の治療費実費の支払を求める案を提示したが、合意に至らず、同事件は同日調停不成立で終了した。

⑭　同月28日、ＸはＡに対し、婚姻費用分担の調停を申し立て、同17年３月18日、ＡがＸに対し、月額11万円の婚姻費用を支払う内容の調停が成立した。

⑮　その後、ＡはＸに対し、離婚調停の申立てをしたが、Ａが慰謝料は50万円しか支払わないとの意向であったため、同年７月に調停不成立で終了し、現在まで離婚訴訟は提起されていない。

⑯　同18年６月６日、Ｘが検察審査会に対して行ったＡの傷害被疑事件の審査請求が受理された。

以上の事実関係の下において、ＸはＡ及びＹに対して、ＸとＡが入籍した当初から交際していたなどとして1000万円の慰謝料の支払を求めて提訴した。

争　点

本訴訟において、Xは「平成16年８月、Yは、AにXという妻がいるのを知っていたにもかかわらず、AYは婚約をし、Aは、Yのために婚約指輪を購入した」と主張したのに対し、AYはこれを否認した。

A及びYは「AYの間には不貞行為は存在しない。Xは、AYの交際が古くからのものであると主張するが、AY両名が話をしたのは、平成16年４月17日が初めてであり、親しくなったのは同年８月以降のことであり、また、YがAに妻がいると知ったのは、A宅に荷物を運び込んだころ、Aから、妻がいるが、半年以上前から別居して離婚調停が続いており、別れたのも同然との話を聞いたのが初めてである。XとAとの結婚生活は、平成15年10月23日からXが別居する平成16年２月23日までの４か月に過ぎず、AY両名が知り合った平成16年４月ころ、また、AがYの荷物を預かるなどして親しくなった同年８月ころにはすでに完全に破綻していた。すなわち、AYが親しく食事等をするようになった平成16年８月には、すでにXとAの同居期間４か月を越える６か月の別居期間が経過していたのであり、その間、Xは警察署に対し、本件暴行についてAを厳重処罰して欲しいとの具申までおこなっており、既にAに対し全く愛情がないことを示しているのであって、完全に破綻した夫婦関係において破綻後にAが他の女性と交際したとしても慰謝料請求権は発生しない」と反論した。

裁判所の判断

本裁判例は、まず不貞行為の有無について、次のとおり判示して、これを認めた。

> ……AYは、平成16年４月17日の英会話学校のクラスメートを交えた会合で、Yがアメリカ留学するので、電子レンジをAに売ることを

合意し……、これがきっかけとなってその後交際を深め、……同年８月中に、ＡがＹのためにダイヤモンドの婚約指輪を購入し、その販売証明書のお客様氏名欄にはＹが署名した事実が認められる……。

また、……同年８月中にＡＹ両名で、８日に花火見物……、10日に外食……、12日に納涼船乗船……、14日にお台場に行き……、19日にはＹの自宅で同人の手料理を食べ……、22日にはブライダルフェアに行き、Ｙのウェディングドレス姿の写真を撮影し、26日から27日にかけて一夜を共に過ごし……、28日にはＹの送別会に共に出席し……、31日には、小料理屋で……食事をし、……た事実が認められる。

そして、その後、同年９月２日には、Ｙの荷物をＡ宅に運び込んで、同居するようになり、ＡＹが同居を開始し、Ｙがアメリカに出発するまで共に過ごしていたものである……。

次に、婚姻関係破綻の抗弁については、次のとおり判示して、これを否定した。

……Ｘは同年３月に本件暴行について警察署に被害届出をし、また、Ｘから離婚請求に言及するメールを送信しているものの……、同年８月の時点では、Ａが申し立てた夫婦関係調整調停事件において、夫婦間の話合いが継続している段階であり、離婚が決まっていたわけではないことからすれば、本件暴行後の別居が継続していたとしても、いまだ決定的に夫婦関係が破綻していたものとは認められない。

最後に、慰謝料額については、次のとおり判示した。

……ＡＹが……不貞行為を行い、結婚準備まで行っていた行為は、Ｘに対する違法な行為に当たり、Ｘが、平成16年８月ころ、自分の婚姻時の住所において、自分の夫が婚姻中にもかかわらず、すでにＹと結婚準備までしている事実を知って精神的損害を受けるとともに、上記事実がXとAとの婚姻関係を決定的に破綻させる要因の１つとなるものと認められるから、ＡＹの行為の内容その他諸般の事実を考慮すれば、ＡＹの不貞行為によりXが被った精神的損害に対する慰謝料としては150万円が相当であり、ＡＹはこれにつき連帯して責任を負うものというべきである。

なお、AがXに対して行った暴行（前記「事案の概要」⑩参照）についての慰謝料は60万円と認定された。

解　説

本件では、XがＡＹの両名を訴えている。そして、XがＡＹ間の不貞行為を主張したのに対し、ＡＹがこれを否定し争った。

裁判所は不貞行為の存在を認めたが、その証拠となったのが「AがYのためにダイヤモンドの婚約指輪を購入し、その販売証明書のお客様氏名欄にはYが署名した」という事実であろう。

このように、ＡＹ間で授受された高価品の領収書・レシート等が不貞行為の立証に役立つことがある。

配偶者の不貞行為を疑った場合には、本件を参考に不貞行為の裏付けとなる領収書やレシート等がないかどうかを確認してみることは有益であろうと思われる。

55. 不貞慰謝料請求訴訟における不貞行為の証拠②

東京地判平成21・11・18平成20年（ワ）32689号公刊物未登載

事案の概要

①　X（大手一流会社の課長）は、平成12年11月頃婚姻した前妻と同13年２月頃から別居していたが、同14年３月に同じ会社に勤務していたAと知り合って交際を始め、同年４月に前妻と離婚した。

② Xは同15年３月頃からＡと互いに婚姻意思を持って同居を始め、同17年６月にＡに対して結婚を申し入れ、同18年３月に結婚式場を予約した。

③ Ａは、この間の同17年10月頃、Ｙ（既婚で大手航空会社の機長）の勤務する航空会社の客室乗務員採用試験に合格して同社に入社し、同18年２月頃から客室乗務員としての勤務を開始した。

④ ＸとＡの休日が重なることはほとんどなく、同年春のゴールデンウィーク中も、Ａは出勤する日が続いた。

⑤ Ｘは、同年５月、Ａに秘して、Ｘと同じ会社のＢ及び知り合いの別会社の女性と、各１日ずつ食事に行った。

⑥ Ａは、Ｘが婚約中に他の女性と食事に行ったことを知って激怒し、常にＸを疑いの目で見るようになり、Ｘは負い目を感じ、Ａの行動に細かい口出しをしなくなった。

⑦ Ａは、同年11月28日にＸに対して会社関係の友人と一緒であると告げて初めて外泊をし、その後、月に１回は会社関係者との飲み会やホームパーティと言って出かけ、深夜の帰宅や外泊をするようになり、外出予定をＸに当日になって連絡したり、携帯電話やメールでのＸからの連絡ができないこともあった。

⑧ Ａは外で遊んでいるのが楽しく、また、Ｘが他の女性と食事に行ったことなどをきっかけに気分が沈み、余りＸと話をしたくなく、職場の関係者等と飲みに行ったり夜通し語り明かすようなことがあったが、Ｘがこれに不満を述べることはなかった。

⑨ Ａはこのまま結婚してよいのかなどと考えるようになり、同19年１月下旬、Ｘに対し、結婚式をやめたいと言い始めた。

⑩ ＸとＡは同年３月３日に婚姻し、挙式し、披露宴を行い、新婚旅行に行ったが、同17年以降は、両者間の性的交渉はなかった。

⑪ Ｘは、Ａが外出して連絡がとれなかったり帰宅が深夜になることなどを不審に思っていたが、Ａが大田区の同僚方を訪ねると言っていた同19年８月６日のＡが使用する交通系ICカードの履歴を同月７日にそっと見たところ、同日は横浜に行っていることが判明し、また、Ａが渋谷区に飲みに

行くと言っていた同年９月６日の履歴も横浜に行ったことになっていたため、Ａは嘘を言っていたと確信した。

⑫　ＡとＹは、同18年10月頃、同じ旅客機に客室乗務員と機長として乗務して知り合い、その後、メールで連絡することがあったが、同19年５月頃以降、月１回程度、横浜市内において２人で食事をするようになった。なお、食事の際は、いつもＡが横浜に来てからＹに連絡していた。

⑬　ＡはＹを上司のような存在であると認識し、Ｙに尊敬の念を抱き好意を持っていたが、１回目か２回目の食事の際、Ｙに対し、Ａが既婚者であり、夫（Ｘ）が浮気をしているらしいと告げた。

⑭　Ａは、同年11月14日、自宅でビーフシチューを作り、これを持ってＹ宅を訪ねたが、Ｘには大田区の友人方に行く旨告げていた。

⑮　Ｙは、同月18日に大阪市内のホテルに宿泊した。ＡはＹの泊まるホテルを知っており、Ｙに会えたらよいと考えてＹに連絡をする一方、Ｘに対しては、同日は旧友と会って三重県の父母方に宿泊する旨告げ、実際は父母方に泊まらなかった。

⑯　Ｘは、冬休みになった同月22日に食事に行った際、Ａから話が面白くないと言われて反発し、互いに口をきかない状態が続いたため、ＡがＸに隠れて誰かと会っていることを問いただして謝罪させれば横柄な態度をとれなくなるだろうと考え、同月24日夕方、Ａに対し、浮気でもしているのではないかと尋ねたが、Ａは否定した。

⑰　そこで、Ｘは、最近の数か月間、ＡがＸに嘘を言って横浜に行っていることを知っている旨告げて問いただした。

⑱　するとＡは泣き出し、いつもＹ方に行っていた、Ａが嘘の理由を告げて出かけた日はいつもＹと会っていた、同18年11月から付き合い始めた、同19年９月にホームパーティと言って持って行ったシャンパンはＹとＹ宅で一緒に飲んだ、同年10月18日から同月19日はＹ宅に泊まった、同年11月14日にビーフシチューをＹ宅で一緒に食べた、Ｙは単身赴任で、本気でＡと付き合っているわけではなく、Ａは単なる性欲のはけ口である、Ｙは来年から家族が東京に来るので関係もやめなければいけないと言っていたなど

述べた。しかし、AはXが求めても謝罪せず、Xに対し、離婚してほしいと述べた。

⑲　Xは、同月25日、Aが離婚してほしいと言い続けたため、Aの不貞行為が原因で離婚するとなれば合計1650万円を請求することになると言った。Aはこれを支払うと言い、Xが作成して示した案文のとおり、「私はY氏と1年以上に渡り不倫関係にあり、継続して不貞行為があったことを認めます。離婚の際には披露宴代、新婚旅行代の全額と、2年間の家賃相当額の半額、および慰謝料500万円の合計1650万円以上を支払うことを約束します。」と記載した念書を作成してXに交付した。

⑳　Aは、同日頃、Aの母などに対し、Xともめている旨を告げた。

㉑　Aの父母は、同月27日、上京して自宅を訪ね、母はXに対し、AがYと浮気をしていたことに土下座して謝罪した。Aは父母の前で、Yとは同18年10月に知り合ったこと、同19年11月18日に帰省した際、Yが宿泊しているホテルのある大阪に行ったことを認めた。

㉒　Xは、Aを介してYに面談を申し入れ、同年12月30日午後9時頃から、品川にあるファミリーレストランでYと面談した。

㉓　Xはこの面談の際、Yに対し、Xの勤務先及び役職が記載された名刺を渡したうえ、用意してきた手紙（全3枚）及び同日付けの念書の案文を手交した。

㉔　手紙の1枚目と2枚目には、本件不貞行為の存在を前提とし、Aは本当にYを好きだったと思う、不倫は双方の家庭を崩壊させる可能性がある、XはYの人生が大きく狂ってしまうことは望まない、Yには相応の責任をとってもらう必要があるといった記載があり、3枚目には、本来であればことを公にして相応の社会的制裁と慰謝料の支払をしてもらうことになるが、いろいろ考えた末、Yの年収の50パーセントを慰謝料として支払ってもらおうと思う等の記載があり、また、YがX宛てに作る念書の案文には、「…慰謝料として、私の年収…の50％を支払うことを約束します。またあなたがAさんとの離婚に至った場合、Aさんに離婚による損害賠償請求の支払能力がなければ、民法第719条…に基づき、残額を支払うことを

約束します。」との記載があった。

㉕　Ｙはこれらを読みながら、「証拠はあるんですよね」「Ａさんは認めているんですか」「まだ慰謝料を払うかどうかはここでは何ともいえません」「あなたには迷惑をかけてすみませんでした」などと述べ、Ｘが大阪のホテルにＡと一緒に宿泊したことを問いただしても、「今手元に手帳がないので分かりません」と述べたが、本件不貞行為を直接かつ明確に否定する発言をせず、同20年１月７日に回答する旨述べるにとどまった。

㉖　Ｙは、その後もＸからのメールを受領していたが、Ｘに対し、同月８日午前のメールで、「その後、色々と考えてみましたが、やはり今の段階では何とも言えません。Ｘさんの考えに至った経緯は理解したものの、もっと具体的なものを示して頂かないと私の方としては納得がいきません。もし具体的な証拠等があるならば、まずはそれらを示して頂けないでしょうか。」と返信した。

㉗　そしてＹは、Ｘが具体的な証拠として交通系ICカードの履歴とＸの記録がある旨を告げるなどした後に弁護士と面談したうえ、同日午後のメールで、「恐らくこのままではお互いが納得する結果に到達するのは困難だと思います。第三者に入ってもらい法的ルールに沿った形での話しかないでしょうと。」と述べ、同月９日午前のメールで、「身に覚えのないことを騒ぎ立てされるなら、こちらもそれなりの準備をさせて頂きます。」などと述べた。

㉘　Ｘは、同年３月４日から心療内科に２～４週間に１回程度通院し、気分変調性障害（うつ状態）と診断されて抗うつ剤等を投与されている。

㉙　Ａは、同年10月頃、自宅を出て父母宅に移り、以後、Ｘと別居している。

㉚　Ｘは、同年11月12日に本件訴訟を提起した。

以上の事実関係の下において、ＸはＹに対して慰謝料1000万円（別途弁護士費用として100万円）の支払を求めて提訴した。

争　点

Xの主張に対して、Yは「本件不貞行為は存在せず、Xの主張は邪推によるものである。なお、YとAは、平成18年10月ころ、同じ旅客機に乗務して知り合い、平成19年５月か同年６月初めころ以降、月１回程度２人で食事をするようになった。Yは、２回目の食事の際、Aが既婚者であることを知ったが、Aは夫の許可を得ており大丈夫であると言っていた」「Xが根拠とする交通系ICカードの履歴の正確性等には疑問があり、YとAの休日等が重なっていることから不貞行為があったともいえない。Aは、Yが新たな職場の尊敬できる上司のような存在であって気が合い、Yと食事や会話をし影響を受けるのは何らやましいことではなかった。しかし、Xの束縛が強く、異性と会うことを許さず、人間として魅力のある人との交流も制限され、無用な夫婦間の紛争に至ることが予想されたため、Aは、Yと会うことをXに告げなかった」などと主張して争った。

裁判所の判断

本裁判例は、不貞行為の有無について、次のとおり判示して、これを認めた。

> ……AとYは、平成18年10月ころ知り合い、平成19年５月ころからは月１回程度横浜市内で２人で食事をするようになり、少なくともAがXに嘘を言ってY宅を訪ねたり泊まったりしたこと等を認めた同年９月（シャンパン）、同年10月18日から同月19日（Y宅泊）、同年11月14日（ビーフシチュー）及び同月18日（大阪のホテル）に不貞行為を行ったことを推認することができ、……この推認を覆すに足りる事情は認められないから、本件不貞行為は上記の範囲において存在したといえる。
>
> ……Yは、本件不貞行為は存在しないと主張する。
>
> しかし、そうであれば、Yは、平成19年12月30日の面談の際、本件不貞行為が存在したとするXの主張を直ちに否定するはずであって、

Ｘの手持ち証拠の開示を受け、弁護士に相談した後の平成20年１月８日の夜あるいは同月９日になって初めてＹには身に覚えがないなどと主張するような対応をとるとは考えられない。

Ｙは、この点に関し、Ｙが状況判断力も通常以上の訓練を受けており、本件不貞行為は事実無根であったが、上記面談の際、……手紙を渡されて金銭を要求され、詐欺か何かに巻き込まれているのではないかと慎重になり警戒して、事実の認否を留保した旨主張し、同旨の供述をする。

しかし、Ｙがその主張のような訓練を受け、慎重な行動をとる習慣があったとしても、航空機の事故等の職務に関することではなく、自身の私生活に関する存在しない事実により多額の金銭を要求されるという事態に遭遇したのであれば、上記訓練や習慣などは、主張に係る事実を否定し、要求を拒否する妨げとなるものではない。そして、面談の場所がファミリーレストランであることや、存在しない事実を主張して金員を要求することは犯罪にも該当し得ることからすれば、Ｙが事実を否定して要求を拒否することがＹの社会的地位等に悪影響を及ぼすとも考えられず、本件不貞行為が存在しないのであれば、Ｙが事実の否定すらもしなかったことは不可解かつ不合理というほかない（なお、Ｙは、Ｘに対する告訴等もしていない。）。

のみならず、Ｘが事実無根の主張をしているのであれば、あえて……Ｘの手持ち証拠やＡが認めているか否かを探るような発言をしたり、さらには謝りの言葉を述べる必要はないのであって、事実の認否を留保することが慎重で自然な行動であるなどとはいえない。大阪のホテルの点も、ＹがＡと同宿していないのであれば言下にそれを否定すれば足り、ＹがＸの言う日に大阪にいたか否かを手帳で確認する必要などはない。

Ｙの主張及び供述は、それ自体が不自然不合理であり、これをもって本件不貞行為の存在を否定することはできない。

なお、本件において裁判所が認容した慰謝料額は180万円（別途弁護士費用として18万円）であった。

解　説

前記「事案の概要」⑪、⑰からわかるように、本件において、Ａの不貞行為を疑ったＸがＡを問い詰める際に重要な役割を果たしたのが、Ａの使っていた交通系ICカードの履歴であろう。すなわち、ＡはＸに対して「大田区の同僚方に行く」と言っていながら、交通系ICカードの履歴は「横浜」になっていたというのであるから、ＸがＡのことを疑うのは至極当然である。

自動改札機が存在しなかった昔のように、切符を購入して乗車駅の入場時に駅員に切符に鋏を入れてもらい電車に乗り、下車駅の駅員にその切符を渡し出場していた時代であれば、このようなことは起こりようもないのであるから、世の中が変われば裁判の内容も変わるということであろう。

また、判旨全体を読むと、Ｙの弁解がいかにも無理筋であるかのような印象を受ける。

Ｙが不合理な弁解をしていること自体は、本裁判例が慰謝料の算定に当たって、「本件不貞行為の態様等及びその後のＹのＸに対する対応等を総合して考慮すると」と判示していることからすると、増額の１つの事情として考慮されていると言えるだろう。

56. 不貞慰謝料請求訴訟における不貞行為の証拠③

東京地判令和元・10・２平成30年（ワ）30446号公刊物未登載〔29056447〕

事案の概要

①　Ｘは、平成17年１月22日、Ａと婚姻し、長男（平成20年生）及び二男（同26年生）をもうけた。

②　ＹとＡはかつて同じ会社に勤務していた。

③　Xは、同30年２月末頃、スマートフォンの受信通知を受けた際のAの行動からAに不信を抱き、パソコンを利用してAとYとのメッセージの内容を見て、AがYと不貞行為を行っているものと考え、興信所に調査を依頼した。

④　YとAは、同年４月25日、ａ会館から出た後、午後５時11分頃、上野にあるシティホテルにチェックインし、午後10時49分頃まで滞在し、ホテルを出て飲食店で食事をした後、それぞれ帰宅した。

⑤　Yは、同年７月１日、Aとお台場のシティホテルに滞在した。

⑥　YとAとの同月２日のチャットには、「昨日何だかんだで」「ゆっくりしたけど寝なかったし」「寝たけど寝てない不思議」（A）「Aは汗いっぱいかいたし」（Y）「思い出すと色々色々と」（A）「気持ち良かった」（Y）（中略）「どんなことが好きだと自覚したのかな」（Y）「Yくんのこと」「好きなんだなって」（A）「何かに目覚めたのかと笑」（Y）「えー（笑）」「正直」「いや、目覚めさせられたと思っているよ」「実はちょっとだけ」「ちょっとだけ調べてみたところを」「巧いって言ってくれたから」「調べてみて、こんな感じかなって迷いながらだったけど良かった」「・・ここまでにしておこうっと」（A）「それでパワーアップしてたんだ！」（Y）「わかんない　Yくんもパワーアップしてた気がする」（A）「あんなにうまいの変だと思った笑」「知る限り、慣れてるわけないし、と」（Y）「私、ちょっとだけ舌が長いかもしれないから」「関係あるか判らないけど頑張った」（A）「この話題のせいで」「また昨日みたいな状態になってきて困ってる」（Y）と記載されている。

⑦　YはAと打ち合わせのうえで、同月25日に宿泊する神戸市内のシティホテルを予約し、待ち合わせて同日午後10時頃同ホテルを訪れ、そのまま同宿し、翌26日午前11時頃、そろってホテルを出た。

⑧　Xは、興信所による調査の結果によってAの不貞行為を確信し、同年８月15日、Aに離婚と別居を申し出たが、Aがいずれも拒否したため、現在は同居しつつ、必要最低限の会話しかせず、Aの作った食事も食べない状態にある。

⑨　Ｘは、同年９月25日、Ａを相手方として離婚調停を申し立てた。同調停は、同年12月６日、不成立になり、ＸはＡに対して離婚訴訟を提起した。

⑩　Ｘは、同31年３月14日、適応障害、不眠症、筋収縮性頭痛の診断を受けており、また、同30年２月中旬頃までは68kg前後あった体重が、同月下旬頃から減少しはじめ、同年４月頃からは60kg前後になった。

以上の事実関係の下において、ＸはＹに対して、慰謝料400万円（別途弁護士費用54万円）の支払を求めて提訴した。

争　点

Ｘの主張に対してＹは、「ＹとＡは、平成30年４月25日は、高級なピアノを使用して録音できる施設（ａ会館）においてピアノ録音をした後、Ａが、体調が悪いために休憩用に予約していたホテルに行く際にＹが同行した。その際、ホテルに不審な男性客がいたことから、Ｙが部屋まで送り、しばらく様子を見ることになった。その後、Ｙは、Ａにマッサージをしてもらい、Ａの体調も少し回復したことから外で食事をして帰宅したに過ぎない。『ハグ』というのは、挨拶にすぎない。同年７月１日のホテルの滞在は、食事をしようとした際に、ホテルの一室を取って中で食事をすることができることや、同年４月25日同様にマッサージをしたりしながらゆっくりと話をすることができることからであって、不自然ではない。『汗をいっぱいかいた』というのは当日歩いた際などに汗をいっぱいかいたことを示しているにすぎず、『気持ち良かった』『あんなにうまいの変だと思った』というのは、マッサージのことを指している。『好きなんだなって。』というのは、お互いに尊敬できることを示しているものである。いずれも性行為を示している会話ではない」等と主張し争った。

裁判所の判断

本裁判例は、下記のとおり判示して、ＡＹの不貞行為を認めた。

……ＹとＡはホテルに長時間滞在し、あるいは示し合わせて同宿していること、平成30年７月１日の行動に関するチャットでのやりとりも肉体関係の存在を示唆するものであることからすると、ＹとＡは、不貞行為を行っていたものと認定するのが相当である。Ｙは、チャットの内容や自己の行動について様々な弁解をするが、およそ信用するに足りない内容と言わざるを得ない。

平成30年７月25日の神戸宿泊のときにはＡが生理になっており、性行為ができなかったとの弁解についても、そのような事実を認めるに足りる証拠はない上、仮に、当日、性行為を行わなかったとしても、示し合わせてホテルの予約を入れて同宿している時点において、それまでの間に性的な関係があったことを推認でき、不貞行為の存在を認定することに何ら妨げはないというべきである。

次に、慰謝料額については、次のとおり判示した。

……ＹとＡの不貞行為によりＸの平穏な家庭生活は破壊され、Ｘが相当の精神的損害を受けたことを認めることができる。その他、本件記録上認められる諸事情を考慮すると、慰謝料の額としては200万円と認定するのが相当である。

なお、弁護士費用は別途20万円が認められている。

解　説

本件では、主に不貞行為の存否が裁判上の争点となり、ＡＹ間でのSMSでのメッセージのやり取りなどが証拠となり、Ｘの主張が認められた。

Ｙは縷々反論しているが、この裁判例が述べているように、「およそ信用するに足りない内容と言わざるを得ない」であろう。

このような反論をするくらいであれば、素直に不貞行為の存在を認めてしまった方が認容される慰謝料額もより低額になるのではないかと思う読者の方もおられるのではないかと思う。

いずれにせよ、不貞行為の立証手段としてこのようなメッセージが使われることが多い。ただ、これが証拠として効果的であることは確かではあるものの、それをいかにしてXにおいて入手するかということが実際には極めて困難であることが多い。

57. 不貞慰謝料請求訴訟における不貞行為の証拠④

東京地判令和元・12・3平成30年（ワ）20277号公刊物未登載〔29058549〕

事案の概要

① X（昭和27年生）とA（同22年生）は、約7年間の交際期間を経て、昭和60年5月16日に婚姻した。

② Aはお茶道具屋と保険代理店を営む自営業者であり、Xはその専従者としてAの仕事を支えていた。

③ XはAの子を妊娠したが、同年9月6日に何らかの事情で堕胎しており、2人の間には子がいない。

④ Aは、平成27年8月29日、Xに対し、突如離婚したい意向を伝えたところ、Xは即座にこれを拒否した。2人の間で離婚の話が出たのはこの時が初めてであり、近い時期に夫婦の関係悪化につながるような出来事も特段なかった。

⑤ AとYは高校時代の同級生であり、高校卒業後は長らく交友が途絶えていたが、遅くとも同25年ないし26年頃に開催された互いに60歳を超えたクラス会の場で再会を果たした。2人は共にカラオケが趣味であったことから、最初は他のクラス仲間も交えて、途中からは2人だけでカラオケに行くようになった。

⑥ Yは2人の子をもうけた夫と死別した後、Cと十数年間に及ぶ内縁関係

にあった（なお、Ｃにも２人の子がいた)。Ｃは、同26年秋頃には死の病に侵されており、ＹはＣがもう助からないことを知って、精神的に辛い思いを抱えていた。

⑦　Ａは、ＹとＣの関係やＣの予後の状況を聞き及んで、２人だけで会ってＹの相談に乗るようになった。

⑧　Ｃは、同27年６月12日、闘病生活の末死亡した。Ｙは、Ｃの死亡前後の時期にはしばらくＡと会っていなかった。

⑨　Ｙは、Ｃの死後、Ａからの２人で会って話をしたいという誘いに応じて、遅くとも同年９月までにはＡと再び会うようになった。なお、Ｙは、同年２月頃までにはＡに妻がいることを認識していた。

⑩　Ｘは、同年９月頃、探偵業者にＡの行動追跡調査を依頼した。

⑪　Ｙは、同月28日午前11時46分頃、駅前で待機していたＡの車の助手席に乗り込み、横浜市内の中華街に移動した。ＡとＹは手をつなぎながら中華街や公園内を散策したり、昼食をとったり近場の喫茶店に行くなどして午後４時半頃まで過ごした。

⑫　Ａは、午後８時頃、Ｙを自宅まで車で送り届けて、Ｙと別れた。

⑬　Ｙは、同年10月24日午後４時19分頃、葛飾区の路上で待機していたＡの車の助手席に乗り込み、ファミリーレストランに移動して、午後４時半頃から４時間以上店内に滞在した。

⑭　ＡとＹは、その後同区の駐車スペースに車を停めて、午後９時１分頃から１時間半以上車内で過ごした。本件駐車スペースに接する道路は片側一車線で街灯が多数設けられており、付近は土手となっていて歩行者や自転車がそこを通行することができた。

⑮　２人は、その後一旦付近のコンビニエンスストアに車で移動し、買物を済ませてから再び本件駐車スペースに同じ車の向きで戻り、午後10時56分頃から３時間近く車内で過ごした。

⑯　Ａは、翌25日午前１時56分頃、Ｙを自宅付近まで車で送り届けて、Ｙと別れた。

⑰　Ｙは、平成27年11月以降、以下の内容のメールをＡに送信した。なお、

Ａの携帯電話では、Ｙの名前は「Ｂ」の偽名で登録されていた。

⑺　同月13日頃

「私には、もう何も言わなくていいです。昨晩の私にくれたメールも11時半を（一字又は二字不明）ていたので奥さんと話が出来たと思って（以下不明）」

⑴　同月30日

「遅くなってすみませんでした。そしてご馳走さまでした。逆になってしまって…もうそろそろ着くかしら」

⑹　同年12月６日

「明け方まで、知り合った頃の話をして、爽やかな気持ちになりました。何故か、どうしても、ひとつになれない２人で（以下不明）」

⑷　同28年３月２日午前零時台から１時台（全５通）

「Ａさん　私、読めてきたわ。これだけメールしても無視しているのは　Ａさんは離婚することが、大変な事と思い知り、離婚やめたんじゃない？楽な方に行こうとしているんじゃない？だから私に何も云えなくて、無視しているのでは？昨日の〓で漠然と感じたのだけれど…」

「私そういったわ。でも会うことはなるべくしない方がいいということで　そんなことしていたら気持ち不安定になってしま（以下不明）」

「答えだけ言って！てないと、私眠れない」

「どうしてそんなに、ヤキモキさせるの？待つ私の気持ちを考えてねお願いだから今言って。私の言ったこと当たり（以下不明）」

「明日〓でなく会えるの？」

⑱　Ｘは前記⑪以下のＡの行動状況が記載された探偵業者の報告書を受領し、ＡがＹと不貞行為に及んでいることを確信して、同年１月６日頃、Ｋ弁護士（Ｘ訴訟代理人）を通じて、Ｙに対し、不貞慰謝料1000万円の支払を求める旨の内容証明郵便を送付した。

⑲　Ｘは同じ頃、同居中であったＡに対しても、Ｋ弁護士を通じて、Ｙとの不貞行為を理由に離婚を求める旨の内容証明郵便を送付した。

⑳　Ｙは上記の内容証明郵便を受領した後、Ｋ弁護士と面談し、その際にはＡと「不貞行為」があったことを認めていた。

㉑　ＸはＫ弁護士を通じて、Ｙに対し、Ｙが不貞行為は認めていることを踏まえて、従前請求していた慰謝料と不貞行為への謝罪を求めたいと考えていることなどを記載した同年３月２日付け「ご連絡」と題する文書を送付した。

㉒　Ｙは、同月３日、上記文書を受領後にＫ弁護士に架電し、上記文書の記載内容に対する反論をした。

㉓　Ｙは、同月４日、再びＫ弁護士に架電し、そもそもＡは独身であると聞いていた、「不貞行為」とは相手に配偶者がいる男女間のキスなどの行為も広く含んだ意味だと思っていた、昨日の電話で「性行為」の意味をＫ弁護士に尋ねたら「セックス」であると教示されたが、狭い車内でセックスなどできるはずがないし、自分は車内でのセックスに及ぶほど非常識な女ではない、などと補足の反論をした。

㉔　Ｙは、同年４月４日、Ｋ弁護士に架電し、Ａとの不貞行為はなかったことを前提に、50万円から60万円程度の解決金をＸに支払う提案をしたが、Ｘに拒否された。

㉕　Ａは、同年６月３日、Ｘと別居した。

㉖　Ｘは、同年10月頃、Ａに対し、婚姻費用分担請求及び夫婦関係等調整の各調停を千葉家裁に申し立て、離婚条件についての協議が行われたが折り合いがつかず、同29年９月７日に調停不成立となった。

㉗　ＸとＡは現在も離婚が成立しておらず、離婚訴訟も提起されていない。

以上の事実関係の下において、ＸはＹに対して不貞行為に基づく慰謝料800万円（別途弁護士費用として80万円）の支払を求めて提訴した。

争　点

Ｘの主張に対して、Ｙは平成27年10月24日の行動について、「ＹがＡと車内で２人だけで過ごしていた事実は認めるが、車内では直前に寄ったコンビニエンスストアで購入した菓子を食べながら、他人に聞かれたくない相談話（内縁の夫が亡くなったことや、その納骨をどうするか、といったことなど）をＡとしていただけであり、不貞行為はしていない。……当時70歳に近い分別のある大人のＡとＹが、交通の往来のある街灯も灯った道路脇に駐車した車内で、人目もはばからずに性行為に及んでいた事実を推認するのは無理がある」と反論した。

また、Ｘが「Ａは、平成26年12月24日に『ホテルＤ』で自身のクレジットカードを利用しており、この利用履歴はホテルＤの宿泊費用の支払と考えられること、同日はクリスマスイブであるが、ＸはＡとホテルＤに行っていないことからすると、同ホテルでの宿泊は、当時密会する関係にあったＹと一夜を共に過ごしたものである可能性が高い」と主張したのに対し、Ｙは「Ａの同日のクレジットカードの利用履歴に表示された『ホテルＤ』とは、『ホテルＥ』のことを指すと考えられるところ、Ｙは、同日かどうかは定かではないが、Ａと同ホテル内のレストラン街の飲食店で食事を共にした限度の出来事はあった。同ホテルの宿泊費用は、シングルでも２万円以上になるので、仮に宿泊したのであれば、カードの利用料金が１万円で済むはずがなく、Ａが同日に同ホテルに宿泊したという前提自体が誤っている。Ｙは、他の日も含め、Ａと不貞行為に及んだことは一切ない」と反論した。

裁判所の判断

本件では、ＡＹ間の不貞行為の存否が争点となっているが、本章の主題（不貞行為の裏付けとなる証拠）であるクレジットカードの利用履歴・明細についての判示事項を中心に引用する。

この点について、本裁判例は下記のとおり判示して、Ｘの請求を棄却した。

> 平成26年12月24日のＡのクレジットカードの利用履歴……には、確かに「ホテルＤ」での利用料金の決済が行われた記録が存在するものの、……これは「ホテルＥ」ことを指しており、宿泊利用の場合は少

なくとも１室２万円以上を要する料金設定となっているにもかかわらず、同日の同ホテルにおけるクレジットカードの利用金額は１万円のみであり、宿泊料金の決済としては明らかに少額であることが認められる。

そうすると、日にちは定かではないが、ＹがＡと２人で食事のために同ホテルを訪れた事実自体は認めていることを考慮に入れたとしても、Ｙが同日にＡと同ホテルに宿泊した事実は認定できず、その当時Ｙが既にＡの妻の存在を認識していたか否かの点はさておき、同利用履歴の存在は、何ら２人の不貞関係の立証に資するものではない。

また、Ｘは、Ａが２人でカラオケルームを２時間ないし５時間利用していたレシート……を不貞関係を示す証拠として援用するが、互いにカラオケが好きなＡとＹが複数回カラオケルームに数時間滞在していたことをもって、不貞関係の推認に結び付けるのは無理がある。

解　説

本件においては、ＸがＡＹ間の不貞行為の立証手段として、ホテルを利用したことの裏付けとなるクレジットカードの利用履歴・明細を提出したが、裁判所は、その利用金額が宿泊費に足る金額ではないことを理由に不貞行為を認めなかった。

一般に、ホテルの利用明細は不貞行為の立証手段として効果的ではあるものの、ホテルの利用は、客室での宿泊のみならず単なる食事や喫茶店での打合せ等としての利用方法もある以上、本件のような認定にも合理性があると言えるだろう。

証拠の評価について参考になると考え、紹介した次第である。

58. 調査報告書の信用性

東京地判平成28・1・29平成27年（ワ）1362号公刊物未登載
〔29016546〕

事案の概要

① X（昭和45年生）とA（同44年生）はいずれも医師であるが、平成７年10月14日に婚姻し、同８年８月から同16年12月までの間に３人の子が出生した。

② Y（昭和55年生）は同22年８月頃、多数の医師が所属するａ大学の精神医学講座において、研修医として研修を受けて、講師の１人であったAと知り合い、同23年４月からY自身も同講座に入局し、Aが外来勤務を務めるｂ病院（本院）に病棟勤務として配属された。

③ YはAも所属する「ｃ会」に加入し、学会や勉強会に出席することがあり、同24年７月に別の病院に異動してからもAと顔を合わせる機会があった。同23年頃から同26年頃までにAを含む４、５名の共著者の名義で発表された５本の医学論文には、Yも共著者として名を連ねている。

④ Aは、同25年３月10日、自宅を出てXと別居した。

⑤ Aは、同年５月当時、ａ大学の精神医学講座に講師（精神科医）として所属していたが、Yも同講座に助教（精神科医）として所属していた。

⑥ Aは、同26年２月13日及び同年５月３日にYが単身居住するマンション（以下「本件マンション」という）を訪れた。

⑦ Aは、同年２月13日の勤務終了後である同日午後６時54分頃、本件マンションにオートロックの出入口から入館してYの居室を訪れ、同日午後11時23分頃まで滞在して帰宅した。

⑧ Aは、同月16日午後０時10分頃、渋谷区所在のｄ大学敷地内の広場で開催されたオーガニック食品等を販売するイベント会場でYと合流し、Aも買物袋を持ってYと20分程度会場内を回り、Yの運転する自動車に同乗した。

⑨　Ａは、同年５月３日朝、スーパーマーケットに立ち寄り買物をし、同日午前９時35分頃、本件マンションに入館してＹの居室を訪れ、同日午後３時14分頃まで滞在して帰宅した。

以上の事実関係の下において、ＸがＹに対し、慰謝料1500万円の支払を求めて提訴した。

争　点

本件では、不貞行為の存否自体が問題となり、Ｘは「Ａは、平成26年２月13日午後６時54分頃に本件マンションを訪れ、インターホンを使用せずに解錠して入館し、同日午後11時23分頃までＹの居室に滞在し、同年５月３日にも午前９時35分頃から午後３時14分頃までＹの居室に滞在していたが、年下の女性の自宅にしかも深夜にまで上がり込むなどということからは、ＹとＡの関係が性的関係を伴うものであることが明らかである。このことは、ＹとＡが連れ立って平成26年２月16日の昼頃に開催されたイベントの会場で野菜等の買い物を楽しんでおり、平成25年３月下旬にＡがＸの母親である（Ｂ）に対し、『次の生活に入るには、早く籍を抜きたい。』、『早く妻や子供の籍を抜かないと結婚できない。』などと話したことにより裏付けられるものである」と主張した。

これに対して、Ｙは「Ａが本件マンションに滞在した時間は、いずれも短時間又は日中であった上、来訪目的も業務や研究についての打合せであり、Ｙは、Ａとその前後に食事をしながら雑談をしたり、Ａと子供達との関係について相談に応じたりしたにすぎない。Ａは、平成25年11月頃にも本件マンションを訪れたが、勉強会や学会等の研究テーマの打合せには、プライバシーへの配慮が必要であり、地理的にも利便性のある本件マンションを利用することは何ら不自然ではない。イベント会場での買い物はＡの勤務先及びＹの生活圏から離れておらず、Ａが短時間付き添ったにすぎない。また、Ａは、Ｂから別居の理由について、他に女性がいるのではないか尋ねられたことはあったが、これを否定しており、Ｘの主張する発言をしたことはない」

と反論した。

そして、本件では、Xが不貞行為の立証手段として調査報告書を提出しており、その信用性が問題となった。

裁判所の判断

裁判所は次のとおり述べて、本件の調査報告書はＡＹ間の不貞行為を裏付ける証拠とは認められないと判示した。

> ……Xは、Yが平成26年２月13日及び同年５月３日に本件マンションを訪れYの居室に滞在したことは、YとAとの間の不貞行為を推認させるものである旨主張する。
>
> ……そこで、Aが本件マンションを訪問した際の状況についてみるに、株式会社D作成の報告書……には、平成26年２月13日にAがインターホンを使用せずにオートロックを解錠して入館したとする記載があり、当該記載はAがYの居室の合鍵を所持していたことを推認させ得るものである。しかしながら、Yは、Aに合鍵を渡したことを否認しており、上記報告書添付のAが入館した際の状況が撮影された写真からは、本件マンションの入口手前に、入口の見通しの妨げとなり得る位置に駐車車両が存在していたことがうかがわれることに加え、株式会社F作成の調査報告書……では、平成26年５月３日の際のAの本件マンションの入館方法について特段の記載がないことも考慮すると、直ちに株式会社D作成の報告書の記載に沿う事実を認めるに足りず、他にAがYの居室の合鍵を所持していたことを認めるに足りる証拠はない。

解　説

不貞慰謝料請求訴訟において証拠として提出される調査報告書に関しては、その作成に掛かる費用（調査費用）を不貞慰謝料とは別に、独立した損害項目として請求できるのかという論点があり、この点については既に裁判例とともに紹介した。

本件では、その論点とは別に、調査報告書がＡＹ間の不貞行為の存在の裏付け証拠として十分なのかという論点が問題となっている。

本裁判例は、ＡがＹのマンションのインターホンを使用せずにオートロックを解錠して入館したという調査報告書の記載（この記載によって、ＡがＹの居室の合鍵を所持していたということをＸは立証しようとしたと考えられる）が、撮影した写真からははっきりしないとして、その事実が認められないと判断された。

このように、調査報告書がＡＹ間の不貞行為の立証手段として用いられることは多いものの、その記載内容によってはその立証として十分ではないと判断されることもある以上、それを証拠として提出する側、及びその相手方においても、その記載内容については慎重に吟味する必要があるだろう。

59. 不貞行為の立証・供述の信用性

東京地判令和２・３・27平成31年（ワ）8250号公刊物未登載〔29059624〕

事案の概要

①　Ｘ（夫）とＡ（妻）は、平成26年６月10日に婚姻した夫婦である。

②　Ｙは、同30年当時、Ａと同じ職場（ａ社）で勤務していた者である。また、Ｙには、この当時、同棲している交際相手であるＢがいた。

③　Ａは、派遣会社からａ社に派遣されて主にインフォメーションを担当しており、Ｙはウェディングの映像プロデュースなどをする会社からａ社に出向するような形で勤務していた。

④　ＹとＡは、同年９月18日、ＹとＡと他の複数の同僚とで飲み会をした。この飲み会の後で、ＹとＡはLINEでやり取りをするようになり、２人で会うことになった。

⑤　ＹとＡは、同年10月22日、上野で２人で会った（本件事実１）。ＹとＡは居酒屋で食事をし、ゲームセンター及びカラオケに行った。この際に、ＹはＡにＢとの関係等について相談に乗ってもらうなどし、ＡはＸに対する不満を話すなどし、また、ＡはＹの腕を組んできた。

⑥　ＹとＡは、同年11月５日午前11時頃、表参道で会い、昼食を一緒にした後、カフェでお茶を飲むなどし、その後渋谷のゲームセンターでクレーンゲームなどをした後、カラオケに行き、牛タン店で食事をして帰った。Ｙはクレーンゲームで、マグカップをＹとＡで１個ずつ、ぬいぐるみをＹに１つ取った。また、Ａは、カラオケの際に、Ｙの後ろからハグをした（本件事実２）。

⑦　本件事実２の後、同日中にＹとＡはLINEでやり取りをし、ＡがＹに「マグカップもありがとう（笑顔の絵文字）大切にするね（音符の絵文字）更に大好きになっちゃいました（ハートの絵文字）」とのメッセージの後に２人で電車の中で肩を寄せ合って撮影した写真を送付し、これに対し、ＹがＡに「こちらこそありがとう（星形の絵文字）　素敵な時間でした（キャラクターの絵文字）僕も更に好きになった」などとのメッセージを送り、ＡがＹに「もう会いたいけど明後日まで頑張って我慢しなきゃ（絵文字）」などとのメッセージを送り、ＹがＡに「会いたがってくれて嬉しいな（音符の絵文字）」とメッセージを送り、ＡがＹに「ん～ダメだ、幸せな余韻から抜け出せません（キャラクターの絵文字）」「とりあえずこの幸せな気持ちのままで寝ちゃおうかと（絵文字）…寝られればだけど（絵文字）」などとメッセージを送った。

⑧　同月６、７日頃、ＡがＹに、LINEで「エントランスでちょこっと会えれば嬉しいかな（ハートを含む笑顔の顔文字）」とのメッセージを送った後に、ＹとＡは職場の出口のところで会い、ＹがＡをハグした。

⑨　その後、LINEで、ＹがＡに「初ハグやね（キャラクターの絵文字）」「誰かに見られるよ」とメッセージを送り、ＡがＹに「しかも職場でね（キャラクターの絵文字）」「してきたのＹ君でしょ（キャラクターの絵文字）」とメッセージを送り、さらに、ＹがＡに「俺からしたけど、嫌だった？」と

メッセージを送り、AがYに「…嫌な訳ないよ、嬉しかった（笑顔の絵文字）」とメッセージを送り、YがAに「そういや、初ではなかったね..」とメッセージを送り、AがYに「私が後ろからハグしてたね（笑顔の絵文字）」とメッセージを送り、YがAに「毎回してね（キャラクターの絵文字）」とメッセージを送るなどした。

⑩　YとAは、同月下旬ないし12月上旬頃、当時のYの自宅近くの喫茶店で、昼頃から２人で会った（本件事実３）。YとAは喫茶店で話をした後、AはYの家に行き、Yにマッサージをし、その後、YはAを駅まで送り、途中でAにパンを買ってあげた。

⑪　本件事実３の後に、LINEで、AはYに「今日は時間作ってくれてありがとう（絵文字）　邪魔にならないように、と思ってた割には長く居ちゃったけど（絵文字）　やっぱり会えて嬉しかった　引き続きY君が勉強頑張れますように（絵文字）」とメッセージを送り、YはAに「わざわざ来てくれてありがとう（星形の絵文字）マッサージめっちゃ良かったよ！」とメッセージを送り、AはYに「良かった（星形の絵文字）　あんなで良ければまたマッサージするね」などとメッセージを送った。

⑫　YとAは、同月13日、上野で午後２時頃から２人で会い、一緒にお茶を飲むなどした後、ゲームセンターに行き、クレーンゲームなどで遊んだ後に帰宅した（本件事実４）。

⑬　同月30日、Bは、YのスマートフォンのAとYとのLINEのやり取りを見つけ、親しげなやり取りがされていたことから、Aと話をしたいのでAに電話をするようにYに求めた。

⑭　YはAに、Bから連絡があった場合にはAとYは関係がないことを伝えるようにLINEでメッセージを送った。BはAと電話で話をし、YとAの関係を問いただし、さらに、Xと話をすることを求めた。

⑮　Aは就寝していたXを起こし、Xに、Yとキスやハグをしたこと、そのことでBとの間でもめていることを話した。

⑯　Xは、Bと今後のことについて電話で話をした。その後、XとA、YとBが同31年１月３日、ホテルで会って話をすることになった。

⑰　Ｘは、同月２日、Ａに対し、Ｙとの関係について隠していることはないか問いただしたところ、ＡはＸに対し、本件不貞行為があったことを告白し、Ｘに謝罪した。
⑱　ＸとＡ、ＹとＢは、同月３日、ホテルで会った。この際に、ＸはＹに対し、本件不貞行為を問いただしたが、Ｙは本件不貞行為を否定した。

以上の事実関係の下において、ＸがＹに対して慰謝料200万円（別途弁護士費用として20万円）の支払を求めて提訴した。

争　点

本件における争点はＡＹ間の不貞行為の有無であり、Ｘは「ＹとＡとの間に不貞行為があったことは、平成30年12月30日の夜にＢからＡに電話があり、ＢからＹとの浮気を追及され追い詰められた結果、Ｘに対しＹとの浮気を告白し謝罪したこと、その後ＸがＹに電話をした際にＹがＡとの性的関係を認め謝罪したことからも明らかである」などと主張したのに対して、Ｙは「平成30年12月４日か５日頃に本件事実３があったが、Ａのメッセージに応じて、当時の自宅近くの喫茶店で会って話をし、その際に、Ｙが肩をほぐすような仕草をしていたのにＡが気付きマッサージをすると言ったので、激しい肩こりに悩まされていたＹはマッサージをしてもらうことにして、自宅で10分から20分ほど背中と腰を揉んでもらい、資格試験の勉強がしたい旨話してＡを駅まで送っていったものである。……ＢがＡに対しＹとの性的関係の有無を激しく追及したことはないし、ＡがＹとの性的関係を認めたこともないし、Ｘからの電話に対してＹがＡとの性的関係を認めたこともない」と反論し争った。

裁判所の判断

裁判所は、おおむね次のとおり判示して、不貞行為があったとするＡの供述の信用性を認め、不法行為の成立を肯定した。

……Ａは、本件不貞行為について、概ね次のとおり供述している……。

平成30年11月５日の本件事実２の際、Ｙは、Ａに対し、カラオケ店の個室において、キスをし、胸や太ももを触り、好きだから抱きたい、ホテルに行きたいと言ってきた。Ａは、断ったものの、Ｙが何度も、全部自分のせいにすればいいなどと言ってきて、押しが強かったことや、Ｙに対して好きとの気持ちがあり、そのように思ってもらったことについて嬉しいと思い、ホテルに行くことを承諾した。

ＹとＡは、同日午後５時頃にカラオケを出て、Ｋ店の前を通り、坂を上り、渋谷のラブホテル街を一周し、Ｙが選んだ白い扉が印象的なラブホテルに入った。

ＹとＡは、そのホテルの部屋に入ると、お互いシャワーを浴び、その後、ＹがＡに、自分の胸を強めにちょっとかむような感じとか優しくかむような感じでなめて欲しいと言ってきた。Ａがこれに応じて言われたとおりにしたところ、ＹはＡに自らの性器をなめてほしい、性器の裏側をなめられるのが気持ちがよいと言ってきたので、やはりこれに応じて言われたとおりにした。その後、Ｙは、Ａの性器を手で触ったり性器の中に指を入れたりし、同時に、Ａの胸を触ったりなめたりした。その後に性交渉に至った。

その際に、ＹはＡにウエストのラインがきれいだねと言っていた。また、Ｙは、女性の体のどこをどう触れば喜ぶのかということがよくわかっており、一連の動作がとても慣れているといった感じであった。

ＹとＡは、性交渉が終わった後、２人とも寝てしまい、その後、Ａが先に目を覚ました。ＹとＡは、そのホテルに２時間ほどいた。……
［筆者注：これに対して］Ｙは、上記Ａの供述を否定し、本件事実２の際には、青山のカフェを午後３時頃出て、歩いて渋谷に行き、渋谷のゲームセンターに１時間くらいいた後、ゲームセンターの目の前のカラオケに午後５時頃入り、２時間くらい過ごした後、牛タン店で食事

をして帰ったのであり、カラオケ内でAがYに後ろからハグしてきたことはあったものの、Aが供述するようにラブホテルに行った事実自体がないと供述する……。

……上記……AとYの供述について、前記認定事実を踏まえてその信用性を検討する。

Aの上記供述は、性交渉の前後の経過、その心情の経過について具体的詳細に述べられており、その供述内容は迫真的であり、実際に体験した者でなければ容易に供述することができないものである上、客観的な状況……との矛盾もない。

そして、……仲間同士の飲み会の後に2人でLINEのやり取りをするようになり、本件事実2の前には既に2人きりでデートをしている（本件事実1）など、YとAが次第に親しくなり、互いに好意を抱いていることがうかがわれ、Aの上記供述は、こうした経過と整合的である。

また、前記認定事実（3）イにおける［筆者注：事案の概要⑦］LINEのやり取りは、直接性交渉があった事実の記載はないものの、YとAの間に男女関係に関する重要な出来事があり、それを思い返し、余韻に浸っていることをうかがわせるものであって、YとAとの間に直前に性交渉があったことと整合的である。さらに、前記認定事実（4）ないし（6）［筆者注：事案の概要⑧ないし⑫］からすれば、本件事実2の後に、YからAを職場の出口でハグをし、そのことに関して親密な感情を交わすかのようなLINEのメッセージのやり取りをし、Yの当時の自宅近くで会った後、Yの自宅にAが行きマッサージをし、そのことに関して親密な感情を交わすかのようなLINEのメッセージのやり取りをし、また、その後にも2人で会うなどしているのであり、本件事実2の前と比べて、本件事実2の際の出来事をきっかけにYとAの関係がより親密さを増していることがうかがわれ、YとAとの間に本件事実2の際に性交渉があったことと整合的である。

しかも、Aの上記供述は、Aにとって供述すること自体恥ずかしい内容のものであり、Ｘとの関係においては、離婚原因となり、また、法的責任を問われ得る不利益な供述である。一方で、全証拠及び弁論の全趣旨によっても、そのような虚偽の供述をしてまでＹを陥れなければならない具体的な動機等は認め難い。

以上を総合すれば、Ａの供述は信用できるのに対し、これに反するＹの供述を信用することはできない。

解　説

本件においては、不貞行為の存否についてＸとＹとの間で主張が対立し、それを認めるＡの供述とそれを否定するＹの供述のいずれが信用できるかという観点から不法行為の成否が判断された裁判例である。

本裁判例はＡの供述の信用性が認められたが、その理由として、「性交渉の前後の経過、その心情の経過について具体的詳細に述べられており、その供述内容は迫真的であり、実際に体験した者でなければ容易に供述することができないものである上、客観的な状況……との矛盾もない」ということが挙げられている。

ここでは、供述内容が「具体的詳細」であること、「供述内容が迫真的であること」「客観的な状況との矛盾がない」との指摘が重要であろう。

往々にして、供述に虚偽が混入していれば、具体的詳細に証言すればするほど供述した内容に齟齬や矛盾が生じるはずであるが、そのような齟齬や矛盾がないということは虚偽が混入していない可能性が高いということを意味していると言える。

また、Ａが自らにとって不利益な証言をしている点も重要である。

自らにとって不利益な事実を認める証言は一般的に信用性があると評価されている（卑近な例で言えば、学歴を過大に申告することはあっても、わざわざ過小に申告することはないことからも裏付けられる）。そしてこのことは、刑事裁判においても、刑事訴訟法322条１項本文が「被告人が作成した供述書又は被告人の供述を録取した書面で被告人の署名若しくは押印のあるものは、その供述が被告人に不利益な事実の承認を内容とするものであるとき、又は特に信用すべき情況の下にされたものであるときに限り、これを証拠とすることができる」と規定していることからもうかがえる。

なお、本訴において裁判所が認めた慰謝料額は120万円（弁護士費用は別途12万円）であった。

60. 不貞行為の不存在

東京地判令和4・1・18令和2年（ワ）30226号公刊物未登載〔29068596〕

事案の概要

① X（昭和47年生、女性）は平成9年5月19日にAと婚姻した。

② 同人らの間には長女（平成10年生）及び二女（同13年生）がいる。

③ Yは、同15年ないし16年頃からAと仕事上の付き合いを有しており、同26年8月にAが会社を立ち上げてからは、本件店舗においてその社員として稼働している。

④ XとAは同居して生活していたところ、同29年12月12日にAが自宅から転出し、以後は別居して生活している。

⑤ XとAは、現在、調停手続を利用して離婚を前提として協議を行っている。

以上の事実関係の下において、本訴ではXが、YはAとの間で複数回にわたって不貞行為に及んだと主張して、Yに対して慰謝料300万円等の支払を求めた。

争　点

本件では不貞行為の有無が争点となった。

この点について、Xは「YとAが本件各不貞行為に及んでいたことは、

（ア）平成28年４月13日　午前６時頃から午前10時頃までの間、（イ）平成29年１月５日　午後１時頃から午後７時頃までの間、（ウ）同年11月15日　午前９時頃から午後３時頃までの間、（エ）同月20日　午後８時25分頃、（オ）同年12月１日　午後５時頃から午後７時頃までの間、（カ）同月３日　午後６時頃から午後８時頃までの間、（キ）同月４日　午後４時頃から午後８時頃までの間の各日時頃にＹの自宅から徒歩数分程度のコインパーキング（以下『本件駐車場』という。）にＡの自動車が止められていたこと、Ｘは実際にＡがＹの自宅から出てくるところを目撃していること、ＡがＹの自宅の鍵を所持していたこと、Ａ自身が、平成29年12月11日、Ｘに対し、Ｙについて『家族よりも大切な人がいる』などと説明し、自らの不貞行為について『後悔もしていないし、謝るつもりもない』などと話したことなどから明らかである」などと主張した。

これに対して、Ｙは「本件駐車場にＡの自動車が駐車してあったとして、その事実をもってなぜＹとＡとが不貞関係にあったこととなるのか、Ｘからは合理的な説明がされていない」などと反論した。

裁判所の判断

裁判所は次のとおり判示して、Ｘの請求を棄却した。

……ＹとＡは、遅くとも平成28年４月頃にはＹの自宅の合鍵をＡが預かるようになり、その後しばしばＡがＹの自宅に出入りするなどといった関係にあったことが認められ、少なくとも本件各行為の期間中［筆者注：上記「争点」の（ア）から（キ）の期間中］、同人らが相当程度親密な関係にあったことは明らかといえる。

もっとも、自宅は日常生活の場であり、専ら性行為を行うことを目的とした場所などではないのであるから、ＡがＹの自宅を訪れて一定時間滞在したことのみをもって直ちに同人らが性行為に及んだとの事実が推認されるものではない。Ｘが問い質した際も、同人らは、ＡがＹの自宅に出入りするような関係にあったことを認めるにとどまっている。そうすると、仮にXが主張する日時頃にAがYの自宅に滞在していたのだとしても、当該事実のみをもって本件各不貞行為の全部又は一部を認めることは困難といわざるを得ず、本件において他にこれを認めるに足る的確な証拠はない。Xの上記主張は採用できない。

なお、Xは、……Aは、平成29年12月11日に、Yとの関係について、「後悔も反省もしていないし、謝罪するつもりもない」、「お前（X）よりYの方を支えていきたい」、「全面的に俺が悪かった」などと話したと述べるが、これらの発言はYとの性行為を認める趣旨のものとまではいい難く、Aが上記のとおり発言したことは上記結論を左右しない。

……以上の次第であるから、その余の点について検討するまでもなくXの請求は理由がない。

解　説

本件では、AとYが「相当程度親密な関係にあった」ことは明らかとしつつも、不貞行為があったとまでは言えないとした。また、AがYの自宅に出入りしていた事実を認定したが、自宅は「専ら性行為を行うことを目的とした場所」ではないとして、性行為に及んだとの事実が推認されるものではないとの指摘も重要である。

本裁判例を前提にすると、AがYの自宅に複数回訪れていたとしても、それだけではYに不法行為が成立するとは言えないということになるだろう。

不貞行為の存在を立証する責任は、訴えを提起した原告側にあり、そのハードルは決して低くないということが本裁判例からもわかる。

61. 陳述書の信用性

東京地判平成20・10・8平成20年（ワ）12103号公刊物未登載

事案の概要

① XとAは、平成11年11月11日、婚姻した。

② Aは、Xと婚姻後、派遣社員として稼働していたが、派遣先であるC事業団において、同事業団の職員であったYと知り合った。

③ AはYに対し、次のとおりメールを送信した。

(ア) 同19年3月16日

「Yさんはうちの旦那となんとなく似ています。（笑） 何から何まで、ほんと似ています。」

(イ) 同月22日

「ずっと聞こう、聞こうと思っていたのですが聞けずに今日まできました。。携帯のアドレスなんて教えてもらえたりしませんか？？」

④ YはAに対し、次のとおりメールを送信した。

(ア) 同年4月14日

「は、はなぢが（笑） 冗談はさておき、自分もしたいよ。抱きしめたり、チューしたりするとどこか連れ込みたくなる。」

(イ) 同月17日

「とてもとても大切なので、大事にしたいのです。この先、一緒になるまでに苦労かけたり、つらいこともあるかと思うんだけど、決して逃げたり投げ出したりしないから。一生、今と変わらず大事にしていく。安心して。ずっと愛してるから。」

(ウ) 同年5月8日

「Aちゃんのこと、大好きだからウザイなんてちっとも思わないよ。第一、自分もくっついていたいし。一緒にいて良かったとAちゃんが思ってくれるような家庭にするよ。約束する。やっと自宅付近まで帰ってきました。ゴムをしっかりケアします（笑）」

㈀ 同月12日

「Aちゃんと一緒にいたい。泊まってください。」

㈁ 同月14日

「これから先、どんな時でもAちゃんの支えになるから。近い将来、結婚してください。そして、子どもも欲しい。」

㈂ 同月19日

「そうだね。なかなかないもんね、こういう機会は。ずっと一緒にいられるうえに、朝起きてもAちゃんが横にいるのがうれしい。」

㈃ 同月20日

「大丈夫、大丈夫。疲れてないから。元気なもんです。けっこうタフだし。もし、できちゃってた時はきっちり現状を嫁に話します。とんでもないことになると思うけど、全て覚悟の上です。Aちゃんの事も全て自分が守ります。」

㈄ 同日

「たぶん、洒落にならない事態になるよね。その責任は自分が取ります。ダンナの前に出ていって、説明したっていい。」

㈅ 同日

「家の方は大丈夫だったのでしょうか。自分が悪かったです。言い訳はしません、自分のミスです。ごめんなさい。離婚を望んでいることは伝えました、今から家をでます。」

⑤ Xは、同年5月頃、Yの妻からYとの関係を解消するよう求める電話を受け、YとAとの関係を知った。

⑥ Aは、同年7月6日、Yに対し、会うことを求めるメールをした。

⑦ Xは、同月26日、Yに対し、内容証明郵便で、Aとの不貞関係を解消し、慰謝料500万円を支払うように通知した。これに対し、Yは何らの回答もしなかった。

⑧ Aは、同年8月1日、Yに対し、会うことを求めるメールをした。

⑨ Xは、同月20日から勤務先を欠勤し、同年10月10日、退職した。

⑩ Aは、この頃、東京家裁に離婚調停の申立てをなし、XとAは、同日、

調停離婚した。なお、AはXに対し、離婚慰謝料50万円を支払った。

⑪　Xは、同月31日、Yに対し、再度、内容証明郵便で、慰謝料500万円を支払うように通知をしたが、Yは何らの回答もしなかった。

以上の事実関係の下において、XはYに対して不貞慰謝料500万円（別途弁護士費用50万円）の支払を求めて提訴した。

争　点

本件の主な争点は、XとAとの婚姻関係が不貞関係前に破綻していたかどうかということであり、Xは「結婚以来、極めて円満な夫婦生活を送ってきていた」と主張したのに対し、Yは「XとAとの婚姻生活は、Xの度重なる暴力、数年間にもわたるセックスレス、すれ違いの生活により既に破綻していた」と主張し、その立証手段として、A名義の陳述書を証拠として提出した。

裁判所の判断

裁判所は次のとおり判示して、Yの主張を排斥した。

> X本人尋問の結果及び陳述書……によれば、Xは、平成19年5月ころに、Yの妻から電話を受けるまで、Aと同居していたことが認められるから、未だ、婚姻生活が破綻していたと認めるに足りない。
>
> Yは、XとAとの婚姻生活が、Xの度重なる暴力、数年間にもわたるセックスレス、すれ違いの生活であったと主張し、その主張に沿うY本人の供述及び陳述書……、Aの陳述書……、Aのメール……がある。
>
> しかしながら、婚姻生活の証拠となり得るのはAの陳述書のみであるところ、同人に対しては何らの反対尋問がなされていないほか、裏付けとなる客観的な証拠もないので認めるに足りない。

解　説

本件では、Ｙが提出したＡ名義の陳述書の信用性が問題となり、裁判所は、Ａに対する反対尋問を経ていないこと、陳述書に記載されている内容の裏付けとなる客観的な証拠がないことを指摘したうえで、その信用性が否定された。

このように、当事者双方に争いのある事実については、それを陳述書のみで立証することはできないということであろう。陳述書を証拠として提出する場合には、その記載内容の裏付けとなるべき客観的証拠を提出するか、その名義人の証人（本人）尋問を請求し、反対尋問を経る必要があることを意識しておくべきであろう。

なお、陳述書を証拠として提出すること自体は、現在の民事訴訟手続において何の疑問もなく当然のように行われているが、筆者が弁護士登録を行った当時は消極的評価の方がむしろ強かった。

例えば、「陳述書の主尋問代用機能を問題視して、陳述書によって人証調べが形骸化するとして、陳述書の利用を否定する立場である。弁護士会の多数派ではないかと思われる」（西口元「陳述書をめぐる諸問題―研究会の報告を兼ねて」判例タイムズ919号（1996年）38頁）とか、「従来から、陳述書による心証形成は直接主義・口頭主義に反するとか、陳述書の記載によって心証を形成することは難しいとして、陳述書を多用することは、根強い反対論があり、新民事訴訟法施行前の集中審理実現のための陳述書の活用についても、消極的な裁判所が少なくなかった」（川添利賢「陳述書の軌跡とそのあるべき姿」判例タイムズ1286号（2009年）47頁）等の指摘がその例である。

第17章　違法収集証拠

62. 違法収集証拠①

東京地判平成21・7・22平成20年（ワ）16245号公刊物未登載〔28264586〕

事案の概要

①　XとAは昭和51年4月に婚姻した夫婦であり、長女と二女がいる。

②　Aは、平成13年5月、長年にわたって医師として勤務してきたi総合病院を退職し、h市立病院の副院長に就任したが、自ら望んだ異動ではなかったことや副院長としてはじめて病院経営にかかわるようになったことによるストレスなどからうつ状態に陥り、i総合病院の同僚であったC医師から1年以上も抗うつ剤や睡眠導入剤の処方を受けた。

③　XはAの指示で、k病院精神神経科に異動したC医師を訪ね、Aの状態を報告・説明し、薬をもらってくることがあったが、あるとき、C医師から、Aがうつ症状から家族への依存の状態へと変化してきているので、寝室を分けて生活することがAのためにもXの健康のためにも適切であるとの助言を受けた。

④　X（A）宅は各階が独立したマンションとして使用できるような構造の4階建てで、3階部分が夫婦の寝室を含む家族の生活空間、4階部分が長女の居室であったが、同14年8月に長女が挙式して家を出ていたので、XはC医師の上記助言に従い、同14、5年頃、4階部分に自己の寝室を移し、Aと寝室を別にした。そして、寝室を別にした頃から、XとAの性的関係はなくなった。

⑤　XとAは、夏休みなどを利用して2人で海外旅行に出かけることが多

く、同17年にも、9月末から7泊8日でシリア、ヨルダンなどを旅行した。

⑥　Aは、同年12月頃、Yから不眠等の相談を受け、就眠剤を処方するなどした。

⑦　YとAは、同18年2月14日、携帯電話のメールアドレスを交換し、Aは、同月15日、Yに対し、「君がだいぶ元気になってきたんので、本当にうれしいです。君とお話していると不思議なことに僕はすごく癒されます。私がこんなことを言うと変に思われるかもしれませんが、とにかくこの病院はストレスが多くて、伏魔殿のような気がしますが、君がいてくれるので何とか勤まっています。君は僕にとって本当に大事なひとです。これからもよろく」などと記載した最初のメールを送信し、YもAに対し、同日、「そんなふうに言ってもらって、幸せですね、私。一時期と比べて、大分よくなりました。ほとんど全部先生のおかげです。毎日先生のこと考えてます。恋人を想うより想ってる…？先生のこと考えて、仕事きてます」「院外でお会い出来るといいですね。たくさんお話がしたいです」などと記載したメールを返した。

⑧　以後、YとAは頻繁にメールのやり取りをしているが、相手方に対する好意・愛情を示す表現を含む多数のメールに加え、同月17日以降は性的な表現を含むメールも多く、その中には、同年3月11日にYがAに送信した、「ありがとうございます先生の貴重な時間をいただいちゃって。ぼーっとしちゃって、今まだ夢見心地です。先生と会う時におしゃれとか、意味ないのかな？口紅はあっというまにはがされちゃうし、服はあっというまに脱がされちゃうし。かわいくしても、一瞬ですね。今日の感想は、恥ずかしくて言えません」などと記載したメールをはじめ、YとAとの間に性的関係があったことをうかがわせる多数のメールも存在する。なお、Yは、同年5月8日、Aに対し、「先生は、奥様とはどうなんですか？証拠を押さえられないように注意してください」などと記載したメールを送信するなど、Aが既婚者であることを知っていた。

⑨　Xは、同年3月15日、子とともにAの誕生日を祝った。また、Xはこの

頃も、可能な限りAの食事を用意していた。

⑩　Xは、同年4月1日、Aが携帯電話でYと長電話しているのをやめさせようとしてAといさかいになり、約10日間の加療を要する顔面、口腔内、左膝及び右足挫傷の傷害を負った。

⑪　YとAは、同月11日午後7時25分頃から午後9時57分頃まで国立市所在のホテルに滞在し、同月27日にも午後6時2分頃から3時間ほど同ホテルに滞在した。

⑫　YとAは、同年5月3日、横浜中華街で食事をするなどしてから、2時間ほど相模原市所在のホテルに滞在した。また、Aはその頃、Yを被写体として裸身等を撮影している。

⑬　Xは同年2月頃から、AがYと不貞行為をしているのではないかと疑い始め、Aに問いただしたこともあったが、AはXの被害妄想であるなどとして、Yとの不貞行為を認めなかった。そのため、Xは自分で不貞行為の証拠を集めるしかないとの思いを強くし、Aの携帯電話を確認してみたところ、AとYがメールのやり取りをしていることがわかったので、二女の協力を得て、Aが入浴しているときや携帯電話を持たずに外出したときなどを見計らって、Aの携帯電話に残っていた上記メールを数通ずつ二女のパソコンのメールアドレスに送信した。また、Xは、AのパソコンにYを被写体とする上記写真のデータが保存されていることを知り、二女に頼んでこれをプリントアウトしてもらった。

⑭　Xは、同年6月16日、東京地裁に対し、Aを相手方として「配偶者からの暴力の防止及び被害者の保護に関する法律」に基づく退去命令及び接近禁止命令を申し立て、同裁判所は、同年7月14日、その旨の命令を発令した。

⑮　Xは、同月20日頃、二女とともに自宅を出てAと別居し、以後、今日まで別居状態が続いている。

⑯　Xは、同年7月27日、東京家裁に対し、Aを相手方として離婚調停を申し立てたが、財産分与、慰謝料等で合意に達することができず、不成立により終了したので、同裁判所に対し、Aを被告として離婚訴訟を提起し

た。

以上の事実関係の下において、XはYに対して慰謝料500万円の支払を求めて提訴したところ、裁判所は200万円の限度でこれを認めた。

争　点

Xは、XとAとの婚姻関係はAY間の不貞行為によって完全に破綻したと主張したのに対し、Yは不貞行為の存在を否認し、YとAとの関係は互いに悩みを相談し合うことから始まったバーチャルな恋愛関係であって、男女関係には至っていないこと、XとAとの婚姻関係は、YがAの存在を知ったときには既に破綻していたなどと主張した。

そして、Yは、Xが提出したAY間のメールについて、違法収集証拠であり証拠能力がない旨主張した。

ここではこの違法収集証拠の問題を取り上げる。

裁判所の判断

裁判所は次のとおり判示して、Yの主張を排斥した。

> Aは、Xは、Aとの離婚を有利に進めるため、Aの携帯電話とパソコンから私的な情報（メール及び写真）を盗み出したもので、Xの行為は、Aのプライバシーを侵害する重大な違法行為であって、夫婦間であっても許されるものではなく、また、Aの携帯電話から大量のメールを盗み出すことやパスワードを設定していたAのパソコンから情報を盗み出すことは、通常考え得る社会的に相当な方法では不可能であるから、A・Y間で送受信されたメール……及びAが撮影したYの写真……は、著しく反社会的な手段を用いて収集された証拠であって、その証拠能力は排除されなければならないと主張する。しかしながら、Xが上記メール及び写真を取得した動機及び方法・態様は……［筆者注：事案の概要⑬］認定のとおりであって、その取得の方法・態

様は、上記メール及び写真の民事訴訟における証拠能力を排除しなければならないほどに著しく反社会的なものであるとは認め難く、したがって、Aの主張は採用できない。

解　説

一般論として、不貞行為の当事者間で交わされるメールの内容はなかなかXにおいて入手することは困難である。本件のメールの取得の方法は、確かにYが指摘するように、Aに無断で情報を盗むという側面があることは否定できないが、一方において、XがAに対して合理的な理由に基づいてAY間の不貞行為を疑い、Aに対してそれを問いただしたところ、Aがそれを否定したという事情がある。

おそらく裁判所は上記の事情を重視したのではないかと思われる。

そうすると、仮にそのような事情が一切なく、いきなりXがAのメールを盗んだ場合には逆の結論になり得たかもしれない。

訴訟代理人弁護士としては、当事者・相談者から「配偶者のメールを無断で見てよいのか」という質問を受けることは珍しくない。

そのような質問を受けたときには、このような裁判例を示してアドバイスするのがよいのではないかと思われる。

近時の不貞慰謝料請求訴訟の裁判例でも、同様の論点が問題となることが少なくなく、例えば、東京地判令和4・9・22令和3年（ワ）25768号等公刊物未登載〔29074565〕では、Yが不貞の証拠となったLINEのメッセージについて、これを「長男と二男がAを羽交い絞めにし、手を力ずくで押さえてスマートフォンの指紋認証を強行し、ロックを解除して取得された証拠であるから、違法収集証拠」であると主張したのに対し、同裁判例は、これらが仮にYの主張する態様で取得されたものであるとしても、「民事訴訟における証拠能力を否定することを要するほど著しく反社会的な方法によって取得されたものと認めることはできない」と判示して、Yの主張を排斥した。

63. 違法収集証拠②

東京地判平成21・11・17平成20年（ワ）23826号公刊物未登載

事案の概要

① Xは、平成6年3月頃からAと交際し、同12年6月5日に入籍し、その後長女と長男が生まれた。

② Aは実父の下で大工として稼働し、また、Xは、長男が生まれる前は仕事をしていた時期もあったが、長男を出産した同16年以降は専業主婦をしていた。XとAは、入籍後はAの両親らと同じ建物に居住していた。

③ Aは、Xとの入籍時に結婚披露宴を開かなかったので、同19年3月3日、XとAの各家族や友人等を招待し、Xとの結婚披露宴を開催した。

④ Aは、同年4月頃から夕食後外出することが多くなり、Yと会って何度か性的関係を持った。

⑤ Aは、同月頃からXに性的関係を求めなくなり、同年6月12日夜、Xに対し、一方的に離婚話をし、翌日から1か月にわたり、夕食後外出し、深夜か翌朝に帰宅する生活を繰り返すようになった。また、Aは、同年5月から同年7月にかけて頻繁にYに電話をかけていた。

⑥ XはAが浮気をしていると疑い、Aが運転する自動車内にボイスレコーダーを取り付けていたところ、Aは、同年7月12日夜、Yと会い、自動車内でXと離婚した後の2人の将来の生活等について話をするなど、親密な会話を交わしていた。

⑦ Xは、同年7月25日、A、同人の兄D及びその妻Eの4人で話合いの場を持ったが、その場でAは、Xと離婚したい気持ちは変わらない、他の女性が好きになっていると発言した。

⑧ Aは、同年8月2日深夜、Xに対し、Yとの関係は終了しており、Yとは連絡もメールもしていないと述べたが、Aの携帯電話の電子メールの内容をチェックすると、Yとの間でメールのやり取りを続けていたことが分かった。

⑨　Ｘは、同月４日、Ｙ、Ａ、Ｄ及びＥの５人で話合いの場を持ったが、その場でＡは、Ｘと離婚してＹと結婚したいと述べた。また、ＸがＹに対し、Ａとの夫婦関係の決着が付くまでＡと会わないでほしいと要求したところ、Ｙは、約束できないと述べた。

⑩　Ｘはうつ状態となり、同月10日から病院に通院し、治療を受けるようになった。

⑪　Ａは、同月24日、Ｘに対し、一方的に別居をすると言い出し、ＸとＡは同年９月２日に別居し、以後別居状態が続いている。

⑫　Ａは、同年12月頃、Ｘに対し、離婚調停を申し立てたが、取下げで終了した。

以上の事実関係の下において、ＸはＹに対して1000万円の慰謝料の支払を求めて提訴したところ、裁判所は100万円の限度でこれを認めた。

争　点

本件では、ＸがＡに無断で取り付けたボイスレコーダーの証拠能力についての判断が示されているので、この部分を中心に解説する。

裁判所の判断

裁判所は、本件ボイスレコーダーの証拠能力について、次のとおり判示して、これを認めた。

……Ｘは、Ｙが平成16年ころからＡと交際し、不貞行為を継続していたと主張し、平成19年７月12日のＹとＡとの会話を録音したCD……と反訳書……、及びＡがＹに送信したメールに関するＸ作成のメモ……を提出する。

前記CD及び反訳書については、……ＸがＡの浮気を疑い、Ａが運転する自動車にボイスレコーダーを取り付けて録音したものであるところ、その方法が著しく反社会的な手段を用いてＹやＡの人格権等の侵害を伴う方法によって得られたものとまではいえないので、その証拠能力はあるというべきである。

解　説

上記「裁判所の判断」が述べているように、民事訴訟において提出された証拠について、「その方法が著しく反社会的な手段を用いて当事者の人格権等の侵害を伴う方法によって得られた」と言えるような場合には、その証拠能力が否定される。

不貞慰謝料請求訴訟においては、「不貞行為の有無」や「不貞行為時に婚姻関係が破綻していたか否か」という点についての攻防になることが多いが、そのような事実関係、事実の評価の問題とは別に、一方当事者が提出した証拠自体について、他方当事者がそれを攻撃する場合もあり、違法収集証拠の主張がその典型的な例である。

ここで、証拠の「証拠能力」というのは、裁判上の証拠としての適格性の問題であって、これは「ある」か「ない」かの二者択一である。

これに対して、似た概念として、証拠の「証明力」というのがあるが、これはその証拠に証拠能力が認められることを前提として、それがどの程度信用できるのかという問題である。要するに、証明力は「有無」の問題ではなく「程度」の問題である。

本件は、あくまでも事例判断であるものの、Ａの不貞行為を疑ったＸがＡの自動車にＡに無断でボイスレコーダーを取り付けて録音した音声が、違法収集証拠として証拠能力が否定されないということを明らかにしたという意味において重要であろうと思い、紹介した次第である。

64. 違法収集証拠③

東京地判平成21・12・16平成20年（ワ）17276号公刊物未登載〔28264590〕

事案の概要

①　X（夫）は会社に勤務し、A（妻）は、平成2年から建設会社に勤務し、同18年頃当時、同社東京支店建築工事管理部に事務職として勤務していた。

②　XとAは小学校及び中学校の同級生で、同5年頃から交際を始め、同9年3月2日に婚姻し、長男、二男、三男をもうけた。

③　XとA及び子らは、同17年6月から習志野市のマンション（Xの現住所。以下「自宅」という）に居住していた。なお、Aの父母が住む実家は同市内にある。

④　Yは男性で、1級建築士及び1級建築施工管理技士等の資格を有しており、同10年から上記建設会社に勤務し、同18年1月頃当時、上記支店建設工事管理部において工事管理の職にあった。

⑤　Yは、同月5日に前妻との協議離婚届出をし、横浜市のマンション（以下「Y宅」という）に居住していた。

⑥　AとYは、休日の同月14日、Y宅に近い映画館において、2人で映画を観た（以下これを「映画の件」という）。

⑦　Aは、同19年4月29日午前10時11分頃にY宅を訪ね、午後1時頃Yとともに Y宅を出て電車に乗り、午後2時30分頃に別れたが、Y宅を出た後に2人は手をつなぐことがあった（以下これを「Y宅訪問の件」という）。

⑧　Aは、映画の件があった翌日の同18年1月15日に子らを連れて実家に戻り、以後Xと別居した。なお、Aは、同17年12月18日、Xと言い争いになり、実家に戻ろうとして一旦子らとともに家を出たが、結局、自宅に戻ったことがある。

⑨　Aは、Xとの離婚を求めて同18年2月及び同年10月の2度にわたって調

停を申し立てたが、1度目は同年7月26日に取下げで終了し、2度目は同20年1月頃に不成立で終了した。

⑩　Xは子らとの面接交渉をしていたが、2度目の調停事件係属中でY宅訪問の件があった同19年4月29日より前にAの行動調査を総合調査機関に依頼した（Y宅訪問の件は同会社作成の調査報告書に記載されている）。

⑪　Aは、同20年3月4日、Xとの離婚等を請求する訴訟を提起した。

⑫　Xは、同年6月24日、Aに対して不貞行為等を理由に慰謝料500万円の支払を求める反訴を提起し、かつ、Yに対して本件訴訟を提起した。

⑬　AとXとの訴訟は、同21年4月21日、❶AとXが同日和解離婚する、❷子らの親権者をいずれもAとする、❸Xは子らが満20歳に達する日の属する月まで養育費を支払う、❹Aは財産分与として自宅の共有持分10分の1を分与する、❺AはXに対し離婚に伴う和解金200万円の支払義務があることを認め、これを和解の席上授受した、❻AはXに対し所定の条件下で月2回子らとの面接交渉を認める等の内容の和解によって終局した。なお、和解期日には、Aとその代理人及びX代理人が出頭した。

以上の事実関係の下において、XはYに対してAY間の不貞行為に基づいて慰謝料500万円の支払を求めて提訴した。

これに対してYは、不貞行為は存在せず、Xの主張は邪推によるものであるなどとして争った。

争　点

Xの主張によれば、「AとYとの間では、平成17年12月30日から本件メール（違法収集証拠ではない。）が受送信されていた。本件メールには、Aの別居前にも、YとAの2人だけの温泉旅行の提案、2人での飲食のこと、映画の件やデートが楽しかったこと等が記載され、別居直後から、2人の朝から夜までの親密な会話、飲食やデート、互いの相手を思う気持ちや会いたい気持ち、Aの調停申立てやその手続進行の報告等が記載されている。本件メールの数のおびただしさ、親密な件名及び本文の内容は、Aの別居よりはるか以前からＹとＡとの交際が始まっていたこと、両者は単なる職場の先輩後輩の関係をはるかに超えるただならぬ関係にあったことを示している」とのことである。

これに対してＹは、これらのメールは違法収集証拠であり、証拠能力が認められないとして争った。

裁判所の判断

裁判所は以下のとおり判示して、メールが違法収集証拠であることを認め、その証拠能力を否定した。

> ……Ｙは、本件メールは、Ｘがそのデータを Ａの意思に反していわば窃取して作成したものであり、違法収集証拠として排除されるべきである（証拠能力がない。）と主張する。
>
> これに対し、Ｘは、平成19年３月18日（日曜日）、Ｘの実家に面接交渉で来ていた長男がおもちゃ代わりに持っていた本件電話機をＸが操作したところ、たまたまただならぬ内容の本件メールの一部が出てきたので、本件電話機のチップを外しＸのパソコンに差し込んでそのデータ全部をコピーしたもので、このようなデータの入手方法等に違法はない（著しい反社会的手段による入手ではなく、それが書証として採用されても人格権の侵害に匹敵すべき重大な法益の被害を惹起するものでもない。）などと主張する（なお、データ入手日に関するＸの主張は変遷している。）。
>
> ……ところで、刑法133条の信書開封罪、235条の窃盗罪及び254条の遺失物横領罪は、封をしてある信書の開封、他人の財物の窃取及び占有を離れた他人の財物を横領する行為を犯罪としているが、本件電話機においてＡとＹとの間で受送信されたメール文及びそのデータは、信書あるいは財物ということはできず、刑法上の上記犯罪行為を構成しない。
>
> しかし、携帯電話機により個人間で受送信されたメール文は、信書

（特定人がその意思を他の特定人に伝達する文書）と同様の実質を有するものであり、信書と同様に正当な理由なく第三者に開示されるべきものではない。また、そうであれば、このようなメール文及びそのデータも、正当な理由なく第三者がこれを入手したり、利用したりすることは許されないというべきである。

……Aは、Xとの別居後まもなく離婚を求めて調停を申し立て、X主張の本件メールのデータ入手時には2度目の調停事件が係属中であった……。

また、Xの主張によれば、Xは、たまたま本件電話機の操作中に本件メールの一部を見たため、そのデータを自分のパソコンにコピーし、これを入手するまで知らなかったYの存在及びAとYとの交際の一部を知り、探偵社に依頼してAの行動を調査した上、Aに対し、平成19年4月29日のY宅訪問の件についての調査報告書及び本件メール……を見せて説明を求めたところ、Aの態度が一変し、結局、2度目の調停も不成立で終了したというのであって、このような本件メール及びそのデータの入手や利用がAあるいはYの承諾その他これを正当とする理由に基づくものでないことは明らかであり、その入手や利用は違法であるというべきであり、その入手方法の違法性は刑事上罰すべき行為と実質的に同等に重大なものであるといえる。

このことは、Aが長男に本件電話機をおもちゃ代わりに使わせていたこと、Xが本件電話機を操作したのはメールを探索するためではなく、メールはたまたま発見されたにすぎないこと、その際、メールはパスワード等によって保護されていなかったこと（Xはかつてはパスワードがあったと主張している。）、Xがチップをデータのコピー後速やかに本件電話機に戻したことなどによって正当化されるものではない。

……一般に、一方配偶者の不貞行為の相手方となることが他方配偶者に対する不法行為を構成し得ること、不貞行為の多くは一方配偶者が他方配偶者に秘密裏に密室等で行い、他方配偶者が不貞行為の存在を立証する証拠を入手するには困難があることなどは、直ちに上記判断を左右するものではない。すなわち、他方配偶者が一方配偶者に不貞行為があるとの疑いを抱いた場合に、他方配偶者の信書や携帯電話機等のメールを見たり、その内容を自ら保存すること等が一般的に許されるとはいえない（疑いを抱くことに客観的で合理的な根拠があるときは、それに基づいて不貞行為を立証すれば足りるであろうし、それがないときは、不貞行為の疑いを抱くこと自体が他方当事者の単なる主観ないし思い込みにすぎないことも多く、その証拠を一方当事者のメール等から得ようとすること自体が相当ではない。)。

したがって、本件メールは、Xの主張によっても、違法に入手されたデータに基づくものといわざるを得ず、本件訴訟においてはいわゆる違法収集証拠として証拠能力を否定し、証拠から排除するべきである。

そのうえで、次のとおり判示して、Xの慰謝料請求を棄却した。

本件メールは証拠から排除されるべきであるが、仮に、その件数やその内容がX主張のようなものであり、そこにAとYとの親密な交際ぶりや愛情ないし恋情等が繰り返し記載されていたとしても、そのことから直ちにAとYとがただならぬ関係、すなわち本件不貞行為のある関係にあったとすることはできない。

以上を要するに、Yは、AがXと婚姻していることを知りながら交際をしていたが、その交際において不法行為を構成する本件不貞行為が存在したと認めるべき証拠はなく、これが存在したとするXの主張は理由がない。

解　説

本件は、「**63. 違法収集証拠②**」（前事件）と同様にＡＹ間のメールをXが取得した行為が問題となり、それが違法収集証拠に該当するか否かが争われたが、その結論は前事件とは逆であり、メールの証拠能力が否定された。

また、この判旨は、不貞行為の裏付けとなり得るメールについてかなり踏み込んだ判断をしている。すなわち、「他方配偶者が一方配偶者に不貞行為があるとの疑いを抱いた場合に、他方配偶者の信書や携帯電話機等のメールを見たり、その内容を自ら保存すること等が一般的に許されるとはいえない(疑いを抱くことに客観的で合理的な根拠があるときは、それに基づいて不貞行為を立証すれば足りるであろうし、それがないときは、不貞行為の疑いを抱くこと自体が他方当事者の単なる主観ないし思い込みにすぎないことも多く、その証拠を一方当事者のメール等から得ようとすること自体が相当ではない。)」という部分がそれである。

不貞行為の立証が困難であることが多いという実情からすると、この一般論自体に疑問を感じる人も少なくないのではないかと思われる。

本件は、Ｙの側からは心強い判決であろうが、「Ｙ宅訪問の件」を読む限りは、当該証拠とは別に、ＡＹ間に不貞行為があったのではないかと考えることも十分可能ではないかという感想を筆者は抱いた。

このように、ＡＹ間のメールを不貞行為の裏付け証拠として提出する場合には、そこに記載された内容はもちろんのこと、その取得の方法・動機・経緯なども問題になることがあるので、訴訟当事者や代理人は要注意であろう。

本論点に関連する別の裁判例としては、秘密録音の証拠能力を認めた東京地判令和２・８・24平成31年（ワ）3298号公刊物未登載〔29060816〕や、調査報告書について「著しく反社会的な手段を用いて人の精神的肉体的自由を拘束するなどの人権侵害を伴う方法によって採集されたものとまでは認められず、証拠能力は否定されない」とした東京地判令和３・12・２令和元年（ワ）35531号公刊物未登載〔29068448〕などがある。

このように、Ｙの側から、Ｘの提出した証拠について、違法収集証拠であるとの主張が出てくることがあっても、裁判所がそれを認めることは極めて少ないということがわかる。

第18章　不貞行為と示談

65. 示談契約の有効性

東京地判平成28・1・29平成27年（ワ）8429号等公刊物未登載
〔29016251〕

事案の概要

① Xは、平成16年9月27日にAと婚姻し、同人との間に3人の子をもうけた。

② Yは、同20年2月7日に妻Bと婚姻した。

③ YとAは同じ職場に勤務していたことをきっかけに、同25年4月頃知り合った。

④ 同年7月17日夜、Xは、YとAが銚子市のa公園駐車場で車の中にいるのを目撃した（このとき、YとAが不貞行為を行っていたか否かは争いがある）。

⑤ 同月18日夜、XとYは銚子市内のファミリーレストランで会い、「Aとの不倫交際の件につき」和解契約書を作成した（以下「本件和解」という。Yは強迫によるものと主張する）。上記和解契約書には以下の記載がある。

・Yは、Xに対し、和解金として金300万円の支払義務があることを認め、これをXの指定期日までに支払う。

・Yは、今後、Aとの交際を止め、Aに対し一切の連絡をしない。Yがこれに違反した場合は、Yは、さらに、通常の慰謝料額の倍額の違約金を支払うとともに両方の親族、会社関係者に連絡をする。

⑥ また、その際、XはYに対し、慰謝料300万円を請求する旨や、「本書確認後10日以内にお支払いください」との記載のある通告書を交付し、Y

は、Ａと同年５月頃から同年７月頃まで不倫交際をしていた事実を認め、お詫びする旨の記載のある謝罪文に署名指印した。

⑦　Ｙは、同年８月９日、Ｘに対し、150万円を振込みの方法で支払った（任意に支払ったものかは争いがある）。

⑧　Ｙが和解金残金150万円を支払わないことから、Ｘ代理人弁護士は、同27年１月21日付け催告書にて、Ｙに対し、その支払を求めた。

⑨　Ｙ代理人弁護士らはＸ代理人弁護士に対し、「通知人といたしましては、本件和解金残額150万円をお支払いさせていただきたく考えておりますが、この支払にあたり、改めて和解書を作成し、本件に関する一切の解決を確認させていただきたいと考えております」等と記された同月27日付け受任通知をファックスした。しかし、Ｙ代理人弁護士らは同年３月14日に辞任した。

以上の事実関係の下において、Ｘは、本件和解に基づいて、Ｙに対して和解金残金150万円の支払を求めるとともに、和解契約後のＹの行動により精神的苦痛を受けたとして、100万円の慰謝料の支払を求めた。

これに対してＹは、上記和解契約について公序良俗違反による無効、強迫取消しを主張し、また仮に有効であっても支払義務が免除されているから、既払の和解金150万円は不当利得であるとして、Ｘに対し、同金員の返還を求めた。

争　点

本件和解が有効かそれとも無効かということが本件の争点である。

Ｙは、①本件和解は、和解契約書の文言どおり、ＹとＡとの「不倫交際の件」について和解したものであるが、ＹとＡの間に性的関係はなく、相談に乗ったり、食事をする程度の交際の事実をもって300万円もの慰謝料を請求することは暴利行為と言え、本件和解は公序良俗に反し無効であること、②本件和解は、Ｘから「ぶっ殺す」等の言動で脅迫され、Ｘが作成してきた和解契約書にＹが署名し締結したものである。よって、Ｙは、本件和解の取消しの意思表示をするなどと主張した。

裁判所の判断

裁判所は、まず公序良俗違反については、次のとおり判示した。

> ……本件和解は、和解契約書の文言にあるように、「ＹとＡの不倫交際」に関するＸとＹの間の紛争に関してなされたものである。この点、Ｙは、Ａと不貞関係になかったと主張するが、和解の確定効（民法696条）に照らしかかる主張は採用できない。そもそも、Ｙは本訴提起前の代理人弁護士を介した交渉においてもＡとの不貞関係を争っておらず、むしろ和解金残金の支払に応じる姿勢を見せていたことに照らしても、かかる主張の採用は困難である。なお、Ｙは、不倫は肉体関係を伴わない交際まで含むものとして、不貞とは異なるものと理解していた旨も供述するが、日常用語としての不倫と不貞はほぼ同義であること、和解契約書作成の際にＸから交付された「通告書」……には、「７月17日の銚子市ａ公園にて私に車中にての不貞行為を確認されています　あなたも妻とは男女の関係にあることを認めました」と記載されていることに照らし、不自然といわざるを得ない。
> ……そして、ＹとＡが「不倫交際」をしていたことを原因とする慰謝料として、300万円という金額が暴利行為といえるほどに高額であるとは、現在の訴訟における不貞慰謝料の認容額の相場に照らしてみても認めがたい。
> よって、本件和解が公序良俗に反するとは認められない。

次に、強迫による取消しについては、次のとおり判示した。

> ……Ｙは、和解契約書の作成状況につき、概ね以下のとおり供述する。
> 前日（平成25年７月17日）、Ａと車内にいるところをＸに発見された

際、電話番号をXに教えた。翌日、銚子市内のファミレスでXと会った。その際、予告なく和解契約書と謝罪文を差し出され、署名押印を求められた。和解契約書の金額欄は当初空欄であったが、Xは、「自分の年収は1000万で、今回の件で俺の仕事は3割くらい減っているから300万だ」と述べた。黙っていたところ、Xは、嫁も子供も全部くれてやるが、俺の子供に不自由があったらぶっ殺してやる等と言った。それでこのままだと殺されてしまうと怖くなり300万円と記入した。(150万円の支払につき)Xは現金は手渡しでなければだめで領収書も書かない等と言っていたが、再度請求される恐れがあるため、振込で150万円を支払った。

……Yの上記供述内容は具体的である上、和解契約書に押印でなく指印していること(印鑑を持参していなかったのは、Yにおいてこの種の書面の作成を想定していなかったことを推認させる。)、和解契約書に振込先口座の記載がなかったこと、その後の和解金の支払状況に照らしても、本件和解時に300万円の金策がYにあったとは窺えないこと、XY間のショートメールのやりとりにも上記供述と整合する部分があること(……Xは、自分が発送したとされるショートメールについて、覚えていない等の曖昧な供述をするが、……携帯電話の番号が自分のものであることは認めており、他にXが作成したことを疑わせる事情も窺えず……。)……概ね信用できるといえる。

この点、Xはぶっ殺すなどと言ったことはない旨を供述するけれども、同人の供述には和解金額はYが自発的に書いたとか、ショートメールのやりとりについて覚えていない等と不自然な点があり、Yの上記供述の信用性を直ちに左右するものではない。

……もっとも、Yの上記供述を前提としても、本件和解が強迫によってなされたとまでいえるか以下のとおり疑問がある。まず、XがYの供述するような言動に及んだのが事実としても、XはYとAが車内にいる現場を目撃したというのであるから、ある程度感情的になること自体は不自然でなく、多少不穏当な発言があったとしてもそこから直ちにYを畏怖させる意思までは認定できないし（むしろ、ファミリーレストランでの面会前後のショートメールは比較的平穏にやりとりされている。(……))、……和解契約書への署名を仕向けたものとも断じがたい。また、和解契約書はファミリーレストランで作成されたのであるから、周囲には客や店員がいたはずであり、客観的にも大声を上げる等の粗暴な言動には及びにくい状況であったといえる。さらに、前記のとおりYはこの時点でAとの不貞行為を争っていないのであるから、強迫がなければ金銭の支払に応じなかったといえるかも疑問である。そして、Yは、代理人弁護士にもXの強迫行為を説明した形跡がない。

以上によれば、Xの強迫により本件和解がなされたものと認定することはできない。

解　説

AY間の不貞行為は交通事故等と同様に不法行為（民法709条）である以上、それに関してXY間で合意書（示談書）が交わされることがある。

本件では、示談金として300万円を支払うことが合意され、そのうち150万円がYからXに支払われ、Xが残金の150万円の支払をYに求めたところ、Yが合意書の有効性を争ったのである。

Yの主な主張は、合意書が公序良俗に違反し無効であること、及び、合意書がXの強迫によって作成を強要されたものであることの2点であった。

しかしながら、裁判所はいずれの主張も採用せず、本件合意を有効と判断した。

まず、公序良俗違反の有無については、300万円という金額が現在の不貞訴訟において認容される額に比べて暴利行為と言えるほどに高額とは言えないということが指摘されている。

これを逆に言えば、暴利行為と言えるほどに高額である場合には公序良俗違反として無効となる余地があるということを意味している。例えば、1億円の合意がなされたとすればまさにそれは暴利行為と言えるであろうから、公序良俗に違反しそのような示談は無効（法による助力を受けられない）ということになる。

ただし、その場合の効果としては、１億円の合意そのものが全て無効になってしまうという考え方のほかに、不貞慰謝料の相場として認められる程度の額（例えば200万円）の限度では有効と考え、それを超過する部分のみが無効になるという考え方（一部無効）もあり得る。

次に、強迫についてであるが、本裁判例はＸによる脅迫的言辞があったことは認めつつも、Ｙを畏怖させる意思までは認定できないと判示している。要するに、Ｘには強迫の故意がないということであろう。

また、Ｙ自身が不貞行為の存在自体については争っていない以上、強迫の有無にかかわらず金銭の支払に応じる余地があるという意味で、いわゆる因果関係の存在についても疑問を呈している。

本件のような事例に接すると、不貞行為に関する示談書を交わす際には、やはり弁護士等の法律の専門家に依頼した方が、後々になって面倒なトラブルが発生するという危険性をより小さくすることができるのではないかと思う。

66. 示談金と違約金

東京地判令和３・９・30令和２年（ワ）19158号公刊物未登載
〔29066726〕

事案の概要

① Ｘ（1982（昭和57）年生、韓国籍）とＡ（昭和61年生）は、平成25年２月27日に婚姻したが、同31年３月27日に協議離婚した。ただし、同離婚は令和２年１月９日に判決（Ｘの提起した離婚取消訴訟）によって取り消されている。

② Ｙは平成30年１月頃にＡと知り合い、週に１、２回の割合でＡをＹ宅に

泊めるようになった。

③　同31年３月17日、ＡはＸに対し、女性と不貞行為に及んだ事実を認める旨、その慰謝料として150万円を支払う旨などを記載したＸ宛ての同日付けの念書と離婚届を作成してＸに交付した。そして離婚届が提出された翌日の同月28日には、Ａは家を出て、以後Ｘと同居せず、他方で、Ｙ宅に週に２、３回の割合で泊まるような生活を開始した。

④　Ｙは、同月29日、要旨以下の内容を記載した同日付けの念書（以下「本件念書」という）を作成し、Ｙ宅を訪れたＸに交付した。ただし、本件念書の作成経緯については、当事者間に争いがある。また、Ｙは、以下のうち、㈠及び㈢が事実であることは認めているが、㈡はＸに言われたことを記載したとして、その事実を否認している。

㈠　Ｙは、平成30年１月頃、Ａと出会い系サイトで知り合い、その頃共に飲酒した。

㈡　Ｙは、既婚者であるＡと性行為を57回行った。

㈢　スパリゾート施設、映画館、水族館に、Ａと一緒に赴いた。

⑤　ＸとＹは、令和２年２月12日、以下の内容で示談契約（以下「本件示談契約」という）を締結し、その旨の書面を取り交わした。ただし、本件示談書の作成経緯及び本件示談契約の効力については当事者間に争いがある。

㈠　Ｙは、Ｘに対し、Ａとの不貞行為に関する慰謝料として150万円を、令和２年２月12日から30日以内に支払う。

㈡　Ｙは、令和２年２月12日以降もＡとの関係を解消しなかった場合、Ｘに対し、違約金として150万円を直ちに支払う。

以上の事実関係の下において、Ｘ及びＹとの間で本件示談契約を取り交わしたと主張するＸが、Ｙに対し、本件示談契約に基づき慰謝料150万円及び違約金150万円の支払を求めた。

争　点

Xの主張に対して、Yは、本件念書に記載された不倫相手とされる女性は自分ではないこと、不貞行為は婚姻関係破綻後であること、示談契約は錯誤に基づくもので効力がないなどと主張して争った。

裁判所の判断

裁判所はYの主張を排斥し、XのYに対する請求を全て認容した（不貞慰謝料150万円、違約金150万円、総額300万円）。

そして、Yの錯誤の主張を排斥した理由については、次のとおり判示した。

> ……本件示談契約は和解契約の一種であるところ、和解契約においては、当事者の一方が和解によって争いの目的である権利を有するものとされた場合には、後日錯誤を理由にその和解の無効を主張することはできない（和解の確定効。民法696条）。……Yは、本件示談契約において、Aとの関係を認めてそのことについて慰謝料等を支払う旨を約したものであるから、本件示談契約によってXは争いのある目的である慰謝料請求権等を有するものとされたということができる。したがって、Yが、Aとの関係を理由として慰謝料等の支払義務を負う旨の合意をしたことについて錯誤無効を主張することはできないというべきである。

解　説

本件では、XY間で交わされた示談書の効力が争われた。Yはその示談書に効力がないことの理由として民法上の錯誤（民法95条）をその根拠としたが、この判旨が述べるとおり、和解契約には確定効がある以上、それを後になって錯誤を理由にその効力がない旨の主張をすることはできない。これは民法の典型論点で、「和解と錯誤」と呼ばれ、大判大正6・9・18民録23輯

1342頁〔27522482〕という先例もある。

したがって、不貞慰謝料に関する示談契約を錯誤を理由として事後的にその効力を争うのは、原則として無理筋であるということであろう。

67. 合意書と公序良俗

東京地判令和3・10・21令和2年（ワ）25974号公刊物未登載〔29067254〕

事案の概要

① Yは専業主婦であったところ、40歳になった後に大学院に進み、平成21年12月にａ大学の学位を取得し、同22年4月に同大学の助教に採用された。

② Aは医師であり、同13年から現在の自宅住所地に脳神経外科クリニックを開設して営業を始め、現在に至っている。

③ YとAは、同21年4月頃、学会において知り合い、その後交際を開始した。

④ YはAから、妻との婚姻生活は20年前から破綻しており、クリニックで生活している等の話を聞いていた。

⑤ ところが、YはAの妻から、同24年12月10日以降、Aが妻子との生活を継続しているばかりか、Y以外の女性2名（いずれもAのクリニックに勤務する看護師）と付き合っているとの話を聞かされた。

⑥ YはAと別れようと考えたものの、Aから、妻とは20年ほど前から完全に破綻していること、Y以外の女性については妻の誤解であって付き合っているわけではないことなどの説明を受け、夜通し何度も土下座のうえ謝罪され続け、自宅に二度と戻らない、行く所もないのでY宅で生活させてほしいと懇願されたことから、Y宅でAと同居することにした。その後Yは、AがY宅を出て行く同31年1月まで、医師会、近所、出入りの製薬会社等に対して「Aの妻」として紹介され、「奥様」と呼ばれるようになっ

た。

⑦　Ｙは、同28年11月になって、Ａのクリニックの勤務表にＡと同姓の看護師の名前があったことからＡに問いただすことにより、Ａが上記女性２名のうち１名と入籍したことを知り、ＡをＹ宅から出て行かせた。

⑧　しかしながら、Ａが何度も謝罪の証明として念書を作成して提示したため、同年12月８日、下記の内容を主とする本件合意に係る念書を作成の上、再びＹ宅で同居するようになった。なお、念書の完成に至るまでのＹの関与の度合いや再び同居するようになった経緯については当事者間に争いがある。

・本件合意は、ＡがＹとの同居中に別の女性と入籍したという背信行為についての慰謝料を払うことについて取り交わされるものである。

・Ａは、Ｙの文筆活動における成功を見届けるため（見届け期限の目安として2034年４月までの17年間）、2016年（平成28年）11月から毎月50万円を支払う。

・Ａは、Ｙからマンション購入の希望があった場合、最大限の購入援助を行う。

・Ａは、Ａ所有の自動車をＹが専有的に無償使用することを認める。

・Ａは、Ｙのスポーツクラブに関する会費等を支払う。

・Ａは、Ｙが困難な状況に直面した場合には、万難を排して誠心誠意、Ｙを支えることを誓約する。

⑨　ＹとＡは、一定の履行を経た後に何度か念書を差し替えた。ただし、修正箇所は履行期間に係る条項にとどまり、その他の内容の修正はないため、差替えの前後を通じていずれも「本件合意」といい、本件合意に係る念書は、作成の時期を問わずいずれも「本件念書」という。

⑩　Ａは、本件合意に基づき毎月50万円を支払ってきたが、同31年１月末にＹ宅を出て行き、同年２月分の支払を最後に本件合意に基づく支払をやめた。

以上の事実関係の下において、Ａとの間で継続的給付金支払等合意（本件合意）を締結したと主張するＹが、Ａに対し、本件合意に基づく給付金及びその遅延損害金の支払を求めた。

争　点

Ｙの主張に対して、Ａは「本件合意は、ＡがＹと交際中に別の女性と婚姻したことによる慰謝料の支払義務をその内容とするものである。しかし、ＡがＹに対して支払済みの金員だけでも約2625万円にのぼり、慰謝料金額としては過大である上に、妻のいるＡとの不倫関係の継続を前提としているから、本件合意は公序良俗に反して無効である」などと反論した。

裁判所の判断

裁判所は下記のとおり判示してＡの反論を認め、Ｙの請求を棄却した。

本件は、いずれも既婚者であったＹとＡが学会で知り合って男女の仲となった上にＡがＹ宅で同居するに至り、それにも拘わらず、Ａが妻と離婚した上でＹとは別の女性と婚姻し、そのことがＹに発覚しＹが激怒したことから、Ａが当該女性との婚姻関係を継続しつつＹと同居の上での交際を継続することを望んで金員の提供を持ち掛け、Ｙも条件をつけつつもその提供を受けることを了承（本件合意）した事案ということができる。しかも、本件合意は、上記のような社会常識を逸脱した関係構築に関して、ＡがＹに対し社会常識を逸脱するような額（当初案は2016年11月から2034年４月まで、毎月50万円、合計１億0500万円）の慰謝料を支払う旨を約したものである上、ＡはＹに対し本件合意に基づき約２年の間に名目はともかくとして2500万円以上を交付し、Ｙはこれを受領したことが認められる……。なお、Ｙは「ＡがＹに交付した金員は、ＡがＹと交際することによってＹの生計形成の道を閉ざしたこと（大学の教員の職を辞めさせたこと等）への補償金である」旨主張するが、Ｙは、Ａから「誠意の証」あるいは「謝罪の証明」として念書案を交付され、その趣旨で条項文言について希望を述べたと供述していること……Ｙが大学の教員の職を辞めた事情等は、Ａの妨害等が理由ではなく、単なる契約期間満了に基づく終了等を理由とするというほかないことから、Ｙの上記主張は採用しない。

これに加えて、Ａが本件合意に基づく支払を止めた理由が、ＹがＡに入会金等を拠出させたスパで知り合った既婚の会社経営者と度々ホテルで会うような関係となり……、Ａとの性交渉を拒むようになったことである上、Ｙ自身、同スパに入会して同会社経営者と親しく話し合う関係になった旨、理由はともかくＡと性交渉をしなくなった旨、ＡがＹ宅を出て行った現在、同会社経営者と親密な関係にある旨供述しているとの事情を併せ考えれば、Ｙの請求については司法的救済を与える余地はなく、あえていうならば本件合意に基づく給付金の未払分の支払請求は公序良俗に反するというほかない。

解　説

本件は、不貞当事者間（ＡＹ間）において交わされた合意書の効力が争われ、裁判所は結論としてその効力を否定した。その判断に至るに当たり重視された事情として、ＡＹ間の関係が社会常識を逸脱していること、既に高額な金額がＡからＹに支払われていること、Ｙには現在別の交際相手がいることなどが挙げられるだろう。

判旨が述べる「Ｙの請求については司法的救済を与える余地はなく」という部分は、かかる合意書に対しては「法は助力しない」ということを意味していると言える。他方で、給付金の未払部分の支払請求を公序良俗に反するとしていることからすると、既払分についてはＡがＹに対して返還を求めても、それは原則として認められないということを含意しているのではないかと思われる（いわゆる不法原因給付）。

第19章　不貞当事者以外の者の責任

68. 使用者責任

東京地判平成28・2・12平成27年（ワ）17419号公刊物未登載
〔29017980〕

事案の概要

① XとAは、平成26年4月15日に婚姻の届出をした夫婦である。

② 被告会社は、電気通信機械器具等の製造等を目的とする株式会社である。

③ Yは被告会社の技術・知的財産統括本部長であり、かつ、被告会社の子会社である株式会社aの代表者である。

④ Aは同5年頃から被告会社の研究所において事務員として勤務していたが、同23年7月頃、被告会社の本社に転勤となり、同所でYの部下として勤務していた。

以上の事実関係の下において、Xは「平成18年2月頃、Aと交際を開始し、その後、平成23年4月頃から内縁関係に入り、平成26年4月15日に婚姻した。Yは、遅くとも平成24年2月頃から、Aに対し積極的に働きかけて自身と交際することを強要し同女と肉体関係をもち、XとAが内縁関係、婚姻関係に入った後も不貞関係を継続した。……すなわち、Yは、被告会社の本部長、子会社の代表取締役という肩書き・地位、権威等を利用し、AをしてYの依頼を拒みがたい状況にあったことに乗じて不貞関係を強要し、業務上の出張にAを同行したり、勤務時間内に色恋沙汰のきわどいメールを送り続けたり、Aを早退させてYのいるホテルに呼び出したりするなどして不貞関係を継続したものであり、Ｙによる不貞行為が被告会社の事業の執行又はこれに準ずるものとして行われたことは明らかである。……したがって、Ｙの使用者である被告会社は、被用者であるＹが事業の執行についてＸに与えた損害について、民法715条１項に基づき、賠償する義務を負う」と主張し、慰謝料300万円の支払を求めて被告会社を提訴した。

争　点

Ｘは、Ａの不貞相手たるＹが勤める会社を使用者責任（民法715条１項）を根拠に提訴したのに対し、被告会社は「Ｘの主張するＡとＹの不貞関係は、被告会社の事業及びＹの被告会社における業務と何ら関係のないものであるから、これにつき被告会社が使用者責任を負う余地はない」と主張して争った。

裁判所の判断

裁判所は次のとおり判示して、Ｘの請求を棄却した。

……民法715条１項は、被用者が使用者の事業の執行について第三者に加えた損害を賠償する責任を負う旨規定しているところ、事業の執行についてとは、損害発生の原因となる被用者の行為を外形から客観的に観察して、使用者の業務執行の一部あるいはその延長と認められるか、これらと密接な関係がある場合をいうものと解するのが相当である。

……これを本件についてみると、……、ＡがＹとの性的関係を伴う交際を認めていた旨のＸの陳述に沿うように、ＹとＡの間で「愛している」などと記載した電子メールが頻回にやり取りされ、ＹがＡに対し、本件婚姻前に「愛しているから今までのようにお付き合いしたい」、「僕の強い意思は抱きたいし、旅行したい」などの内容の電子メールを送信していることなどの事情が認められ、これらの事情からすると、ＹとＡは、本件婚姻前から性的関係を伴う親密な交際をしていたと認めることができる。そして、両者の間で交わされた電子メールの内容に照らせば、ＹとＡは、両者の自由な意思に基づき性的接触を伴う交際を開始しこれを継続したと考えるのが自然である。

これに対し、Ｘは、Ｙが被告会社の本部長、子会社の代表取締役という肩書き・地位、権威等を利用し、ＡをしてＹの依頼を拒みがたい状況にあったことに乗じて不貞関係を強要したと主張し、これを裏付けるものとしてＡ名義のＹ宛の電子メール……を提出するが、同メールの文面はＸが作成しＹに送信したものであり、送信後、ＡがＹに対し同メールが自己の意思に基づかずに送信されたものである旨弁解していること……に照らすとその信用性は低いというべきであり、Ｘの主張を採用することはできない。

……次に、Ｘは、ＹとＡの前記性的関係を伴う交際は、ＸとＡが内縁関係に入った後又は本件婚姻後にも継続して行われ、その態様もＹがＡを業務上の出張に同行したり、勤務時間内に色恋沙汰の電子メールを送信したりするなどして不貞関係を継続したと主張するが、具体的に不貞行為の内容を特定して主張していない上にこれを裏付ける的確な証拠はないし、仮に、Ｘ主張のような事情があったとしても、ＹとＡは、前記のとおり両者の自由な意思に基づき交際を継続していたに過ぎないことに鑑みれば、外形から客観的に観察して、被告会社の事業の内容である電気通信機械器具等の製造等や、Ｙの被告会社の技術・知的財産統括本部長等としての職務執行の一部あるいはその延長として前記交際がされたと評価することはできないし、これらと密接に関係があるものとして前記交際がされたということもできない。

よって、Ｘの前記主張は採用することはできない。

解　説

Ｘが主張する使用者責任というのは、民法715条１項本文「ある事業のために他人を使用する者は、被用者がその事業の執行について第三者に加えた損害を賠償する責任を負う」がその根拠である。

すなわち、本条の趣旨は、使用者（会社）は被用者（従業員）を使って利益を得ている以上、そこから生じる損失についても負担すべきという（報償責任）点にある。

したがって、使用者責任が成立するためには「事業の執行」に該当することが必要であるが、本件のような不貞行為はあくまでも私人間の個人的な交際であって、職務とは関係しない。

したがって、本件の事実関係を前提にする限り、不貞行為には使用者責任が成立しないという結論に至ることは当然と言えるだろう。

ただし、会社の使用者責任を肯定した裁判例もある。それは東京地判令和3・6・25平成31年（ワ）8564号等公刊物未登載〔29065193〕であり、Xの出向先の会社の代表者（Y）がXの妻（A）と不貞行為を行い、Yが執行役員となっている出向元の会社に対して、Xが損害賠償請求訴訟を提起したという事案であった。

この裁判例は、会社が負うべき、いわゆる安全配慮義務について、「少なくとも、労働者の出向先における労務管理の統括者が当該労働者の配偶者と不貞関係を持つという行為は、当該出向労働者がその就業場所である出向先で労務を提供する過程において、その心の健康に害を被る危険性の高い行為であり、上記配慮の義務に違反するものといわなければならない。したがって、このような行為が行われた場合には、出向元の使用者において、当該労働者に対する上記配慮の義務の不履行があったものとしてこれに基づく雇用契約上の責任を負うものというべきであり、また、当該行為を行った出向先の労務管理の統括者においても、当該労働者の上記配慮を受ける権利を侵害したものとして当該労働者に対する不法行為責任を免れないものというべきである」との一般論を展開したうえで、結論として損害賠償額300万円を認めており注目される。

69. 探偵会社の行った不貞調査が不法行為となるか

東京地判平成29・12・20平成29年（ワ）26246号公刊物未登載
〔29047446〕

事案の概要

① 被告会社は、企業信用調査業務、個人信用調査業務などを目的とする株式会社である。

② 被告会社は、X（本件原告の妻）からA（本件原告）の追跡調査を依頼された。

③ 被告会社の調査員は、平成25年7月22日から同月23日までと同年8月22日から同月23日までの2回にわたり、Aに対する尾行、張り込み調査を行い、その結果について、Aを撮影した写真付きの調査報告書を作成し、Xに交付した。

以上の事実関係の下において、Aは被告会社の調査員が、「ホテル内の客室階までAを尾行し、Aが滞在する客室を特定し、入室する様子を撮影することは明らかにAの肖像権、プライバシー権を侵害し、不法行為上の違法行為となることは明白である。このような被告会社の調査員の違法行為について、被告会社は使用者責任を負う」と主張して、300万円の損害賠償を求めた。

これに対して、被告会社は「調査員の行為は、正当な業務行為であって、違法性を欠く」と反論し、争った。

争　点

AY間の不貞行為の有無を確認し、それを証拠として保全するために、Xが調査会社に対してそれを依頼することが少なくない。

本件では、その調査会社の行った尾行等が対象者の肖像権・プライバシー権を侵害し、民法上の不法行為を構成するかどうかが争われた。

なお、調査員の行った行為が不法行為に該当するとすれば、その使用者である調査会社もいわゆる使用者責任（民法715条１項）に基づいて不法行為責任を負うことになる。

裁判所の判断

裁判所は以下のとおり判示して、調査員の行った行為に不法行為は成立しないとした。

> ……「人の容ぼう等の撮影が正当な取材行為等として許されるべき場合もあるのであって、ある者の容ぼう等をその承諾なく撮影することが不法行為法上違法となるかどうかは、被撮影者の社会的地位、撮影された被撮影者の活動内容、撮影の場所、撮影の目的、撮影の態様、撮影の必要性等を総合考慮して、被撮影者の上記人格的利益の侵害が社会生活上受忍の限度を超えるものといえるかどうかを判断して決すべきである」（最高裁平成17年10月11日第一小法廷判決・民集59巻９号2428頁）ところ、同判例の趣旨に鑑みると、本件のような不貞行為に係る撮影行為に当たっても、撮影場所、撮影目的、撮影態様、撮影の必要性等を総合考慮し、かつ、当該行為の根拠となる法令がある場合には同法令も踏まえ、被撮影者の人格的利益の侵害が社会生活上受忍の限度を超えるものといえるかどうかを検討することとなる。
>
> ……そこで、検討すると、いわゆる探偵業を営む被告会社の調査員の行為は、Ｘの依頼により、Ａの不貞行為に関する調査をするものであって……、探偵業法２条１項の「他人の依頼を受けて、特定人の所在又は行動についての情報であって当該依頼に係るものを収集することを目的として面接による聞込み、尾行、張込みその他これらに類する方法により実地の調査を行い、その調査の結果を当該依頼者に報告する業務」である「探偵業務」の一環として行われたものであり、同法所定の調査や資料収集に必要な行為については許容されている。この点、本件の調査の目的は、Ａの不貞行為に係る資料の収集というこ

とにあって、そのような目的に照らせば、Ａの不貞行為を示す客観的な資料として、Ａであることを特定でき、かつ、Ａが不貞行為をしていることを推認させるような場面を撮影する必要性は高いというべきである。

そうすると、被告会社の調査員が、Ａであることを特定できる方法により、Ａがホテルのロビーに女性といる場面やＡが滞在している客室に女性とともに入室する場面を撮影することの必要性は認められる……。

また、その撮影場所・態様は、被告会社の調査員が、ホテルのロビーや客室階までＡを尾行、張り込みして、上記場面を撮影するというものであり、探偵業法所定の探偵業務の範囲に含まれているし、第三者が訪れるホテルのロビーや客室階という場所での撮影行為であって、ホテルやＡの不貞行為と関係があると認められない第三者の承諾が得られない可能性があるとしても、Ａや不貞の相手方と目される第三者との関係において、著しく不相当であるとまでいうことはできない。

……以上のとおり、被告会社の調査員によるＡの撮影行為は、Ａの人格的利益を侵害するものであるにせよ、社会生活上受忍の限度を超えるものであるとはいえず、違法性はないものというべきである。

解　説

本件は、探偵業を営む被告会社の調査員がＸからの依頼に基づいてＡの不貞行為の調査を行った行為がＡとの関係で不法行為を構成するのかが争われた事案である。

探偵業法の正式名称は、平成18年法律60号「探偵業の業務の適正化に関する法律」であり、その１条は「この法律は、探偵業について必要な規制を定めることにより、その業務の運営の適正を図り、もって個人の権利利益の保護に資することを目的とする」と定める。

また、同法4条は「探偵業を営もうとする者は、……営業所ごとに、当該営業所の所在地を管轄する都道府県公安委員会……に、……届出書を提出しなければならない」と規定し、いわゆる届出制を採用している。

本裁判例は、同法2条1項に定める「探偵業務」の定義を踏まえつつ、本件において行われた調査がこの探偵業務の一環であると言えること、また、本件調査の必要性や行為自体の相当性についても言及し、結論として違法性は認められないとした。

加えて、本裁判例では、撮影行為が第三者が訪れるホテルのロビーや客室階であったことも結論に影響していると考えられ、仮に撮影場所が第三者が訪れることのできない各個室で行われた場合には、逆の結論に至ったかもしれない。

本件は不貞行為の当事者・被害者間の訴訟ではないが、不貞行為がきっかけとなり、その調査を依頼された探偵・調査会社が訴訟に巻き込まれることがあるということがわかる。

探偵業者においても、不貞行為の調査のみならず、どこまでの行為が許されるのかということについても、あらかじめ本裁判例などを参考に十分に「調査」しておくことが必要であろう。

70. 不貞相手の父は不法行為責任を負うか

東京地判平成28・5・9平成26年（ワ）30524号公刊物未登載
〔29018587〕

事案の概要

① X（1985（昭和60）年生）は中国籍の女性であり、幼少期以来日本を生活の拠点とし、日本永住者の資格を有する者である。

② XとAは2007（平成19）年6月27日にアメリカ合衆国で婚姻し、2011（平成23）年に長男Bが出生した。

③ Aは平成23年9月に、Xは同年11月にそれぞれ来日した。2人は当初は

ａ所在のシェアハウスに住んでいたが、同24年５月にｂのアパートを借りて転居した。

④　ＹとＡは同年10月25日に共通の友人を介して知り合い、同月31日以降、頻繁にLINEのメッセージを送り合うようになった。

⑤　Ａは同年11月頃から不動産仲介業者Ｃに対し、一人暮らしをするための賃貸物件の紹介を依頼した。ＡはＹに部屋探しに同行するなどの手伝いをしてもらったが、Ａが外国籍であることなどから家主の承諾が得られず、部屋探しが難航したことから、Ｃからの提案で、借主をＹとＡの共同名義とし、Ｙ２（Ｙの父）を連帯保証人として契約することを検討した。Ｙは、同月25日頃、Ａを連れてＹ２に引き合わせ、事情を説明し、Ｙ２に連帯保証人になることの了解を得た。

⑥　その頃、ＡはＸとの会話の中で、ｂのアパートを出てＸと別居し、Ｘと離婚する意向を明らかにするとともに、寂しいから浮気相手を作ったこと、同女との関係を続けること、同女の父親が賃貸借の保証人になってくれること、同女は賃借人になるから保証人になれないこと、同女と知り合って１か月しか経っていないが毎日会っていることなどを述べ、Ｘに引っ越し費用の支払を要求した。

⑦　ＡとＹは共同名義でも部屋を借りることができなかったことから、Ｃからの提案で、Ｙのみを借主、Ａを同居人として契約することとし、同年12月２日、ｃ所在のマンション201号室（以下「本件建物」という）につき借主をＹ、同居人をその婚約者のＡとする入居申込書を作成して、貸主の承諾を得た。Ｙが、同月７日、賃貸借契約（以下「本件賃貸借契約」という）を締結するとともに、同月14日、Ｙ２は貸主に対し、本件賃貸借契約から生じるＹの債務につき書面により連帯保証をした。本件賃貸借契約の入居申込書及び契約書には、本件建物の入居者として、Ｙのほかに続柄を婚約者としてＡが記載されている。また、Ｙは、Ａのために本件建物で使用する電化製品の購入などにも協力した。

⑧　Ａは、同月１日、ｂのアパートを出てＸとの別居を開始した後、本件建物に入居した。

⑨　Ａの母は、同月18日頃、預かっていたＢを連れて来日し、Ｘの住むｂのアパートに宿泊したが、その後、Ａの住む本件建物にも宿泊した。その際、Ｙは本件建物に赴き、Ａの母に会って手料理を振る舞うなどした。

⑩　Ａの母は、同月31日、再びｂのアパートに戻ったが、Ｘは、Ａの母の態度から、このままではＡと離婚することになり、Ｂとも会えなくなってしまうと考え、Ａの母に断りなくＢだけを連れて広島県の実家に向かった。

⑪　Ｂが連れ去られたことを知ったＡは、電話でＹに援助を求め、ＹはＡを連れて警察に赴き、ＢがＸに連れ去られたことを通報した。警察はＸの実家を訪れてＢを保護し、Ａの母の元へＢを連れ戻した。その後間もなく、Ａの母はＢを連れて帰国した。

⑫　Ａは自身のFacebookに、同25年にＹとともにスキー場に旅行に赴いた際の様子として、スノーボードをしている写真、体を密着させている写真、２人分の料理が並べられた写真等を投稿した。

⑬　Ｙは自身のFacebookに、同年５月２日にＡと２人で函館に旅行した際の様子として、浴衣を着て密着している写真等を投稿したほか、同年８月12日にはＡと２人で伊豆に旅行した際の海水浴や浴衣姿で花火鑑賞に行った写真を、同年９月15日にはＹらとＡが野球観戦に行った写真を、同年12月12日にはＡと遊園地に行った写真を、同月31日にはＡと京都に行った写真を、同26年２月24日にはＡとスキー場に行った写真をそれぞれ投稿した。

以上の事実関係の下において、ＸがＹとＹ２に対し、連帯して慰謝料1000万円の支払を求めて提訴した。

争　点

本件の特殊性は、Ｘが不貞相手のＹのみならず、Ｙの父親（Ｙ２）をも被告として訴えているという点である。Ｘの立場からすれば、ＹがＡと同居するために借りたアパートの賃貸借契約の保証人になったＹ２は、ＡＹ間の不貞行為を助長しているように見えるのだろう。このように、本件では、不貞当事者ではない者に対する損害賠償請求の可否が問題となったのである。

なお、Ｙ２は、「Ｙを通じてしかＡとの接点を有していなかったため、ＸとＡが婚姻関係にあることを全く知らなかったのであり、ＹとＡの不貞関係を公認するなどということはない。Ｙ２は、ＹとＡが共同名義で本件賃貸借契約を締結すると聞いており、Ｙの単独名義で締結することやＡを婚約者と記載することは全く聞いていない」などと反論した。

裁判所の判断

裁判所は次のとおり判示して、Ｙ２の不法行為責任を否定した。

> Ｙ２がＸとＡの婚姻関係の存在を知っていたと認めるに足りる証拠はなく、本件賃貸借契約の締結直後から本件建物でＹがＡと同棲したとの事実も認められないことからすれば、……Ｙ２がＸとＡの婚姻関係を知った上でＹの不貞行為を援助・助長したとは認められず、ＹがＡと交際を開始したことを知った後においても、Ｙ２がＡの婚姻関係の有無を確認すべき注意義務があったとは認め難い。

解　説

本件のように、Ｘが不貞当事者以外のＹの親族（本件では父親）を訴えるという訴訟類型は珍しいが、本裁判例はＹ２の不法行為責任を否定した。

ただし、その結論に至った大きな理由としては、Ｙ２において、Ｙ２がＸＡ間の婚姻関係を知らなかったという事実が指摘されている。

したがって、仮に本件においてＹ２がその事実を知っていたとすれば、Ｙ２の不法行為責任が認められる余地があったということになる。

このように、不貞慰謝料請求訴訟というのは決して不貞当事者だけの問題ではなく、それ以外の者に対しても波及することがあるので、不貞当事者から相談を受けた場合には、どのようなアドバイスや協力をすべきかについて十分に注意すべきであろう。

なお、本件と類似した裁判例として、東京地判平成29・5・26平成29年（ワ）3024号公刊物未登載〔29047235〕があり、これは被害配偶者（X）の兄が慰謝料請求を行ったという事案であるが、裁判所は「原告が本件不貞行為等を知り、正義感やXの心情を思いやる気持ちからYらに対して嫌悪感、不快感を募らせ、それを契機として精神状態に影響が生じたものであるとしても、これを被侵害利益として、直ちに損害賠償を求めることはできないと解するのが相当であり、本件不貞行為等は、原告に対する関係で不法行為を構成するものとは認められない」と判示した。

第20章　不貞行為に起因する別の紛争

71. 不貞相手の不穏当な発言と不法行為の成否

東京地判平成21・4・16平成20年（ワ）22693号等公刊物未登載

事案の概要

① Xは妻であるAと平成9年に婚姻した。両者の間に子はいない。

② Xは医師であり、Aは看護師であった。

③ YとAは小学校時代の同級生で、長年交流はなかったが、同18年夏頃に開催された同窓会での再会をきっかけに互いに連絡を取るようになり、遅くとも同年10月頃には肉体関係を持つようになり、Xに隠れて交際を続けていた。

④ Yにも妻子がいるが、Aとの関係を持った後には、妻に対して離婚の希望を伝えるに至っている。

⑤ Aは、同20年3月頃、Yの子を妊娠した。

⑥ Xは、同年4月6日、AからYの子を妊娠している事実を告げられ、立腹してY方に電話をし、その留守番電話にX宅まで来るよう呼び出すメッセージを残した。

⑦ 同日夕方、YはX宅を訪ねたが、話合いをする間もなく、XとYはけんかとなった。

⑧ その結果、Xは全治2週間を要する頸部挫傷、左手挫傷、頭部打撲、鼻打撲の傷害を負い、他方Yは全治2週間を要する左上眼瞼裂創、後頭部挫傷の傷害を負った。

⑨ その後、Aが妊娠した胎児は死亡し、XとAは現在も夫婦として同居生活を続けている。

以上の事実関係の下において、XはYに対して、Aと不貞の関係を持ち、かつ、X宅において暴力を振るってXに全治２週間のけがを負わせたうえに、その後も脅迫的電話、メールや待ち伏せ行為をしたとして、その不法行為に基づく慰謝料1000万円を請求した。

これに対して、Yは、Aとの不貞の事実は認めるも、X宅における暴力事件については、むしろXの方が先に「ぶっ殺す」等と脅迫的発言をしたうえ、Yを警棒で殴打する等してYに全治２週間のけがを負わせたとして、Xに対し、その脅迫・傷害の不法行為に基づく損害賠償（慰謝料）として150万円の支払を求めて反訴を提起した。

争点

本件の争点は、XとY双方の暴力行為等の態様と慰謝料額の相当性である。

暴力行為等の態様についての双方の主張は以下のとおりであった。

すなわち、Xは「AからYの子を妊娠したことを知らされたため、確かに憤慨してYを呼び出したが、Yは、X宅に上がり込むや、謝罪をすることもなくXを数回殴打し、倒したXの上に馬乗りになって首を絞め、XがYをふりほどいて寝室前廊下に逃げた後も追いかけてきて再び首を絞めたことから、Xは生命の危機を感じ、寝室入口近くに置いてあった護身用の警棒でYの頭部を１回殴打したが、Yはその後もXと揉み合ってきて、Xは浴室の浴槽に頭部をぶつけるなどした。……さらにYは、その後もX自宅近くに出没したり、XやAに対して電話やメールで連絡してきて、嫌がらせともいえる行為を行ったものである」と主張した。

これに対して、Yは「Xは、Yを呼び出した時から、留守番電話に『ぶっ殺すからとっととこっちへ来い』等といった脅迫的なメッセージを残し、YがX宅に出向いた際には、Yをにらみつけながら『いい度胸だな』等と挑発的な発言をし、さらには『何だよ、その態度は』等と言いながらYのジャンパーの胸元を左手でつかんで右手拳で殴りかかってきたために、Yは、やむなく右手拳でXの左頬を殴打し、左手で倒れたXの襟首をつかんだが、自ら

Ｘから離れて暴行を中止した。ところがＸは、Ｙが背後を向いた際に、不意にＹの後頭部を特殊警棒で殴打し、振り向いたＹの左こめかみ付近を再度殴打したため、ＹはＸの懐にくらいついて浴室まで押し込み、２人して浴槽に倒れ込むなどしたものであり、その間ＹはＸから何度も殴打されている」と反論した。

裁判所の判断

本裁判例は、まずＹの不貞行為についての慰謝料を150万円と認定した。

次に、ＸのＹに対する言動についてであるが、脅迫的言辞には不法行為は成立しないとした。その理由は以下のとおりである。

> ……ＸはＹに対し、「ぶっ殺す」等といった脅迫的言辞を用いてＹをＸ宅に呼び出したことが認められるが、その言動は穏当さを欠き不適切なものとはいえても、妻から不貞相手の子を妊娠した事実を告げられた夫の行動としては無理からぬものがあるし、「ぶっ殺す」といった発言も、その状況態様に照らして、額面どおりの意味ではなく、Ｘ自身の強い怒りの気持ちを端的に表した表現として述べられたものであることはＹ自身にも容易に理解できたはずであること（Ｙが真実Ｘに殺されると思っていれば、何の準備も、警察等に救助を求める連絡をすることもなくＸ宅を単身訪ねるとは考えにくいし、Ｙ自身、Ｘと話合いをする目的でＸ宅を訪ねたことを認めている……。）を考えると、かかるＸのメッセージ自体は、Ｙに対する脅迫行為として、損害賠償の対象となる程の不法行為にあたるとはいえない。

なお、双方の暴行についてであるが、Ｙの行った暴行については20万円、Ｘの行った暴行については10万円の慰謝料がそれぞれ認められた。

解　説

本件では、ＡＹ間の不貞行為を知ったＸがＹに対し、脅迫的言辞を用いたことが不法行為を構成するかということが争われた。

本裁判例が「妻から不貞相手の子を妊娠した事実を告げられた夫の行動としては無理からぬものがある」と指摘する部分は筆者も全く同感である。

したがって、ある程度の不穏当な言動は法の許容範囲であるというべきであろう。

ただし、かかるXの言動が結果的に裁判所によって不法行為の成立を否定されたとしても、裁判手続においてその判断に行き着くまでには相当の時間と心理的な負担を覚悟しなければならない。その意味において、このような問題が発覚した場合には速やかに信頼できる弁護士等に相談し、どのような行動をとるべきなのかを考えた方がよいだろう。

72. 実子ではない子の養育費の返還請求の可否

東京高判平成21・12・21判時2100号43頁〔28170467〕

事案の概要

① X（夫）とA（妻）は昭和51年1月26日に婚姻した。

② Aは、同58年、Bを出産し、同人はXとの間の長男として出生届がされた。

③ Aは、平成17年、Xに対し、離婚と慰謝料500万円の支払を求める訴えを提起し、これに対し、XはAに対し、離婚と慰謝料5500万円（控訴審において経済的損害1800万円、精神的損害（慰謝料）3700万円に変更）及び損害賠償金1500万円の支払等を求める反訴を提起した（以下、本訴と併せて「前訴」という）。

④ 前訴第一審においてBのDNA鑑定が行われ、同年6月24日頃、XとBとの間に生物学的な親子関係は存在しないとの鑑定結果が出た。

⑤ 東京家裁は双方の各離婚請求を認容したが、AのXに対する慰謝料請求は棄却し、XのAに対する慰謝料請求についてのみ400万円及びこれに対する遅延損害金の支払を求める限度で認容した。

⑥　上記判決については双方から控訴があり、東京高裁は、同18年５月17日、Ａに対してのみ慰謝料600万円及びこれに対する遅延損害金の支払を命じ、ＸとＡは、同年６月１日、同判決の確定により裁判離婚となった。

⑦　その後ＸがＢを相手方として親子関係不存在確認申立事件を申し立て、同20年９月22日、ＸとＢとの間に親子関係が存在しないことを確認する旨の審判がされ、ＸとＢとの間の法律上の親子関係も否定された。

⑧　Ｘは、前訴控訴審判決は離婚そのものによる慰謝料の請求を認容したものであるのに対し、本訴の慰謝料請求は離婚原因たる個別の有責行為による慰謝料の支払を求めるものであり、訴訟物が異なると主張して、上記判決において認容された慰謝料600万円とは別途に慰謝料1500万円の支払や、不当利得返還請求権に基づきＢが成人に達するまでの間Ｘが負担してきた養育費相当額1800万円の返還等を求めた。

以上の事実関係の下において、ＸのＡに対する請求がいずれも棄却されたことから、Ｘが控訴した。

争　点

ＸはＢをＡとの間で生まれた子であると思い養育してきたが、実際にはＢはＸの実子ではないことが判明した。そこで、ＸはＡに対して、Ｂの養育のために負担してきた養育費相当額（1800万円）の支払を求めた。

その根拠条文は民法703条であり、同条は「法律上の原因なく他人の財産又は労務によって利益を受け、そのために他人に損失を及ぼした者……は、その利益の存する限度において、これを返還する義務を負う」と規定している。したがって、本件の争点は本条の適否である。

裁判所の判断

裁判所は次のとおり判示して、Ｘの請求を認めなかった。

……Ｘが相当額の……養育費を支出したことは事実であり、これをすべて否定することはできないのであるが、そうであるとしても、かかる養育費相当額を目的とする不当利得返還請求は法規範の要請と相容れないというべきものであり、かかる請求を容認することはできない。すなわち、まず、ＸがＢの養育費を支払ったのはＡとの婚姻関係の継続中のことであるところ、法律上Ｘは、妻であるＡと嫡出子の推定を受けるＢに対し婚姻費用を負担し（民法760条）、上記養育費用もその一部として支払われていたのであるから、これはＡ及びＢのいずれとの関係でも法律上の原因に基づいて支払われていたものであり、ここに不当利得の観念を入れる余地はなく、上記養育費相当額について不当利得にかかわる損失ないし利得を観念することができない。

また、Ｘの主張に照らしても、上記費用は専らＢの養育に投じられたものというべきであり、したがってＡがその利得を得たものでないことは明らかであるから、この点からもＡにＸが支払った養育費相当損害に対応する利得を得ていることを観念することはできない。

そして、何よりも、不当利得の法理は、公平の理念に基づき、法律上の原因なく生じた利得者と損失者間の均衡を図ろうというものであるが、それは一方が利得し他方がその結果損失を被っている状態を放置しておくことを正当としない状態、すなわち全法秩序が是認しない違法状態とみてこれを是正しようとするものと解される。このような不当利得における違法状態があるかを本件についてみる。……ＸとＢの関係は、少なくとも同人が実子ではないことが発覚するほぼ成人に達する年齢までは父と息子として良好な親子関係が形成されてきており、その間Ｘは、実子という点を措いてみても、Ｂを一人の人間として育て上げたのであり、その過程では経済的費用の負担やその他親としての様々な悩みや苦労を抱えながらも、これらのいわば対価として、Ｂが誕生し乳幼児期、児童期、少年から大人への入り口へと育っていく過程に子を愛しみ監護し養育する者として関わりながら、その成長の日々に金銭には代えられない無上の喜びや感動をＢから与えられたことは否定できるものではあるまい。また、養育を受けたことにつきBには何らの責任はない。このように見てみると、XがBに養育費を投じた結果に是正をしなければ法規範の許容しない違法な不均衡状態があるなどと解することはできない。

むろん、自らの不貞行為によりもうけた他人の子をそうとは知らせないままいわば騙してXにわが子として育てさせたAの責任は軽くはないが、これによりXに与えた精神的、財産的損害の回復を図る民事法上の法理としては不法行為法理が用意されているのであり、これにより責任を取らせるべきものである。そして、上記不法行為責任については、既に前訴……により解決済みであり、Xがその内容に不満を残しているとしても、法制度上はこれを蒸し返すことは許されない。

解　説

Xとしては、Aに騙された結果、実子ではないBを実子であると誤信して養育費を長年負担させられてきたのであり、このことからすると、Xの請求を認めるべきではないかという疑問が生じて当然である。

しかしながら、これを民法上の不当利得請求権を根拠にして請求するのは、本裁判例が指摘するとおり、やはり無理であろうと筆者は思う。

本件のような事案において、XがAに対して金銭の支払を求めるのであれば、その請求の根拠は不当利得ではなく、不法行為に基づく損害賠償請求（民法709条）であろう。

73. 同棲差止請求の可否

大阪地判平成11・３・31判タ1035号187頁〔28051919〕

事案の概要

①　X（妻）とA（夫）は、昭和50年９月９日に婚姻した夫婦であり、長女（昭和51年生）、長男（同54年生）をもうけている。

② X、A及びYのいずれも公立小学校の教師である。Yは同50年に婚姻し、長男（昭和52年生）をもうけたが、夫は平成元年に死亡した。

③ 昭和54年頃、AとYは同じ小学校に勤務するようになった。それから間もなく交際するようになり、現在に至っている。

④ 同62年4月にAとYは宴会の後に朝帰りすることがあった。これについてYの夫からX方に電話があり、YがXと宿泊したのではないかとの話であったため、XはYにAとホテルに宿泊したのではないかと電話で問いただし、Yはこれを認めた。

⑤ Yは遅くとも平成元年頃から自己名義の銀行キャッシュカードをAに手渡し、これを自由に使わせていた。また、自己名義の携帯電話をAに渡し、メッセージを入れるなどもしていた。

⑥ Aは、Yと肉体関係があることをXに対しても述べたり、YとXを比べるような話をしたりしていた。そして、同9年11月ないし12月頃、AはXに対し、離婚してほしいと申し向けるようになった。

⑦ 同10年3月終わり頃、Aの両親が訪れAと話し合うなどした結果、AはYと別れる旨述べた。ところが、同年5月14日、Aが深夜になってYの運転する車に乗って帰宅したことがあり、これを契機にXはAとの離婚を考えるようになった。

⑧ ただ、Xとしては、AがXと離婚した後Yと結婚等するのは許せないと感じ、同月17日、X、A及びYで話し合いがされ、Xは、YとAにおいて結婚等しないならばAとの離婚に応じるので、Yもその旨の書面を作成するように要求したが、Yはこれを断った。

⑨ その後、AはXと同居していた自宅を出てXと別居するようになり、Xには居住先も教えていない。なお、YはAの居住先を知っており、同人の衣類をY方で洗ってやるなどしている。また、YはAとの婚姻を希望している。

以上の事実関係の下において、XはYに対し、慰謝料1200万円の支払等を求めて提訴した。

争　点

本件において、ＸはＹに対して慰謝料（1200万円）の支払のほかに、「Ｙは、ＸとＡとの婚姻が継続している間、Ａと同棲又は会ってはならない」との判決を裁判所に求めた。

このような請求をＸが行うことは極めて珍しいと言えるだろう。

ＸがＹに対して金銭の支払以外のことを求める訴訟としては、謝罪公告の掲示を要求した裁判例を「**74. 不貞行為と謝罪広告**」で紹介しているが、金銭の支払以外のことを求めているという意味で本件もこれと類似していると言えるだろう。

裁判所の判断

裁判所は、不貞慰謝料として300万円を認めたものの、それとは別のＸの要求である「Ａと会わない」「Ａと同棲しない」との請求については、次のとおり判示して、いずれも認めなかった。

……Ｘは、ＹがＡと会うことについての差止めも求めているが、ＹがＡと会うこと自体が違法になるとは到底いえないから、少なくともこの部分については請求に理由がないことは明らかである。

……そこで、次にＹとＡとの同棲の差止めを求めた部分について検討する。

差止めは、相手方の行動の事前かつ直接の禁止という強力な効果をもたらすものであるから、これが認められるについては、事後の金銭賠償によってはＸの保護として十分でなく事前の直接抑制が必要といえるだけの特別な事情のあることが必要である。

……本件におけるそのような事情の有無についてみると、ＸとＡは婚姻関係こそ継続しているものの、平成10年５月ころからＡは家を出てＸと別居しており、Ｘに居所を連絡してもいない。これに加えて、……両者間の婚姻関係が平常のものに復するためには、相当の困難を伴う状態というほかない。そして、ＸもまたＡとの離婚をやむなしと考えてはいるものの、ＡがＹと同棲したりすることはこれまでの経緯から見て許せないということからＡとの離婚に応じていないのである。

そうすると、今後ＹとＡとが同棲することによって、ＸとＡとの平穏な婚姻生活が害されるといった直接的かつ具体的な損害が生じるということにはならない。同棲によって侵害されるのはもっぱらＸの精神的な平穏というほかない。このような精神的損害については、同棲が不法行為の要件を備える場合には損害賠償によっててん補されるべきものであり、これを超えて差止請求まで認められるべき事情があるとまでは言えない。

よって、Ｘの差止め請求については理由がない。

解　説

上記「裁判所の判断」を前提にすると、同棲の差止めが認められるためには「事後の金銭賠償によってはＸの保護として十分でなく事前の直接抑制が必要といえるだけの特別な事情のあることが必要」ということになるが、かかる特別な事情が認められる具体的な場合というのはなかなか想定できないであろう。

したがって、不貞事件においてＸがＹに対して請求できることは、慰謝料（損害賠償）の支払の請求に限られ、同棲の差止めの請求はできないということになるだろう。

74. 不貞行為と謝罪公告

高松地判昭和32・11・7不法行為下級民集昭和32年度（下）号745頁〔27420609〕

事案の概要

① X（当時48歳）は昭和12年8月12日、妻A（当時40歳）と婚姻した。

② 以来約20年間、その間に二男二女をもうけ、田約五反歩を耕作する傍ら、夫婦で豆腐製造卸業に従い、同30年頃には相当の収益をも上げつつあって略々中流の生活を営み、親子夫婦いずれも円満にして平穏なる家庭生活を楽しんでいた。

③ Y（当時45歳）は妻との間に子女数名をもうけ、両親と同居しつつ農業に従い、田六反畑五畝を耕作して中流の生活を営んでいたが、その一方においては居町小学校のPTAの副会長などをもしたことのある者であった。

④ X一家とY一家とは従来何らの交際もなく全く無関係であったが、同年4月3日頃、Yの知人であるBが当時X方に雇用されていた某女に会うためX方を訪問した際、YもまたBに同道してX方を訪れ、そのとき初めてYはAに面接した。

⑤ 当日、YはAにはXなる夫があることを知りながら、機会を見つけるや逸早くAを襲って接吻を試み、さらに同月7日、Aが子を入学式に連れていったことを知るや、その帰途に待ち伏せしてAを誘い、付近の山中に連行したうえ、かなり強引に初めてAと情交を結んだ。

⑥ その後、事のなりゆきを心配したAがYに対して相談すると、Yにおいては「自分は身体も頑健だし、知識も人後に落ちない。そして自分は関係を持った女に対してはどこまでも責任をもつ気性だし、現在の妻とは気が合わないから自分としては何時でも妻と別れ家を出て新生活をしてもよい心算である。お前は何も心配する必要はない」旨を繰り返した。

⑦ Yはその後もしきりにXの不在を見計らってはX方を訪ねてAに会い、Aが外出するようなときはよくその身辺を徘徊するようなことをしていた

が、たまたまAから強く出られた場合においては、常に「既に自分とお前とは関係があるではないか。自分のいうことに従わないとどうなるか分からないぞ」と申し向けておどかしたうえ、その情交関係を継続していた。

⑧　YはAに対してかねてより「家出をするときは何でも持ち出せ」と申し向けていたが、Aにおいては遂に、同年5月2日、Xに何らの断りもなく、当時3歳の幼児を含む若年の子女4名を放置したまま家財道具類を持ち出し出奔し、直ちにYがかねてからAのために借用手続を済ませていたａ町に赴き、同所に落ち着いた。

⑨　しかし同所にはXの探索が次第に近づきつつあることがわかったので、同月4日、Yの指示によってｂ町に移ったところ、その頃には既にXが警察に対しAの所在調査を願い出ていた関係上、同所においてはAの滞在を好まなかった。そしてYからも、もし同所にいられなくなったときは自分自身においてしかるべく身の振り方を定めろと言われていたので、Aとしては致し方なく即日ｃ市に出てきたうえ、各所を徘徊したが、結局ある小さな料理飲食店に身を寄せてしばらく滞在するようになった。

⑩　ところがその頃になって、YはAに対し、しきりに実家への帰宅方を説くようになったので、Aは致し方なく、同月7日頃、実家に身を寄せるに至った。それらの期間中及びその後においても、YとAとは引き続きYの呼出によってしばしば密会し情交を重ねていたが、その際における諸費用などはほとんど全てAの手元からのみ支弁せざるを得ない実状であった。

⑪　同年7月15日、Aは仲人の言に従ってようやくX方に復帰したが、Aはそれまでに受けた重なる心労と無理な生活がたたって、その頃既に肺結核を発病していた。

⑫　一方XはAの出奔にいたく驚き、確たる事情も判明しないままに諸所を徘徊してその所在の探索に努めたが、その頃になってようやくYとAとの仲について疑惑を抱きはじめたので、Yに対してもAの行方を問いただすようになった。

⑬　しかしYにおいては終始何も知らないと答えるのみであって、そこからは何らの手掛りをも得られず、Xとして徒に焦慮するのみであった。しか

も元来Xの人柄が社会生活を営む面においてやや洗練されていない方に属するものである関係上、幼児を含む若年の子女４名を抱えたXには、妻の出奔という異常事態が通常人以上に強く影響した。

⑭　すなわち、既にAが帰宅した後であったとはいえ、その所有していた田の中二反を他に売却しなければならなくなったり、あるいは豆腐製造卸業にしても、その中心となるべきAが抜けたため休業のやむなきに至り、果てはその製造用具をも失う破目になって現在では全く廃業状態に陥っていたりというような事態が生じた。

⑮　しかもAは、帰宅後肺結核がだんだんと悪化し、現在ではかなりの重症と認められるのであって、これら一連の事情からして、X一家の家計は目下のところ極めて苦しい状態に追い込まれている。

⑯　AもYも、同31年９月中旬頃になって、Xに対し、従来の不倫関係を全て認めたが、Aの立場からすると、それまでのYとの関係において相当多額の金員を自らのみにおいて出費し負担してきたものであるにもかかわらず、Yにおいてはその後においても全くその点について格別意を払おうともしない反面、A自身としては日々の医療費にも事欠く状態が続いたので、やむを得ず所轄の警察署に相談した結果、同年10月10日、同署警察官が斡旋して、YはAに対し、本件をめぐる一切の支払として金２万円を支払い、かつ今後両者は一切の関係を絶つべきことを誓約するに及んだ。

⑰　Yは本件以前においてもかねてから居町若しくはその付近においてかなり女出入が激しかった方であって、それらの結末においてはおおむね相手方のみが被害者となった場合が多く、Y自身においては格別の犠牲を払うこともなく恬然としているような形跡がうかがわれた。

⑱　Xが悲憤の余り数回にわたって出刃包丁を携えてY方を襲い、Yに対してそれをふるうような気配をみせて警察沙汰になるような行為に出ていた一方、それがY及びY一家について及ぼした影響をみるに、Yの子の中の１人が本件の発生を嫌悪して居町を去ったことくらいであった。

以上の事実関係の下において、XがYに対し、損害賠償及び謝罪公告掲載等を求めて提訴した。

争　点

本件において、ＸはＹに対して不貞慰謝料の支払のみならず、不貞行為によって自らの名誉が毀損されたのだから、その回復手段として謝罪公告の掲示を求めたのであり、この点において、通常の不貞慰謝料請求訴訟とは異なる特殊性がある。

この法律上の根拠は民法723条であり、同条は「他人の名誉を毀損した者に対しては、裁判所は、被害者の請求により、損害賠償に代えて、又は損害賠償とともに、名誉を回復するのに適当な処分を命ずることができる」と規定している。

要するに、Ｘは、ＡＹ間の不貞行為により名誉が侵害されたとして、その回復手段としての謝罪公告の掲示をＹに対して求め、これが認められるか否かが争点となったのである。

裁判所の判断

まず裁判所はＹがＸに対して支払うべき不貞慰謝料として12万円を認めた[15)]。そして、謝罪公告の掲示の要求については、次のとおり判示し、これを認めた。

> 本件の如き性質の行為によつて毀損されたＸの名誉の回復ということについては、単にＹから金員の支払をうけることのみによつてはその目的を達し難いこと特に説明するまでもないのであつて、いくらかでもその目的を達するについて効果があると考えられるのは謝罪公告であること今更いうまでもない。そこで考えるに、通常謝罪公告というものは新聞紙上などに掲示してこれをなす例が多いけれども、本件においてはその公告の効果が生ずることの期待される地域が余り文化的

15）当時の公務員の月額給与（初任給）は9200円であった。

でない一地方の極めて限られた区域であることを思料すると、その頒布地域がかなり広大となる新聞紙上の掲載を以てしては、地域的の面からすると必要以上のこととなり、又閲覧可能性という面からすると、その閲覧者の範囲がかなり限定されるという意味において若干不充分であるといわなければならない。そこで本件においてXの名誉を回復する方法としては、新聞紙上掲載による公告は適当でなく、多少穏当を欠く嫌いはあるが、Yに対し別紙……の書面をその居町である香川県香川郡香川町役場掲示板附近のX指定の個所において引続き3日間掲示すべきことを命ずるのが必要にして充分な方法であると認める次第である。

解　説

現代のこの種の訴訟においては、XはYに対して慰謝料の支払を求めるのみで、謝罪を求めることはないため、裁判所がその判断をすることはない。

ただ、本裁判例が指摘するとおり、慰謝料の支払のみではXの名誉回復には不十分であることは確かであろう。

他方で、不貞慰謝料請求訴訟における保護法益を、現在の裁判例を前提に、Xの名誉そのものではなく、「婚姻共同生活の平和の維持という権利又は法的保護に値する利益」（最判平成8・3・26民集50巻4号993頁〔28010413〕）と捉え、両者は別と考えれば、本訴訟類型に上記民法723条を適用することはできず、その結果としてXの謝罪公告の要求は認められないという結論になるだろう。

現代の不貞訴訟において、原告がこのような謝罪公告を求めることをしないのは、同訴訟における保護法益についての上記の理解があるからであろう。また、現実的にも、このような謝罪公告によりXの名誉が回復するかという点も筆者は疑問である。

なお、参考までに、本件において認められた謝罪公告の文面は下記のとおりであった。

私は今般高松地方裁判所の判決により貴殿に対し慰藉料を支払うこと及び当所に本件陳謝文を掲示することを命じられました。これは先年私が貴殿の妻を誘惑するという不徳の過ちをおかし、そのため貴殿御一家の平穏な家庭生活を破壊し、貴殿の名誉を毀損し、貴殿に対して多大の損害を与えたことに因り、これが賠償を計る目的を以て裁判所が私に対して命じたものであります。常識ある社会人の私が右のような事件を起しましたことは、何とも申訳のないことでありまして、これ全く私において至らなかったことによるものであります。よつて茲に謹んで貴殿に対し陳謝の意を表すると共に、今後かようなことのないように戒心することを誓う次第であります。

また、この掲示方法等については次のように決められていた。

縦30糎（センチメートル）、横45糎（センチメートル）の板若しくは紙に墨書するものとし、その板若しくは紙はその下端が地面より１米（メートル）の高さにあるよう適宜の方法で位置せしめるものとする。

75. 訴訟提起自体が不法行為となるか

東京地判令和３・８・５令和元年（ワ）16822号等公刊物未登載〔29066128〕

事案の概要

① X（1962（昭和37）年生）はアメリカ合衆国国籍の女性であり、タレントとしてテレビ番組に出演するなどしている者である。平成２年８月10日、XはAと婚姻し、同元年に長女を、同８年に長男をそれぞれ出産した。

② Aは芸能事務所に所属して芸能活動に携わる者である。

③ Y（昭和59年生）は元テレビタレントの女性であり、現在、東京都ａ町

でバーを経営している。

④　平成28年10月、Ａは、Ｘを相手方として夫婦関係等調整（離婚）調停を申し立てたが、同年12月12日に不成立となり、同調停は終了した。

⑤　同29年11月１日、ＡはＸに対し、長期間にわたる婚姻共同生活の不存在を主張して離婚を求める本訴を提起したところ、Ｘは令和元年６月24日、Ａに対し、Ａの不貞やDVによる婚姻関係の破綻を主張して離婚並びに離婚慰謝料2000万円等の支払を求める反訴を提起した（以下、これらを併せて「別件離婚訴訟」という）。

⑥　別件離婚訴訟においては、同２年２月３日、ＡとＸとを離婚する、Ｘのその余の反訴請求を棄却する旨の判決が言い渡されたところ、Ｘが同判決について控訴をし、本件訴訟の口頭弁論終結時において、東京高裁で係属中である。

⑦　Ｙは、平成26年の夏頃、Ａの舞台を見に行った際にＡと知り合い、その後、Ａやその友人らと一緒に食事をしたり、年に数回、Ａの舞台を見に行くなどした。

⑧　Ｙは、同28年12月24日、Ａが常連であるたこ焼き屋で主催されたパーティーに参加した。同パーティーには、ＹとＡの他にも多数の参加者がいた。

⑨　同29年５月頃、ＹとＡは、他の２人の友人（男性及び女性）とともに、リゾートホテルに１泊２日の旅行をした。同ホテルではスイートルームに４人で泊まり、男性部屋と女性部屋に分かれて就寝した。

⑩　同30年の夏前頃、ＹはＡから、別件離婚訴訟においてＸが離婚に応じることになった旨の話を聞き、Ａに対し、好意を持っている旨伝え、Ａとの交際を開始した。

⑪　同16年６月頃、Ｘは自宅の玄関ドアの鍵を暗証番号式に変更し、その他３か所に新たな鍵を設置又は変更した。Ａは新しい鍵をもらったことはない。

⑫　Ａはこのことを契機としてホテルで宿泊することが多くなり、同19年12月頃からは、自宅とは別のマンションを賃借して生活の本拠を移した。

⑬　Aはこの後も自宅を訪れ、Xや子らと食事をするなどの交流を続けていたほか、XとAの双方のブログでは、同28年や同29年頃においても家族で外食や買物をし、自宅で鍋パーティーをするなどの様子が投稿されている。

⑭　AはXに対し、同26年のクリスマスに「A HAPPY NEW YEAR And I LOVE YOU」と記載したクリスマスカードを、同27年のクリスマスに「I love You サイコウ マイ ファミリー はやくあいたいよ」と記載したクリスマスカードをそれぞれ贈るなどしていたほか、同年のXの誕生日には、長男が作成したビデオメッセージにおいて、Xの誕生日を祝うとともに、Xと出会ったことへの感謝を伝えるなどしていた。

⑮　Xは、同26年頃から同27年頃にかけて、自身のブログにおいて、以下のとおり、特定の男性との親密な関係をうかがわせる記事を投稿した。

(ア)　同26年6月14日

地方での仕事の休憩中に、持参した「恋人」の洋服を抱きしめ、「あの人が恋しい」という内容の記事をブログに投稿した。

(イ)　同月18日

「ボーイフレンドとイチャイチャ、にゃんにゃんして、激しくなり」、足指のネイルがなくなったという内容の記事をブログに投稿した。

(ウ)　同月28日

「彼を感じながら～♪」というタイトルで、「彼氏」と会えない時は寂しいから「彼氏」の洋服を抱いて眠りについた、「会いたい」などという内容の記事をブログに投稿した。

(エ)　同年8月6日

「彼とベッドルーム～♪」というタイトルで、「彼」と一日中ベッドルームにいたおかげで肌の調子が良いという内容の記事を投稿した。

(オ)　同月13日

「オトコの胃袋をつかむ～！」というタイトルで、男性を「ゲット」するための一つの方法として、「今週はギニア男～！！あ、今週はギニア料理～♪」という内容の記事を投稿した。

(カ)　同年12月22日から同月24日まで

同月22日、ハートマークの中に赤字で「I　love　MY　D」という文字が記されたカードの写真を載せた記事をブログに投稿した。そして翌23日には、「かれ」の背中が痛いので愛とシップを与え、また、愛は全てを癒してくれるという文章とともに、Xが男性とキスしている写真及びXが男性から腰を抱かれている写真を載せた記事を投稿した。さらに、翌24日には、「いいクリスマスイブをすごしてね」とのメッセージとともに、ギニア料理の写真を載せた記事を投稿した。

(キ)　同27年２月12日

同26年のバレンタインに「私の特別な男と私の最初のキス」をした、「今回もいっぱいキスしたい」という文章とともに、男性に寄り添う写真を載せた記事を投稿した。

⑯　Aは、同28年１月頃、長男からXと特定の男性が同棲していることをうかがわせるLINEのメッセージを受け取るなどしても、既に別居して15年以上経ち、夫婦の愛情がなくなっていたとして、「正直、どうでもいい」と感じていた。

以上の事実関係の下において、本件本訴において、XがYに対して、YがAと不貞行為に及んだと主張して慰謝料1000万円などの支払を求めた。

これに対して、本件反訴において、Yは、Xによる理由のない本訴請求により無用な応訴を強いられ、精神的苦痛を被ったと主張して、慰謝料300万円（別途弁護士費用86万4000円）などの支払を求めた。

争　点

本件では、Xから不貞慰謝料請求訴訟を提起されたYが、その訴えの提起自体が違法であるとして、Xに対して損害賠償請求訴訟（反訴）を提起したという点に特殊性がある。

すなわち、Yは「Xは、Aとの婚姻関係が、X自身の行為によって破綻したことを容易に認識することができたにもかかわらず、YとAとの交際が発覚したことを奇貨として、Ｙに対し、本訴を提起したものである。以上に照らせば、本訴の提起は、Ｙに対する不法行為を構成するというべきである」と主張したのであった。

裁判所の判断

裁判所は、本訴及び反訴いずれの請求も棄却した。

そして、上記の論点については、次のとおり判示した。

> 民事訴訟の提起が不法行為となるのは、提訴者が主張した権利又は法律関係が事実的、法律的根拠を欠くものである上、同人がそのことを知りながら又は通常人であれば容易にそのことを知り得たのにあえて訴えを提起したなど、訴えの提起が裁判制度の趣旨目的に照らして著しく相当性を欠く場合に限られる（最高裁昭和63年１月26日民集42巻１号１頁）。
>
> これを本件についてみると、Ｘは、別件離婚訴訟においても、令和元年６月24日に反訴を提起するまで、婚姻関係の破綻がなかったとしてＡの離婚請求を争っていたこと、Ｘは、本訴において、平成27年頃からＹとＡが不貞行為を含む交際を開始していたものと主張するところ、……婚姻関係の破綻の有無は法的評価を伴う事項であることからすれば、Ｘが、本訴において主張する権利又は法律関係が事実的、法律的根拠を欠くことを知っていたとは認められないし、通常人であれば容易にそのことを知り得たともいえない。
>
> したがって、本訴の提起が裁判制度の趣旨目的に照らして著しく相当性を欠くものとは認められないから、Ｙの前記主張は採用することができない。

解　説

本件では、Ｘが訴訟を提起したこと自体が違法であるとして、Ｙが反訴を提起するという訴訟類型である。この種の訴訟は、不貞慰謝料請求訴訟以外の類型でも提起されることがあり、いきなり裁判を起こされ、訴状に記載された事実に身に覚えがないというＹの立場からすれば、このような反訴を提起したいという気持ちになることは容易に想像がつく。

しかしながら、上記判旨が示すとおり、訴えの提起自体が不法行為を構成するのは、「提訴者が主張した権利又は法律関係が事実的、法律的根拠を欠くものである上、同人がそのことを知りながら又は通常人であれば容易にそのことを知り得たのにあえて訴えを提起した」こと等の事情が必要で、さらにこれらを主張する側において立証することも必要ということになる。

そうすると、それらの条件を具備することは極めて困難であることから、かかる主張を裁判所が認めることはほとんどないことになり、本件の結論もそれと同様であった。

第21章　不貞相手の貞操権侵害訴訟

76. 貞操権侵害に基づく慰謝料請求の可否

東京地判令和元・10・18平成30年（ワ）36241号公刊物未登載
〔29056622〕

事案の概要

① Yは平成6年生の女性である。

② Aは昭和61年生の男性であり、妻（X）と子がいる。

③ Yは、平成27年又は同28年、Aがリーダーを務めていた事業所に赴任することにより、Aと知り合った。

④ Yは、Aに妻と子がいることを認識していた。

⑤ YとAは、同29年9月末頃、北千住においてAを含めた事業所の同僚、取引先会社の従業員らと飲食をした。

⑥ Yは、同飲食の後、Aからラブホテルに行こうと誘われると、誘われるがままこれに応じた。

⑦ Yは、同ラブホテル内において、Aからの性交渉の求めに対し、一旦これを断ったが、翌朝、これを受け入れ、Aと性交渉に及んだ。

⑧ YとAは、以後、2週間に1回程度の頻度で、一人暮らしをしているY宅をAが訪れ、性交渉をするなどし、交際を継続した。

⑨ このような交際を続ける中、AはXの生活態度について不満を述べ、Xと離婚をしたいと述べることもあり、Yにおいて、Aとの交際を続けるにつきXの存在を指摘することもあった。

⑩ もっとも、Yは同年12月頃になると、Aに対し、Xとの離婚を求めるようになり、さらに、Aとの交際をX又は就業先に告げると述べるように

なった。

⑪　Aは、同30年１月、Yに対し、交際の解消を申し入れ、結局、YとAの交際は終了した。

以上の事実関係の下において、YはAに対して「妻子のあるAにおいて、結婚するつもりがあるとYを欺罔しつつ、性交渉を持つことだけを目的としてYと交際をした」として、不法行為に基づいて慰謝料300万円の支払を求めて提訴した。

争　点

Yの主張に対して、Aは「AがYに対し、殊更にAとの婚姻を期待させるような言動をした事実はない。AがYに対し、配偶者との婚姻生活の不満を述べたことはあったかもしれないが、それ故にYの婚姻に対する期待が高まったとしても、同期待を法的に保護すべきとするだけの特別な事情はない」と主張し争った。

裁判所の判断

本裁判例は次のとおり判示して、Yの請求を棄却した。

……Yは、勤務先の先輩であったAに妻子がいることを認識しつつ、Aから誘われるままにラブホテルに赴き、Aと性交渉に及んだ上、……Yは、これを契機として、平成30年１月までの３か月程度の間、Aと交際を継続したところ、その中で、Aから、Xと離婚をしたいなどと言われ、そのことに期待を寄せていたことが認められる。

しかし、……YとAの間で初めての性交渉に及んだ経緯、及びその後に開始され、３か月程度で解消された交際の推移をみても、これらの状況は、一般的な不貞関係に及ぶ男女の交際におけるそれと異なるところはなく、このような不貞関係を続ける中でAからXと離婚をしたいという発言があったからといって、同発言をそのまま信じるか否かは、Aとの交際当時、分別を弁えているはずの22歳の女性であったY……の任意の判断によるべきものというほかない。Yとの交際中のAによる具体的な言動において、Aと交際を始めるか否か、交際を継続するか否かについてのYの合理的な判断を著しく困難とするような言動、すなわち、不貞関係を続ける当事者間においてなお社会的相当性を逸脱すると評価することができるような言動があったとは認められない。また、Aの言動により生じたYの期待は、不貞関係を続ける上での主観的な期待にすぎず、その内容も、不貞の相手であるAの家庭の崩壊を期待するものにほかならないから、そのような期待をもって法的保護に値するということもできない。

この点、Yは、Aから、平成29年9月末頃の性交渉の後、配偶者との夫婦関係が破綻し、別居も間近であること、ゆくゆくは配偶者と離婚をし、Yと一緒になりたいと繰り返し述べられたため、Aとの交際を開始し、以後、性交渉をするなどの関係を続けたのであり、Aの行為は、Yと結婚をするつもりであるとYを欺罔し、性交渉を持つことだけを目的として交際を継続させたものであると主張する。しかし、Yの陳述……及び供述……をもってしても、AがYに対し、Xとの婚姻関係が破綻した状況にあり、別居も間近であると述べた事実は認められないし、Yを騙したと評価することができるような具体的な言動も認められない。上述のとおり、Yは、Aとの交際当時、分別を弁えているはずの22歳の女性であり、Aに妻子がいることを知りつつ、自らの任意の判断により、あえてAとの交際を開始し、交際を継続しているのであるから、仮にAがYと性交渉を持つことだけを目的とし、Yに対して甘言を弄していたとしても、これをもって直ちに不法行為に当たるとすることはできない。

解　説

本件は不貞当事者（AY）間の紛争であり、この類型の紛争も少なくない。

本裁判例が採用した結論のとおり、この種の訴訟類型では、ＹのＡに対する請求は認められないのが原則であり、例外的に、ＡがＹをして自らが独身であるとか、ＸＡ間の婚姻関係が破綻していると誤信させ、Ｙにおいてそれを信じるに足るだけの合理的な理由が認められるような場合にはＡに不法行為責任が成立することになるだろう。

本件に関連する裁判例としては、長野家諏訪支判平成23・12・13平成22年（家ホ）９号裁判所HP〔28212339〕があり、次の一般論を展開している点が参考になるだろう。

「配偶者ある者の婚姻外性関係は、一夫一婦制という善良の風俗に反する行為であり、情を通じた女性は、夫の妻に対する貞操義務違反に加担する共同不法行為責任を負う。したがって、男性に妻があることを知りながら情交関係を結んだ女性が、そのために損害を被ったとしても、その復旧としての慰謝料等を請求することは、一般的には、民法708条に示された法の精神に反して許されないと考えられる。もっとも、女性が、男性に妻のあることを知りながら情交関係を結んだとしても、情交の動機が主として男性側の詐言を信じたことに原因している場合で、情交関係を結んだ動機、詐言の内容程度及びその内容についての女性の認識等諸般の事情を斟酌し、女性側における動機に内在する不法の程度に比し、男性側における違法性が著しく大きいものと評価できるときには、貞操等の侵害を理由とする女性の男性に対する慰謝料請求は許される（最二判昭和44年９月26日……）。」

本件では、事実関係からもわかるように、Ｙの側に軽率な行動があったと言わざるを得ず、その請求が原則どおり棄却されてもやむを得ないだろうと思われる。

77. 性的自己決定権の侵害

東京地判令和３・12・１令和元年（ワ）33930号公刊物未登載〔29068259〕

事案の概要

① ＹとＡは、平成29年９月頃、「○○」というマッチングアプリを通じて知り合った。Ｙは当時、「○○」のプロフィール欄に「真剣に交際相手を探しておりますので、それ以外の方（人脈、友達づくり、雑談等）は申し訳ありません。」と記載していた。

② ＹとＡは、同月30日、夕食を共にして、お互いに独身であり、結婚相手を探している旨の話をした。ＹはＡとの会話が楽しかったことから、このまま継続して関係を深めたいと思った。

③ もっともＡは、当時、既に妻Ｘと結婚しており、その間には子がいた。そして、同年には、Ａに２人目の子が生まれている。

④ Ｙは、同年12月16日にＡと懐石料理店で食事をした際、Ａと結婚を前提とした交際をすることになった。

⑤ ＹとＡは、Ｙが酩酊していたこともあり、ホテルａに宿泊することとなり、同ホテルで性行為をした。この際、Ａは避妊具を利用しないまま性行為を行った。その後も、Ａは性行為を行う際に、避妊具を利用しなかった。

⑥ Ａは、同30年２月３日、Ｙと夕食を共にし、その際、Ｙに対し、京都に居住しているＹの両親に結婚の挨拶をしたいことを伝えた。ＹはＡの発言内容から、ＡがＹにプロポーズをしてくれたものと思った。

⑦ Ａは同日、Ｙの自宅に宿泊し、Ｙと性行為を行った。

⑧ ＹとＡは、同月14日、フランス料理店で夕食を共にした。ＡはＹに対し、バラの花束と菓子をプレゼントし、この際、ＹはＡに対し、きちんとしたプロポーズをしてくれないのかと聞いたところ、ＡはＹに対し、プロポーズはロマンチックな場所でする予定であり、婚約指輪は一緒に買いに

行きたいなどと答えた。

⑨　ＹとＡは、同日、ホテルａに宿泊し、性行為をした。

⑩　ＹとＡは、同年３月18日から一泊二日で京都に居住するＹの両親に会いに行くこととした。Ａは京都における宿泊先や、Ｙの両親との会食の場所等の計画を積極的に計画していた。

⑪　ＹとＡは、同月18日、京都を訪れ、Ｙの両親と会食を行った。Ａは、会食の場において、Ｙの両親に対し、Ｙと結婚をしたいこと、同年の秋頃までには結婚式を挙げたいこと、子供もほしいこと、友人がオーストラリアで司祭をしていることから、そちらで挙式をしたいことなどの話をした。

⑫　Ｙの父がＡにＡの経歴を訪ねたところ、Ａは、父親がハワイ駐在中に生まれたこと、大学卒業後に商社に入社し、その後、海外の大学に留学した後、米国公認会計士資格を得て、同商社に戻った後、ヘッドハンティングの会社の誘いを受けて、Ｉに入社した旨説明した。そしてＡは、Ｙの父に対し、「Ｉ　VCM東京支店　国際税務VCMユニット　担当VP　米国公認会計士」と記載がある名刺を交付した。

また、Ｙの母はＡに対し、Ａが初婚であるのかと尋ねたところ、ＡはＹの母に対し、初婚である旨答えた。

⑬　ＹとＡは、Ｙの両親との会食後、宿泊先のホテルｂにおいて性行為を行った。

⑭　ＹとＡは、同月19日、ホテルｂのラウンジにおいてＹの両親とアフタヌーンティーを行った。

⑮　Ａは同月23日から急にＹに連絡を取らなくなったものの、同年４月６日にＹと会うことになった際、Ｙと連絡を取らなくなった理由について、Ｙの両親とのお茶の会が辛かったなどと話した。

⑯　ＹとＡは、同日、ホテルａに宿泊し、性行為をした。

⑰　Ａは、同月17日、イタリア料理店でＹと夕食を共にした際、Ｙに対し、同年５月にＡの両親に挨拶した後、入籍するか、それとも数か月間一緒に住んでから入籍をするかなどの話をした。

⑱　また、ＹとＡは、同月28日及び同月30日にも食事をし、同月30日は性行

為も行った。Ｙは、この頃、Ａとの間で、Ａの両親が同年５月にオーストラリアから一時帰国するため、そのときにＡの両親に結婚の挨拶に行く旨の話をしていたものの、具体的な日程等は決まらないままであった。

⑲　Ａは、同年５月に入り、ＹからのLINEのメッセージに返信をしなくなり、Ｙからの電話にも出なくなった。そして、Ａは、同年６月９日、Ｙに対し、友達に戻った方がよいと一方的に告げた。

⑳　その後、Ｙは、同年９月18日、Ａの勤務先であると聞いていたＩに対し、Ａ宛てに本人限定郵便により手紙を送付したが、同手紙は宛先不明で返送された。

なお、Ｙは、令和２年８月頃、ＡがＩに勤務していたかの調査結果として、ＡがＩに勤務していなかったとの報告を受けた。

㉑　Ｙは、平成31年３月24日頃、Ａが９年前に既に結婚していたこと、Ａと当該結婚相手との間には２歳と８歳の２人の子がいることを知った。

㉒　Ｙは、令和元年８月１日及び同年９月４日にＡと会った。Ａは、その際、Ｙに対し、結婚はしておらず、婚活も今は頑張っていないこと、避妊をしなかったのは子供ができたらできたでうれしいと思っていたからであること、Ｙ以外に避妊をしないで性行為をしたことはなかったこと、Ｙとは結婚しようと思って付き合っていたこと、Ｙ以外とは結婚を考えることはできず、Ｙだから付き合ったことなどの話をした。

以上の事実関係の下において、Ｙは、同年10月29日、Ａに対し、Ａが既婚者であり、妻と子がいることを隠し、結婚を前提とする交際であるとだましていたなどとして、Ａの行為がＹの性的自己決定権を侵害し、かつ、Ｙとの婚約を一方的に破棄するものであるとして、不法行為に基づく損害賠償請求として330万円の支払を求める旨を通知し、同通知は、同年11月５日、Ａに到達した。

争　点

Ｙは「Ａは、Ｙと交際を開始した当時から、既婚者であり、子どもがいたにもかかわらず、それをYに秘して、結婚を前提とした交際であるとYをだまして、避妊具を用いない性行為を複数回に渡ってYに承諾させて、Yとの間で性行為に及んだものである。Yは、Aと結婚を前提とした交際であるからこそ、Aとの性行為を承諾したものであり、Aの上記行為は、Yの性的自己決定権を侵害するものである」と主張した（請求した慰謝料額は300万円）。

これに対して、Aは「Yと出会った際、Yに対し、Aが既婚者であり、一緒に飲食や旅行をしてくれる遊び相手を探している旨を伝えていた。Aは、Yに対し、結婚するという話をしたことはない。また、Aは、Yと性行為を行った際は、コンドームを着用するなど避妊を行っていた。なお、性行為については、Yから積極的に誘ってきたこともあった。このようにYとAは、遊興目的で、双方の合意の下、性行為をしたものであるから、Yの性的自己決定権を侵害しない」と反論した。

裁判所の判断

本裁判例は次のとおり判示して、Yの請求を認めた。

> ……Aは、Yと知り合った当時から、既婚者であり、配偶者との間に子どもがいたにもかかわらず、これを秘して、Aに対し、結婚しておらず、結婚相手を探しているなどと事実と異なる旨を告げたこと……、Yは、Aの話を信じ、Aが結婚をしていないと誤信し、Aと結婚を前提とした交際をすることとしたこと……、Yは、Aと結婚を前提とする交際を続けていく中で、Aと性行為を複数回行い、その際、Aが避妊具を利用しなかったこと……、Yが平成31年3月24日頃まで、Aが既婚者であり、子どもがいることを知らなかったこと……、以上の事実が認められる。
>
> このような事実に照らせば、Aは、YにAが結婚をしておらず、結婚を前提とした交際をしていることを誤信させて、避妊具を用いない性行為を承諾させていたものというべきであり、このようなAの行為は、Yの性的自己決定権を侵害する不法行為となるものと認めるのが

相当である。

そして、損害賠償（慰謝料）額については、次のとおり判示した。

……Ｙは、Ａの上記不法行為により、不安抑うつ状態となり、通院を余儀なくされており……、平成30年６月から令和２年３月までクリニックにおいて通院治療を受けていたこと……、令和２年４月以降もＣ医院において通院を継続していること……が認められ、これらの事実に加え、Ｙが、信じていたＡから一方的に別れを告げられ、その後、Ａが既婚者であったことなどの事実を知るに至ったことなどの事情……も考慮すると、Ｙが被った精神的苦痛は大きく、これに対する慰謝料は100万円と認めるのが相当である。

解　説

本件は、世間一般に言われる「結婚詐欺」の典型的な事案である。

通常、この種の事案においては、被害者であるＹは自らの「貞操権」を侵害された（奪われた）と主張することが多いが、本件ではその主張に加えて、Ｙが「性的自己決定権」の侵害を主張し、裁判所もこの主張を認めている点が特徴的である。

ただ、貞操権の侵害に加えて性的自己決定権の侵害の主張を行ったからといって、裁判所がそのことだけを理由に慰謝料の増額を認めることはないだろう。

そうすると、貞操権の侵害とは別に性的自己決定権の侵害の主張を行うことの法的な意味を考えなければならないが、この点については次のように考えることが一応可能であろうと思われる。

すなわち、「（性的）自己決定権」というのは、従前の貞操権とは異なり、単なる民事法上の権利ではなく、憲法13条を根拠とする幸福追求権の１つの類型と位置付けることができ、その意味で「人権」の一種とも言える。

他方、民事訴訟法312条１項は「上告は、判決に憲法の解釈の誤りがあることその他憲法の違反があることを理由とするときに、することができる」と規定しているので、性的自己決定権が憲法上の権利（人権）であると理解することができるならば、裁判の結果に不服がある場合の被害者は、それを上告の理由とすることが形式的にはできるということになる。

もちろん、そもそも人権というのは個人が国家に対して主張すべきものであり、本件のように私人間では人権規定の適用はないとの見解が一般的である。

また、この点については、いわゆる三菱樹脂事件（最判昭和48・12・12民集27巻11号1536頁〔27000458〕）の評価をめぐって争いがあることは筆者も承知している[16)]。

いずれにせよ、ＡＹ間の不貞行為に起因するＹのＡに対する貞操権侵害に基づく慰謝料請求訴訟の類型において、憲法13条を根拠とする幸福追求権の一内容としての性的自己決定権の侵害を裁判所が認めたことに本裁判例の意味があると評価することは一応可能であり、今後の同種事案におけるＹはこの主張を行うことを積極的に検討するべきであろう。

16）この点に関しては阪本昌成教授の次の指摘が参考になる。「国民の多くは、そしてまた大学レベルで学んでいる子供たちも、憲法に対する見方を誤っております。これは、中学の教科書の記載の仕方がよろしくないからです。人権の話をするときに、クラスにおけるいじめの問題を取り上げて、これは人権侵害ですと言うんですが、これは厳格な意味での人権侵害ではありません。あれは、権利侵害、または不法行為、あるいは刑事法上の犯罪の問題でありまして、こういう事柄について人権という言葉を出すこと自体が子供たちを惑わしていると考えております。西洋の人たちに聞きますと、日本では、単なる私法上の権利を人権と呼んで、人権という言葉が乱用され、その乱用がかえって人権の重みをそいでいるということを言います……」（「第154回国会　憲法調査会　基本的人権の保障に関する調査小委員会　第３号　平成14年４月11日」）。なお、横大道聡＝吉田俊弘『憲法のリテラシー― 問いから始める15のレッスン』有斐閣（2022年）255頁以下も参考になる。

参考文献

青山道夫『身分法概論』法律文化社（1950年）

秋武（あきたけ）憲一＝岡健太郎編著『離婚調停・離婚訴訟〈四訂版〉』青林書院（2013年）

秋武憲一「不法行為に基づく慰謝料と離婚に基づく慰謝料―元実務家の雑考」山梨学院ロー・ジャーナル10号（2015年）165頁

秋武憲一『離婚調停〈第４版〉』日本加除出版（2021年）

明山和夫「貞操保護の再検討」ケース研究増刊３号（1958年）２頁

明山和夫「私通関係の法理」ケース研究59号（1960年）２頁

明山和夫「婚姻の効果　貞操義務論―貞操義務否認説をめぐって」高梨公之教授還暦祝賀論文集刊行発起人会編『高梨公之教授還暦祝賀／婚姻法の研究（下）―現代婚姻法の課題』有斐閣（1976年）

秋山謙一郎『友達以上、不倫未満』朝日新聞出版（2017年）

浅妻章如「金持ちが不貞をしたら慰謝料は高額であるべきか、と、利子に課税すべきか」税経通信71巻４号（2016年）157頁

浅見公子（きみこ）「第三者による婚姻関係の破綻と損害賠償」谷口知平＝加藤一郎編『新版・判例演習民法５―親族・相続』有斐閣（1984年）

安達敏男＝吉川樹士「夫婦の一方は、他方と不貞行為に及んだ第三者に対し、離婚に伴う慰謝料請求ができるか」戸籍時報782号（2019年）66頁

阿部徹「不貞の相手方の不法行為責任」判例タイムズ411号（1980年）127頁

有地亨（ありちとおる）「不倫をめぐる損害賠償請求の諸問題」ケース研究242号（1995年）２頁

有地亨『新版 家族法概論〈補訂版〉』法律文化社（2005年）

安西二郎「不貞慰謝料請求事件に関する実務上の諸問題」判例タイムズ1278号（2008年）45頁

家田（いえだ）荘子『「妻のいる男（ひと）」の愛し方―強くて綺麗な女になる新・不倫のルール』大和出版（2015年）

家永登「裁判例に見る『家庭内別居』の諸相（１）（２・完）」専修法学論集126号（2016年）１頁、同127号（2016年）１頁

家原尚秀（いえはらなおひで）「夫婦の一方が他方と不貞行為に及んだ第三者に対し離婚に伴う慰謝料を請求することの可否」法曹時報73巻12号（2021年）183頁

五十嵐彰＝迫田さやか『不倫―実証分析が示す全貌』中央公論新社（2023年）
井川楊枝『日本人妻は、なぜ不倫をするのか』鹿砦社（2018年）
井口茂『裁判例にみる女性の座』法学書院（1992年）
池田節雄「フランス法諺に見る民法の原理」白鷗大学法科大学院紀要４号（2010年）145頁
幾代通『不法行為』筑摩書房（1977年）
幾代通『民法総則〈第２版〉』青林書院新社（1984年）
幾代通（徳本伸一補訂）『不法行為法』有斐閣（1993年）
石井良助「中世婚姻法」法学協会雑誌60巻12号（1942年）１頁[1]
石井良助『日本婚姻法史』創文社（1977年）
石川一三夫ほか編『日本近代法制史研究の現状と課題』弘文堂（2003年）
石川稔ほか編『裁判にみる金額算定事例集』第一法規出版（1988年－2022年）
石田穣『民法総則』信山社（2014年）
石松勉「夫婦の一方が他方配偶者の不貞行為の相手方に対しておこなった離婚に伴う慰謝料の請求が認められないとされた事例」福岡大學法學論叢64巻３号（2019年）693頁
石松勉「夫婦の一方による他方配偶者の不貞行為の相手方に対する離婚慰謝料の請求の可否」新・判例解説Watch Vol.25（2019年）95頁
泉久雄「親の不貞行為と子の慰謝料請求」ジュリスト694号（1979年）85頁
泉久雄「親の一方と同棲する第三者と子への不法行為」昭和54年度重要判例解説91頁
泉久雄編『離婚の法律紛争―再出発のためのアドバイス〈新版補訂版〉』有斐閣（2001年）
磯野誠一「内縁関係を破綻させた第三者の不法行為の成否」加藤一郎＝太田武男編『家族法判例百選〈新版・増補〉（別冊ジュリスト40号）』有斐閣（1975年）22頁
井田友吉「民法770条１項１号の不貞行為の意義」昭和48年度最高裁判所判例解

1）以下本書から一部抜粋「婚姻の効果として挙ぐべきものは、第一に一旦結婚した妻は夫に絶対に服従すべきであった事である。…妻は婚姻中勿論夫と死別後も、貞節の義務を有した。」（15頁）

説民事篇331頁
一条ゆかり『不倫、それは峠の茶屋に似ている—たるんだ心に一喝!!一条ゆかりの金言集』集英社（2022年）
伊藤昌司「男女関係の『市場原理』」判例タイムズ499号（1983年）140頁
乾昭三「慰謝料の性質」加藤一郎＝米倉明編『民法の争点Ⅱ—債権総論・各論』有斐閣（1985年）178頁
井上繁規『民事控訴審の判決と審理〈第３版〉』第一法規（2017年）
岩上安身「『売買春と浮気・不倫』は膨張の一途」月刊現代34巻７号（2000年）164頁
岩崎二郎「風俗を害する罪について」法務省刑事局編『刑法改正に関する意見書集（刑事基本法令改正資料第１号）』法務省刑事局（1957年）244頁
岩志和一郎「家族関係と不法行為」山田貞生ほか編『新・現代損害賠償法講座（２）権利侵害と被侵害利益』日本評論社（1998年）
岩垂肇「姦通・不貞行為論」信州大学文理学部紀要９号（1960年）73頁
植草宏一「特集　要件事実論入門　要件事実論学習への誘い」法学セミナー624号（2006年）７頁
上野雅和「夫婦間の不法行為」奥田昌道ほか編『民法学７—親族・相続の重要問題』有斐閣（1976年）91頁
植松正「姦通罪談議」時の法令222号（1956年）28頁
上村貞美『性的自由と法』成文堂（2004年）
右近潤一「不貞の相手方に対する離婚慰謝料請求」京都先端科学大学経済経営学部論集３号（2021年）23頁
内池慶四郎「継続的不法行為による損害賠償請求権の時効起算点—被害者認識の仮構と現実（１）（２・完）」法学研究48巻10号、11号（1975年）
内池慶四郎『消滅時効法研究（１）不法行為責任の消滅時効—民法第七二四条論』成文堂（1993年）
内田貴『民法Ⅳ親族・相続〈補訂版〉』東京大学出版会（2004年）
内田貴『民法Ⅱ債権各論〈第３版〉』東京大学出版会（2011年）
榎本恭博「妻及び未成年の子のある男性と肉体関係を持ち同棲するに至った女性の行為と右未成年の子に対する不法行為の成否」昭和54年度最高裁判所判例解

説民事篇167頁
遠藤隆幸「不貞の相手方に対する離婚慰謝料請求」月報司法書士573号（2019年）43頁
近江幸治『民法講義Ⅶ 親族法・相続法〈第２版〉』成文堂（2015年）
大久保碩堂「江戸の夜話（１）妻の立場と離縁」戸籍時報313号（1984年）50頁
大久保碩堂「江戸の夜話（４）不義密通」戸籍時報317号（1984年）49頁
太田武男『判例・学説　家族法〈増補版〉』有斐閣（1991年）
太田晃詳（てるよし）「不倫の相手方に対する慰謝料請求について―最近の３件の最高裁判例を中心に」ケース研究255号（1998年）31頁
大竹秀男『「家」と女性の歴史』弘文堂（1977年）
大塚正之『不貞行為に関する裁判例の分析―慰謝料算定上の諸問題』日本加除出版（2022年）
大西明美『糟糠の妻はなぜ捨てられるのか』プレジデント社（2016年）
大西邦弘「不法行為法における遅延損害金の算定と『賠償範囲』―複利の可能性・訴えが遅れた場合の規律を含めたイングランド法研究」法と政治63巻４号（2013年）769頁
大野文雄＝矢野正則『性の裁判記録』酒井書店（1962年）
大村敦志『家族法〈第３版〉』有斐閣（2010年）
岡林伸幸「不貞行為に基づく慰謝料請求権」末川民事法研究７号（2021年）１頁
小川富之（とみゆき）「夫婦関係と不法行為」小野幸二教授古稀記念論集刊行委員会『21世紀の家族と法―小野幸二教授古稀記念論集』法学書院（2007年）所収334頁
奥田昌道編集『新版注釈民法（10）１債権（１）』有斐閣（2003年）
奥平康弘「女と男の関係と国家権力―姦通罪考」法学セミナー346号（1983年）９頁
長（おさ）博文「慰謝料請求」加藤新太郎＝松本明敏編『裁判官が説く民事裁判実務の重要論点［家事・人事編］』第一法規（2016年）83頁
小野幸二「家族間の不法行為」現代家族法大系編集委員会編『中川善之助先生追悼―現代家族法大系２婚姻・離婚』有斐閣（1980年）400頁
小野幸二「不貞行為の相手方に対する損害賠償請求」加藤一郎＝米倉明編『民法の争点Ⅱ―債権総論・各論』有斐閣（1985年）204頁

小野幸二「家族間における不法行為―とくに不貞行為の相手方の責任など、アメリカ法を中心に」川井健ほか編『島津一郎教授古稀記念―講座・現代家族法（１）』日本評論社（1991年）79頁
於保不二雄『民法総則講義』有信堂（1951年）
於保不二雄＝奥田昌道編『新版注釈民法（４）総則（４）法律行為（２）』有斐閣（2015年）373頁
家事実務研究会編『家事財産給付便覧２』新日本法規出版（1977年-）
樫見由美子「夫婦の一方と不貞行為を行った第三者の他方配偶者に対する不法行為責任の有無」平井宜雄編『民法の基本判例〈第２版〉』有斐閣（1999年）167頁
樫見由美子「夫婦の一方と不貞行為を行った第三者の他方配偶者に対する不法行為責任について―その果たした機能と今日的必要性の観点から」金沢法学41巻２号（1999年）139頁
樫見由美子「婚姻関係の破壊に対する第三者の不法行為責任について―最高裁昭和54年３月30日判決以降の実務の軌跡を中心として」金沢法学49巻２号（2007年）179頁
樫見由美子「夫婦の一方が他方と不貞行為に及んだ第三者に対し離婚に伴う慰謝料を請求することの可否」民商法雑誌155巻６号（2020年）1158頁
梶村太市『離婚調停ガイドブック―当事者のニーズに応える〈第４版〉』日本加除出版（2013年）
賀集唱ほか編『基本法コンメンタール民事訴訟法２〈第３版補訂版〉』日本評論社（2012年）
片田（かただ）珠美『「不倫」という病』大和書房（2021年）
片山英一郎「婚姻関係が既に破綻している夫婦の一方と肉体関係を持った第三者の他方配偶者に対する不法行為責任の有無」森泉章先生古稀祝賀論集刊行委員会編『現代判例民法学の理論と展望―森泉章先生古稀祝賀論集』法学書院（1998年）660頁
加藤一郎「内縁の妻と通じた者の賠償責任」加藤一郎＝太田武男編『家族法判例百選〈新版・増補〉（別冊ジュリスト40号）』有斐閣（1975年）24頁
加藤一郎『不法行為〈増補版〉』有斐閣（1974年）
加藤一郎「内縁関係を破綻させた第三者の不法行為責任」加藤一郎＝太田武男編

『家族法判例百選〈第3版〉(別冊ジュリスト66号)』有斐閣(1980年)14頁
加藤新太郎編『民事事実認定と立証活動　第Ⅰ巻』判例タイムズ社(2009年)
加藤新太郎編著『民事尋問技術〈第4版〉』ぎょうせい(2016年)
加藤新太郎＝松本明敏編『裁判官が説く民事裁判の重要論点　家事・人事編』第一法規(2016年)
加藤弘之「姦通ニ就テ」法学協会雑誌26巻1号(1908年)2頁
加藤雅信『新民法大系Ⅴ　事務管理・不当利得・不法行為〈第2版〉』有斐閣(2005年)
加藤美希雄『姦通』鶴書房(1960年)
門倉貴史『不倫経済学』KKベストセラーズ(2016年)
亀田浩一郎「不法条件無効・不能条件無効」椿寿夫編『法律行為無効の研究』日本評論社(2001年)
亀山早苗『夫の不倫で苦しむ妻たち』WAVE出版(2001年)
亀山早苗『「妻とはできない」こと』WAVE出版(2010年)
亀山早苗『恋が終わって家庭に帰るとき』WAVE出版(2013年)
亀山早苗『夫の不倫がどうしても許せない女たち』朝日新聞出版(2015年)
亀山早苗『妻たちのお菓子な恋―平日午後3時、おやつの時間に手がのびる』主婦と生活社(2015年)
亀山早苗『人はなぜ不倫をするのか』SBクリエイティブ(2016年)
川井健「内縁の保護」現代家族法大系編集委員会編『中川善之助先生追悼―現代家族法大系2　婚姻・離婚』有斐閣(1980年)1頁
川井健『民法概論4―債権各論〈補訂版〉』有斐閣(2010年)
河上正二『民法総則講義』日本評論社(2007年)
川島志保＝中村真由美「不貞慰謝料―夫婦の一方と不貞した第三者は、他方配偶者に対し、不法行為責任を負うか」専門実務研究5号(横浜弁護士会)(2011年)228頁
河津博史「離婚に伴う慰謝料債務が履行遅滞となる時期」銀行法務21No890(2022年)66頁
川村二郎＝竹内久美子『「浮気」を「不倫」と呼ぶな―動物行動学で見る「日本型リベラル」考』ワック(2018年)

川村妙慶『不倫が教えてくれる女と男のルール―揺れる女ごころの悩みに答える本』こう書房（2015年）
北居功「法定利率改正と不法行為責任―最高裁令和４年１月28日判決を契機に」ジュリスト1574号（2022年）97頁
北川善太郎『民法総則（民法講要Ⅰ）〈第２版〉』有斐閣（2001年）
北村兼子「夫婦の貞操義務」法律春秋２巻10号（1927年）65頁
北本武男「姦通罪の世論調査報告」法律新報742号（1948年）21頁
木納敏和「不貞行為を理由とする離婚訴訟の理論と実務」法學志林121巻１号（2023年）316頁
木村敦子「妻の過去の不貞行為の相手方の離婚した夫に対する離婚慰謝料についての責任」私法判例リマークス61号（2020年）42頁
木村亀二『新憲法と刑事法』法文社（1950年）
櫛橋明香「不貞行為の相手方に対して離婚に伴う慰謝料を請求することの当否」ジュリスト1544号（2020年）79頁
國井和郎「夫と通じた者に対する妻子の慰謝料請求権」久貴忠彦＝米倉明編『家族法判例百選〈第５版〉（別冊ジュリスト132号）』有斐閣（1995年）24頁
國井和郎「夫と通じた者に対する妻の慰謝料請求権」久貴忠彦ほか編『家族法判例百選〈第６版〉（別冊ジュリスト162号）』有斐閣（2002年）22頁
久布白落実『廃娼ひとすじ』中央公論社（1973年）
窪田充見「夫と通じた者に対する妻の慰謝料請求権」水野紀子＝大村敦志編『民法判例百選Ⅲ親族・相続（別冊ジュリスト225号）』有斐閣（2015年）22頁、『同〈第２版〉（同239号）』有斐閣（2018年）24頁、大村敦志＝沖野眞已編『同〈第３版〉（同264号）』有斐閣（2023年）24頁
窪田充見『家族法―民法を学ぶ〈第３版〉』有斐閣（2017年）
窪田充見『家族法―民法を学ぶ〈第４版〉』有斐閣（2019年）
黒田樹里「不貞行為と慰謝料―相手方に対する請求を中心に」国士舘法研論集６号（2005年）33頁
群馬弁護士会編『立証の実務―証拠収集とその活用の手引〈改訂版〉』ぎょうせい（2016年）
胡光輝「夫婦の一方が他方と不貞行為に及んだ第三者に対して離婚慰謝料を請求

することの可否」月刊税務事例52巻5号（2020年）67頁
小久保孝雄「共同不法行為者が負担する損害賠償債務と民法437条の適用の有無」判例タイムズ913号（1996年）120頁
小島妙子『内縁・事実婚・同性婚の実務相談―多様な生き方を支える法律，社会保障・税金』日本加除出版（2019年）
近藤和子「『姦通罪』をめぐって」公評36巻7号（1999年）75頁
今野（こんの）裕幸『彼のケータイ見る？見ない？？動かぬ証拠、51の見つけ方』三才ブックス（2011年）
今野裕幸「浮気がバレる男、バレない女」フォレスト出版（2013年）
裁判所職員総合研修所監修『民事実務講義案Ⅰ〈5訂版〉』司法協会（2016年）
坂爪（さかつめ）真吾『はじめての不倫学―「社会問題」として考える』光文社（2015年）
櫻田嘉章『国際私法〈第6版〉』有斐閣（2012年）
さらだたまこ『不倫の作法』牧野出版（2017年）
沢井裕「男性に妻のあることを知りながら情交関係を結んだ女性の慰謝料請求」加藤一郎＝太田武男編『家族法判例百選〈新版・増補〉（別冊ジュリスト40号）』有斐閣（1975年）58頁
沢井裕「夫と通じた者に対する妻子の慰謝料請求権」加藤一郎＝太田武男編『家族法判例百選〈第3版〉（別冊ジュリスト66号）』有斐閣（1980年）52頁
沢井裕『事務管理・不当利得・不法行為テキストブック〈第3版〉』有斐閣（2001年）
沢木文『不倫女子のリアル』小学館（2016年）
潮海一雄「不貞行為の相手方の子に対する不法行為の成否」平井宜雄編『民法の基本判例』（別冊法学教室）有斐閣（1986年）
潮海一雄「婚姻関係が既に破綻している夫婦の一方と肉体関係を持った第三者の他方配偶者に対する不法行為責任の有無」法学教室192号（1996年）98頁
潮見佳男『不法行為法』信山社出版（1999年）
潮見佳男『不法行為法Ⅱ〈第2版〉』信山社出版（2011年）
潮見佳男『不法行為法Ⅰ〈第2版〉』信山社出版（2013年）
潮見佳男「不貞相手である第三者に対する離婚慰謝料の請求の可否」家庭の法と裁判24号（2020年）118頁
四宮和夫『事務管理・不当利得・不法行為（上）』青林書院（1981年）

四宮和夫『事務管理・不当利得・不法行為（中)』青林書院（1983年）
四宮和夫『事務管理・不当利得・不法行為（下)』青林書院（1985年）
四宮和夫『民法総則〈第４版〉』弘文堂（1987年）
柴田光蔵『法格言ア・ラ・カルト―活ける法学入門』日本評論社（1986年）
柴田光蔵『ことわざの知恵・法の知恵』講談社（1987年）
柴田光蔵『法のタテマエとホンネ―日本法文化の実相をさぐる〈新増補版〉』有斐閣（1988年）
司法研修所編『民事訴訟における事実認定』法曹会（2007年）
島津一郎編『注釈民法（21）親族（２）離婚』有斐閣（1966年）
島津一郎「不貞行為と損害賠償―配偶者の場合と子の場合」判例タイムズ385号（1979年）122頁
島津一郎「不貞行為と損害賠償」同『転換期の家族法』日本評論社（1991年）94頁
菅原万里子「婚姻関係が破綻している場合における不倫の相手方に対する慰謝料請求権の存否」法律のひろば49巻９号（1996年）41頁
杉山崇『ウルトラ不倫学―健全な生活を送るために知っておくべき「不倫願望の真実」』主婦の友社（2017年）
鈴木禄弥『民法総則講義〈二訂版〉』創文社（2003年）
鈴木清貴「共同不法行為としての不貞行為―離婚慰謝料に関する最判平成31年２月19日民集73巻２号187頁を契機として」武蔵野法学14号（2020年）174頁
須藤典明「高裁から見た民事訴訟の現状と課題―自由平等社会における民事裁判の役割」判例タイムズ1419号（2016年）５頁
瀬木比呂志『ケースブック民事訴訟活動・事実認定と判断―心証形成・法的判断の過程とその解説』判例タイムズ社（2010年）
桑月佳「不貞行為による慰謝料請求権に関する研究―日中比較の視点から」北大法政ジャーナル28号（2021年）25頁
宗宮（そうみや）信次「貞操侵害の損害賠償」日本法學32巻１号（1966年）26頁
副田隆重＝棚村政行＝松倉耕作『新・民法学５　家族法』成文堂（2004年）
第一東京弁護士会人権擁護委員会編『新・離婚をめぐる相談100問100答』ぎょうせい（2006年）

第一東京弁護士会新進会編『証拠・資料収集マニュアル―立証計画と法律事務の手引〈改訂版〉』新日本法規（2022年）
田尾桃二＝加藤新太郎共編『民事事実認定』判例タイムズ社（1999年）
高梨公之『法の名言とことわざ集―その背景・事件・人物のすべて』日本ライフブックス（1973年）
高梨公之『法格言集』評論社（1975年）
高柳眞三「密通罪とその特異性」法學（東北大学）9巻7号（1940年）18頁
高柳賢三「姦通と英米法」法律タイムズ2巻2号1頁
瀧川幸辰『刑法各論』弘文堂書房（1933年）
瀧川幸辰編『刑事法学辞典〈増補版〉』有斐閣（1961年）
瀧川幸辰「姦通罪の運命」潮流2巻10号（1973年）40頁
滝沢聿代「夫婦と性」法学セミナー410号（1989年）36頁
武石晃一（たけいし）監修『夫の浮気がピタリと止む方法―あなたのもとに、夫が戻ってくるまで』河出書房新社（2012年）
武市春男『イギリスの法律格言』国元書房（1968年）
竹田國雄「配偶者の一方と情交関係を持った第三者に対する損害賠償請求において慰謝料算定に斟酌すべき事項」名古屋家事調停会報9号2頁
田中恒朗「夫と情交関係を結んだ女性に対する妻からの慰藉料請求」ジュリスト550号（1973年）122頁
田中豊「婚姻関係が既に破綻している夫婦の一方と肉体関係を持った第三者の他方配偶者に対する不法行為責任の有無」ジュリスト1095号（1996年）167頁
田中豊「婚姻関係が既に破綻している夫婦の一方と肉体関係を持った第三者の他方配偶者に対する不法行為責任の有無」平成8年度最高裁判所判例解説民事篇（上）233頁
棚村政行ほか『家族法実務講義』有斐閣（2013年）
玉城肇「一夫一婦制の解剖―（附）姦通罪の廃止について」婦人の世紀9号（1949年）26頁
溜池ゴロー『軽自動車に乗る人妻はなぜ不倫に走るのか？』双葉社（2013年）
溜池良夫「第三者による婚姻侵害に基づく不法行為の準拠法」明山和夫編集代表『現代家族法の課題と展望―太田武男先生還暦記念』有斐閣（1982年）

溜池良夫『国際家族法研究』有斐閣（1985年）
団藤重光「姦通論」同『刑法の近代的展開〈増訂版〉』弘文堂（1954年）89頁
団藤重光『刑法綱要各論〈第３版〉』創文社（1990年）
千葉県弁護士会編『慰謝料算定の実務〈第２版〉』ぎょうせい（2013年）
辻朗「不貞慰謝料請求事件をめぐる裁判例の軌跡」判例タイムズ1041号（2000年）29頁
津田賛平「親の不貞行為の相手方に対する子の慰謝料請求の可否」法律のひろば32巻７号（1979年）42頁
土屋文昭＝林道晴編、村上正敏ほか著『ステップアップ民事事実認定〈第２版〉』有斐閣（2019年）
角田（つのだ）由紀子『性の法律学』有斐閣（1991年）
角田由紀子『性と法律―変わったこと、変えたいこと』岩波書店（2013年）
円谷峻『不法行為法・事務管理・不当利得―判例による法形成〈第３版〉』成文堂（2016年）
露木幸彦『みんなの不倫―お値段は4493万円⁉』宝島社（2012年）
露木幸彦『イマドキの不倫事情と離婚』祥伝社（2014年）
出口耕自『論点講義　国際私法』法学書院（2015年）
道垣内正人『ポイント国際私法―総論〈第２版〉』有斐閣（2007年）
東京三会有志・弁護士倫理実務研究会編著『改訂　弁護士倫理の理論の実務』日本加除出版（2013年）
東京地方裁判所民事部プラクティス委員会「民事訴訟における証拠収集手続―文書送付嘱託、文書提出命令を中心に―モデル書式付き」LIBRA2008年10月号
東京南部法律事務所編『結婚・離婚Q＆A―夫婦をめぐる法律問題を解決するための11章』日本評論社（2008年）
東京弁護士会弁護士研修センター運営委員会編『離婚を中心とした家族法』商事法務研究会（2002年）
東京弁護士会弁護士研修センター運営委員会編『弁護士専門研修講座　離婚事件の実務』ぎょうせい（2010年）
東京弁護士会法友全期会民事訴訟実務研究会編『証拠収集実務マニュアル〈第３版〉』ぎょうせい（2017年）

東京弁護士会民事訴訟問題等特別委員会編『民事訴訟代理人の実務Ⅲ―証拠収集と立証』青林書院（2012年）
所一彦「姦通罪」団藤重光編『注釈刑法（4）各則（2）』有斐閣（1965年）324頁
利谷信義「男子貞操義務論争」加藤一郎編『民法学の歴史と課題』東京大学出版会（1982年）
冨永忠祐編『離婚事件の手続と書式』新日本法規出版（2010年）
中川淳「家族関係破壊と配偶者・子の慰藉料請求」同『夫婦・親子関係の法理』世界思想社（2004年）185頁以下
永井尚子「夫婦関係破綻後の不貞行為（婚姻関係が破綻した夫婦の一方と肉体関係を結んだ第三者の不法行為責任）」判例タイムズ996号（1999年）39頁
中川淳「家庭破壊による配偶者とその子の慰藉料」判例タイムズ383号（1979年）6頁
中川淳「家庭破壊と配偶者・子の慰藉料請求―最高裁第二小法廷54.3.30の二つの判決の意義」法学セミナー23巻7号（1979年）17頁
中川淳「捨てられた子　婚姻家族の尊重」法学セミナー354号（1984年）34頁
中川淳「家族関係と不法行為」『不法行為法（法学セミナー増刊）』(1985年)226頁
中川淳「不貞行為と共同不法行為責任について―最近の最高裁判例の立場」同志社法学49巻6号（1998年）1953頁
中川善之助「『夫の貞操義務』に關する裁判に付て」法学協会雑誌45巻2号（1927年）14頁
中川善之助「『夫の貞操義務に關する判例に付いて』に付いて」法学協会雑誌45巻4号（1927年）150頁
中川善之助「愛情の自由と責任―三角関係と法規制」判例時報312号（1962年）1頁
中川善之助『妻妾論』中央公論社（1936年）
中川高男『親族・相続法講義〈新版〉』ミネルヴァ書房（1995年）
中里和伸『判例による不貞慰謝料請求の実務』弁護士会館ブックセンター出版部LABO（2015年）
中里和伸＝野口英一郎『判例による不貞慰謝料請求の実務【主張・立証編】』弁

護士会館ブックセンター出版部LABO（2017年）
中里和伸＝野口英一郎「浮気がバレると、いくら取られるか？」プレジデント55巻22号（2017年）
中里妃沙子『なぜ男は妻よりも美しくない女性と浮気をするのか？』宝島社（2012年）
中里妃沙子監修『悩む前に知っておきたい離婚の手続き』日本文芸社（2012年）
中武靖夫「姦通論」法律文化３巻１号14頁
中野次雄「姦通罪の問題性」法律のひろば１巻２号（1948年）22頁
中野次雄『逐条改正刑法の研究』良書普及会（1948年）
中野信子『不倫』文藝春秋（2018年）
中野信子＝三浦瑠麗『不倫と正義』新潮社（2022年）
長野史寛「最判平成31・２・19民集73巻２号187頁―不貞相手方に対する『離婚に伴う慰謝料』請求の要件」道垣内弘人＝松原正明編『家事法の理論・実務・判例４』勁草書房（2020年）135頁
中村薫世「姦通罪を廃止せよ」法律新報740号（1947年）29頁
奈良正路『女性法律学』浅野書店（1932年）
奈良次郎「公共の利害に関する事実の摘示と名誉棄損の成否」昭和41年度最高裁判所判例解説民事篇304頁
成澤寛（なるさわ）「離婚慰謝料と不貞慰謝料に関する理論的考察―広島高判平成19.４.17家月59巻11号162頁を契機として」岡山商科大学法学論叢17号（2009年）79頁
成澤寛「不貞行為の相手方に対する離婚慰謝料請求―最三小判平成31年２月19日民集73巻２号187頁の意義とその影響（最三小判平31.2.19）」水野紀子＝窪田充見編集代表『家族と子どもをめぐる法の未来―棚村政行先生古稀記念論文集』日本加除出版（2024年）59頁
西田真之「近代日本における妾の法的諸問題をめぐる考察（１）・（２・完）」明治学院大学法学研究102巻（2017年）79頁、同103巻（2017年）175頁
西田真之『一夫一婦容妾制の形成をめぐる法的諸相　日本・中国・タイの比較法史からの展望』日本評論社（2018年）
二宮周平『妻の不貞行為の相手方の不法行為責任（不貞の慰謝料）』判例タイムズ1060号（2001年）112頁

二宮周平「不貞行為の相手方の不法行為責任」円谷峻＝松尾弘編集代表『損害賠償法の軌跡と展望—山田卓生先生古稀記念論文集』日本評論社（2008年）168頁
二宮周平＝原田直子「貞操概念と不貞の相手方の不法行為責任」ジェンダーと法10号（2013年）95頁
二宮周平＝榊原富士子『離婚判例ガイド〈第３版〉』有斐閣（2015年）
二宮周平「不貞の慰謝料」時の法令2026号（2017年）67頁
二宮周平編集代表『実践離婚事案解決マニュアル—当事者ケアと子どもの権利・利益実現に向けた、弁護士のサポートのあり方』日本加除出版（2020年）
二宮周平『家族法〈第６版〉』新世社（2024年）
二宮孝富「家族関係と不法行為」野村好弘ほか編著『不法行為法〈増補新版〉』学陽書房（1986年）207頁
日本弁護士連合会調査室編著『条解弁護士法〈第４版〉』弘文堂（2007年）
日本弁護士連合会弁護士倫理委員会編著『解説　弁護士職務基本規程〈第３版〉』星野精版印刷（2017年）
日本弁護士連合会弁護士倫理に関する委員会編『注釈弁護士倫理〈補訂版〉』有斐閣（1996年）
野川照夫「配偶者の地位侵害による損害賠償請求—姦通による場合を中心として」現代家族法大系編集委員会編『中川善之助先生追悼—現代家族法大系（２）婚姻・離婚』有斐閣（1980年）372頁
野田宏「離婚による慰藉料と財産分与との関係」昭和46年度最高裁判所判例解説民事篇482頁
野村美明「日本における国際裁判管轄の基本原則」企業と法創造４巻１号（2007年）235頁
橋本昇二＝三谷忠之『実務　家族法講義〈第２版〉』民事法研究会（2012年）
橋本英史「講話　民事裁判実務の要諦（７）—裁判官と代理人弁護士の方々へ」判例時報2518号（2022年）341頁以下、同「（８）」判例時報2521号（2022年）126頁以下、同「（９）」判例時報2524・2525合併号（2022年）341頁以下
長谷川裕雅『不倫の教科書—既婚男女の危機管理術』イーストプレス（2017年）
林修三「親が浮気で家出した場合、残されたこどもは浮気の相手方に慰謝料の請

求ができるか（最判昭和54. 3 . 30)」時の法令1039号（1979年）52頁
林弘正「明治40年刑法第183条についての一考察」清和法学研究 6 巻 1 号（1999年）57頁
林弘正「姦通罪についての法制史的一考察（1）―『刑法竝監獄法改正起草委員会決議條項（刑法各則編第二次整理案)』の成立から『改正刑法假案』の成立に至る経緯」法学新報106号（2000年）93頁
林田敏幸「不貞慰謝料請求事件における過失の認定について」判例タイムズ1452号（2018年） 5 頁
原誠『「離活」―終わりの始まりを見極める技術』講談社（2010年）
人見康子「妻のある男性と関係した女子からの慰謝料請求に民法708条但書を類推適用した事例」判例評論108号24頁
人見康子「不貞の相手方に対する子の慰謝料請求権」Law School 8 号（1979年）82頁
日野いつみ『不倫のリーガル・レッスン』新潮社（2003年）
平井宜雄『債権各論Ⅱ　不法行為』弘文堂（1992年）
平沼大輔「不貞の相手方への『離婚慰謝料』を否定した平成31年最判と『不貞慰謝料』の帰趨」原田剛ほか編『民法の展開と構成―小賀野晶一先生古稀祝賀』成文堂（2023年）433頁
平野裕之「不法行為債権の消滅時効をめぐる立法論的考察（1）（2・完)」慶應法学第12号（2009年）171頁、13号（2009年） 1 頁
平野裕之『民法総則〈第 3 版〉』日本評論社（2011年）
平野裕之『民法総合 6 　不法行為法〈第 3 版〉』信山社（2013年）
平野裕之『債権各論Ⅱ―事務管理・不当利得・不法行為』日本評論社（2019年）
平野竜一「刑法の基礎―犯罪の一般的要件」法学セミナー 126号（1966年）35頁
藤田広美『講義民事訴訟〈第 3 版〉』東京大学出版会（2013年）
藤原弘道「損害賠償債務とその遅延損害金の発生時期（上）（下）補論」判例タイムズ627号（1987年） 2 頁、同629号（1987年） 2 頁、同638号（1987年） 4 頁
船越隆司『民法総則―理論と実際の体系 1 〈第 3 版〉』尚学社（2003年）
船山康範「刑法解釈と権力の抑制―住居侵入罪を手がかりに」田口守一ほか編

『犯罪の多角的検討―渥美東洋先生古稀記念』有斐閣（2006年）10頁
弁護士法人エートス編『離婚事件財産分与実務処理マニュアル』新日本法規出版（2016年）
法務大臣官房司法法制調査部監修「法典調査会議事速記録」商事法務研究会（1984年）270頁
星野英一『民法のすすめ』岩波書店（1998年）
星野澄子「性をめぐる法と道徳と自己決定権」思想と現代8号（1987年）87頁
穂積重威『法律小話』巌松堂書店（1925年）
前田達明「不貞にもとづく損害賠償」判例タイムズ397号（1979年）2頁
前田達明『愛と家庭と―不貞行為に基づく損害賠償請求』成文堂（1985年）
前田陽一「特別な人間関係と不法行為」内田貴＝大村敦志編『民法の争点』（ジュリスト増刊）有斐閣（2007年）294頁
前田陽一『債権各論Ⅱ　不法行為法〈第3版〉』弘文堂（2017年）
牧健二「七両二分不義の詫證文」法律春秋5巻11号（1930年）8頁以下
牧野英一「法律學の新らしき目標」法學志林29巻1号（1927年）1頁
牧野英一「夫の貞操義務に關する判例に付いて―中川法學士に答ふ」法学協会雑誌45巻3号（1927年）42頁
牧野英一「重ねて夫の貞操義務に關する判例に付いて―重ねて中川法學士に答ふ」法学協会雑誌45巻5号（1927年）186頁
牧野雅子「帝国日本の戦時性暴力」京都大学グローバルCOE「親密圏と公共圏の再編成をめざすアジア拠点」（2013年）
松尾浩也増補解題、倉富勇三郎ほか監修、高橋治俊＝小谷二郎共編『刑法沿革綜覧　増補』信山社（1990年）
松川正毅「貞操義務と不法行為責任」松浦好治ほか編『市民法の新たな挑戦―加賀山茂先生還暦記念』信山社出版（2013年）
松坂佐一『民法提要―親族法・相続法〈第4版〉』有斐閣（1992年）
松坂佐一『民法提要―債権各論〈第5版〉』有斐閣（2001年）
松久和彦「不貞行為の相手方に対する慰謝料請求権」月報司法書士523号（2015年）70頁
松本克美「『不貞慰謝料』の消滅時効の起算点」判例評論434号201頁

松本克美「貞操義務の非法化」二宮周平編集代表『現代家族法講座（２）婚姻と離婚』日本評論社（2020年）133頁

松本哲泓（てつおう）「離婚に伴う慰藉料請求権に対する遅延損害金の起算日」判例タイムズ527号（1984年）71頁

松本暉男（てるお）「夫の貞操義務」加藤一郎＝太田武男編『家族法判例百選（別冊ジュリスト12号）』有斐閣（1967年）34頁

真船孝允「不法行為による損害賠償と過失相殺」昭和34年度最高裁判所判例解説民事篇253頁

圓山雅也『愛情裁判―“男と女”のトラブル解決法』読売新聞社（1964年）

水野紀子「夫と同棲した女性に対して妻または子から慰謝料請求ができるか（最判昭和54．３．30）」法学協会雑誌98巻２号（1981年）302頁、民商法雑誌98巻２号291頁

水野紀子「離婚給付の系譜的考察（１）（２・完）」法学協会雑誌100巻９号（1983年）80頁・同12号（1983年）１頁

水野紀子「婚姻関係が既に破綻している夫婦の一方と肉体関係を持った第三者の他方配偶者に対する不法行為責任の有無」民商法雑誌116巻６号（1997年）922頁

水野紀子「不倫の相手方の慰謝料」判例タイムズ1100号（2002年）64頁

水野紀子「不貞行為の相手方に対する慰謝料請求」円谷峻＝松尾弘編集代表『損害賠償法の軌跡と展望―山田卓生先生古稀記念論文集』日本評論社（2008年）139頁

水野紀子「不貞行為の相手方に対する配偶者および未成年子の慰謝料請求」星野英一ほか編『民法判例百選Ⅱ債権〈第３版〉（別冊ジュリスト105号）』有斐閣（1989年）198頁、『同〈第４版〉（同137号）』有斐閣（1996年）196頁

水野紀子「破綻している夫婦の一方と関係した第三者に対する他方配偶者の損害賠償請求」星野英一ほか編『民法判例百選Ⅱ債権〈第５版〉（別冊ジュリスト160号）』有斐閣（2001年）200頁、『同〈第５版新法対応補正版〉（同176号）』有斐閣（2005年）200頁

水野紀子「不貞行為の相手方への慰謝料請求―最判平成31年２月19日民集73巻２号187頁の評価」法學（東北大）84巻第３＝４号（2020年）184頁[2)]

水野有子「夫と不倫関係にあった女性に対し、妻が慰謝料の支払いを求めた事案において、その請求権を行使することが、信義則に反し、権利の濫用として許されないとされた事例」判例タイムズ945号（1997年）174頁
道あゆみ「不貞慰謝料を巡る弁護士実務の実情と課題―判例の動向をふまえた一弁護士の考察」戸籍997号（2021年）1頁
宮井忠夫「男性に妻のあることを知って情交関係を結んだ女性に慰謝料請求を認容した事例」同志社法学106号21頁
宮崎孝治郎『新婚姻法』有斐閣（1950年）
武藤運十郎『親族相続法読本』家庭法律社（1935年）
宗村和弘「配偶者の一方と通じた者の他方配偶者および子に対する不法行為責任」信州大学法学論集第4号（2004年）135頁
村上幸太郎「慰藉料（民法第710条）の算定に関する実証的研究―婚姻予約不履行による慰謝料を含む」最高裁判所事務総局『司法研修報告書』9輯6号（1958年）
元榮太一郎編『調査・慰謝料・離婚への最強アドバイス―パートナーの浮気に気づいたら！』中央経済社（2014年）
森川友義（とものり）『大人の「不倫学」』宝島社（2016年）
森島昭夫『不法行為法講義』有斐閣（1987年）
守屋善輝『米英法諺』中央大学出版部（1973年）
森山浩江「不貞関係の相手方を保険金受取人とする生命保険契約―民法学上の論

2）以下、この論文の中で筆者が特に印象に残った箇所を引用する。

「昭和54年判決は、筆者が助手であった若い頃に、東京大学民事法判例研究会において報告した判例である。否定説に立って報告した時点では、活字になった慰謝料請求否定説は、まだ存在していなかった。研究会の議論では、肯定説の立場の星野英一教授は『貴女はまだ若くて独身の強い女性だからそういうことを言うけれど、年をとって結婚をすれば意見は変わるでしょう』と言われ、やりとりを聞いていた唄孝一教授は『この問題は、価値観のリトマス試験紙ですね』と面白そうに言われた。指導教官であった加藤一郎教授は、否定説に賛成してくださって、『貴女の影響を受けちゃった』と笑って、研究会直後に執筆された家族法判例百選（第三版）で、否定説に改説された。恩師たちのそのようなお声やご様子は、いまだに記憶に鮮やかだが、それから40年余りが過ぎて、三人とも鬼籍に入られてしまった。

どの学問も同じなのだろうが、学問的営為は、一人の独立した孤独な存在としてあるのではなく、前世代から受け継ぎ、次世代へ手渡すバトンとして存在する。恩師たちの声と思考は、受け継がれて、若い世代に渡される。」

点に関する裁判例の検討」龍谷法学36巻３号（2003年）156頁
山口成樹「慰謝料の機能と算定」内田貴＝大村敦志編『民法の争点』有斐閣（2007年）288頁
山口与八郎『貞操問題と裁判』明治大学出版部（1936年）
山崎勉「離婚と不法行為責任」山口和男編『裁判実務大系（16）不法行為訴訟法（２）』青林書院（1987年）530頁
山下純司「不貞行為の相手方に対する離婚慰謝料の請求」法学教室465号（2019年）132頁
山中至「幕藩体制における密通仕置の研究（１）（２・完）―夫の私的制裁権と公刑罰権」九大法学40号（1980年）135頁、43号（1981年）71頁
山中永之佑「密通の仕置と内済―江戸時代における婚姻規制の一側面」阪大法学38号（1961年）23頁以下
山之内三紀子編『離婚・内縁解消の法律相談〈第３版〉』青林書院（2014年）
山畠正男ほか『法のことわざと民法』北海道大学図書刊行会（1985年）
山本敬三『民法講義Ⅰ　総則〈第３版〉』有斐閣（2011年）
山本七平『「空気」の研究』文藝春秋（1983年）
山本七平『なぜ日本は変われないのか―日本型民主主義の構造』さくら舎（2011年）
優美ジュン『不貞行為』文芸社（2003年）
ゆずり葉『不倫　七つの大罪―いい男やいい女は不倫なんてしない』ブイツーソリューション（2021年）
良永和隆「不貞行為の相手方に対する配偶者及び子の慰謝料請求」民事研修594号（2006年）13頁
吉原達也ほか『リーガル・マキシム―現代に生きる法の名言・格言』三修社（2013年）
吉村良一『不法行為法〈第６版〉』有斐閣（2022年）
頼松瑞生「近代日本における『夫の貞操義務』に関する法学上の諸見解について―牧野英一と中川善之助の論争を中心として」東京電機大学工学部研究報告（人文・社会・外国語・保健体育系列編）16号（1997年）77頁
李憲「クラブのママやホステスがいわゆる『枕営業』として長期間にわたり顧客

と性交渉を繰り返した行為が不法行為にあたらないとした事例―不貞行為の相手方に対する慰謝料請求の可否」総合政策論叢33号（2017年）99頁
離婚問題研究グループ編『Q＆A離婚トラブル110番〈第3版〉』民事法研究会（2007年）
竜嵜喜助「不貞にまつわる慰謝料請求権」判例タイムズ414号（1980年）11頁
臨時法制調査会「臨時法制調査会第二回総会議事速記録」（1946年）
我妻榮『事務管理・不当利得・不法行為』日本評論社（1937年）
我妻榮「貞操問答」・「道徳的な家族制度と法律的な家族制度」同『家の制度―その倫理と法理』酣燈社（1948年）45頁、144頁
我妻榮『親族法』有斐閣（1961年）
我妻榮『新訂　民法総則』岩波書店（1965年）
我妻榮『事務管理・不當利得・不法行爲〈復刻版〉』日本評論社（1989年）
家事部会「不貞行為と損害賠償（慰謝料）」調停委員研修資料（第58回）調停時報139号（1998年）74頁
「夫婦の一方が他方と不貞行為に及んだ第三者に対し離婚に伴う慰謝料を請求することの可否」家庭の法と裁判22巻（2019年）87頁

＜新聞記事等＞
女学雑誌326号（1892年）1297頁「広告を出して妾を募る」
法律新聞　昭和9年12月30日（3784号）8頁「色慾二筋道」
東京朝日新聞　昭和15年3月2日「〝住居侵入〟に新判例」
朝日新聞　昭和21年9月11日1面「姦通罪、民法へ　司法法制審議會」
読売新聞　昭和33年1月30日夕刊2面「人工受精は不貞か　英の話題」
法曹新聞　昭和33年3月1日「亭主に内証である男の精液によって人工受精をした結果妊娠した。この妻の行為は不貞か否か。『英高裁の判決』」
読売新聞　昭和37年9月5日9面「人生案内　女と手が切れぬ夫」
朝日新聞　昭和44年12月16日11面「身上相談」曽野綾子ほか
西日本新聞　昭和57年3月8日朝刊9面「私の場合の〝性〟」
西日本新聞　昭和58年3月30日夕刊3面「想像を絶する浮気の実態　妻たちが反乱」

朝日新聞　昭和58年５月10日朝刊15面「男の言い分」と「女の言い分」

読売新聞　昭和59年９月２日朝刊22面「妻へのレイプ　初の有罪判決　米フロリダ州地裁」

北陸中日新聞　平成11年４月14日24面「浮気は検事の活力」

朝日新聞　平成27年５月28日朝刊38面「枕営業　結婚生活害さない」

AERA（アエラ）（平成22年４・５月号）「結婚３年目『理想と現実』」

サンデー毎日（平成27年６月28日号）「東京地裁判決から読む『枕営業』社会」

週刊現代（平成27年６月13日号）「争点は不倫か、仕事か 銀座ママの『枕営業』」

週刊新潮（平成27年６月11日号）「『枕営業は売春』の迷判決で救われた『銀座６丁目のママ』」

週刊文春（平成27年６月11日号）「『ママの枕営業は不法行為じゃない』裁判官の炎上発言」

女性セブン（平成27年６月18日号）「驚天の判決！さんまもたまげた！『ホステスと客のセックスは立派な営業努力』」

婦人公論（昭和27年３月号28頁）「姦通と日本人」

婦人公論（昭和60年２月号376頁）「いつまでも取れると思うな貞操料　現代貞操論」

婦人公論（平成８年７月号158頁）「夫の不倫相手から賠償金を取る」

婦人公論（平成11年４月７日号43頁）「（妻のための法律学入門）“不貞行為”の慰謝料はおいくら？」

婦人公論（平成25年９月７日号11頁）「妻の浮気、夫の浮気、どう違うのか」

婦人公論（平成26年１月15日号38頁）「不倫、不貞とは無縁　禁断の楽園へ　普通の主婦がスワッピングにはまる理由」

婦人公論（平成26年11月７日号138頁）「『昼顔妻』のリアル」

婦人公論（平成27年８月11日号66頁）「『枕営業』判決」

婦人公論（平成30年２月27日号11頁）「不倫500万人のリアル―恋は結婚の外側に」

産経新聞（電子版、平成27年６月17日）「枕営業」は不倫ではない？！　東京地裁が仰天判決　裁判官「水商売ではよくあること…」「ソープ嬢と寝ても慰謝料は請求できない」

事項索引

（五十音順）

〔あ行〕

〔か行〕

〔さ行〕

〔た行〕

〔な行〕

〔は行〕

〔ま行〕

〔や行〕

〔ら行〕

〔わ行〕

判例索引

（年月日順）

※判例情報データベース「D1－Law.com 判例体系」の判例IDを〔　〕で記載

明　治

大　正

昭　和

平　成

令　和

著 者 略 歴

中里和伸（なかざと　かずのぶ）

弁護士（52期、東京弁護士会）

都立両国高等学校卒業　上智大学法学部法律学科卒業。

現在、東京弁護士会紛議調停委員会、江戸川区法律相談協力会に所属。東京簡易裁判所民事調停委員。東京暁法律事務所。

【主要著作】

『交通事故実務マニュアル－民事交通事件処理<改訂版>』（共著）ぎょうせい（2012年）

『判例による不貞慰謝料請求の実務』LABO（2015年）

『判例による不貞慰謝料請求の実務　主張・立証編』（共著）LABO（2017年）

『判例にみる債務不存在確認の実務』（共著）新日本法規出版（2017年）

『判例による不貞慰謝料請求の実務　最新判例編Vol. 1』LABO（2020年）

『判例分析　遺言の有効・無効の判断』（共著）新日本法規出版（2020年）

『判例による離婚原因の実務』LABO（2022年）

『判例にみる離婚慰謝料の相場と請求の実務』学陽書房（2022年）

『判例による不貞慰謝料請求の実務　最新判例編Vol. 2』LABO（2023年）

『憲法判例要旨集』三恵社（2023年）

東京暁法律事務所

〒104-0061

東京都中央区銀座７丁目12番５号　貝新ビル６階

サービス・インフォメーション

通話無料

①商品に関するご照会・お申込みのご依頼
TEL 0120(203)694／FAX 0120(302)640
②ご住所・ご名義等各種変更のご連絡
TEL 0120(203)696／FAX 0120(202)974
③請求・お支払いに関するご照会・ご要望
TEL 0120(203)695／FAX 0120(202)973

●フリーダイヤル(TEL)の受付時間は、土・日・祝日を除く9:00～17:30です。
●FAXは24時間受け付けておりますので、あわせてご利用ください。

不貞行為裁判例集７７
～慰謝料請求の根拠となる事象を正確に捉え、納得できる解決へ導く～

2025年２月10日　初版発行

著　者　中里和伸
発行者　田中英弥
発行所　第一法規株式会社
〒107-8560　東京都港区南青山2-11-17
ホームページ　https://www.daiichihoki.co.jp/
装　丁　篠　隆二

不貞判例集７７　ISBN 978-4-474-09599-1　C2032（2）